[美] 约翰·R.塞尔◎著
John R. Searle

意向性

论心灵哲学

修订译本

刘叶涛 冯立荣◎译

Intentionality

An Essay in the Philosophy of Mind

上海人民出版社

目录

译 者 序

塞尔（J.R.Searle）是当今世界最著名、最具影响力的哲学家之一。他于1932年出生于美国科罗拉多州的丹佛市，1949年至1952年就读于威斯康星大学，1955年获罗兹（Rhodes）奖学金赴牛津大学学习，并在那里获得哲学博士学位。在牛津就读期间，塞尔曾在牛津日常语言学派的主要代表、言语行动理论的创建者奥斯汀（J.L.Austin）的指导下，深入研究语言分析哲学。在此期间他还在牛津基督教堂学院担任哲学教职。塞尔于1959年返美，之后一直在美国加州大学伯克利分校任教，1967年升任该校教授。他还被美国境内外多所大学聘为客座教授。塞尔的观点新颖独到，论证鞭辟入里，逻辑分析性强且富于挑战精神。由于在学术研究上成就卓越，他被选为美国人文科学院院士。

塞尔的学术旨趣集中在语言哲学、形而上学、心灵哲学和行动哲学。塞尔著作等身，而且对许多研究领域均产生了深广的影响。迄今，他的有些著述已经被翻译为20余种语言文字。塞尔的代表性著作包括：《言语行动——论语言哲学》（*Speech Acts：An Essay in*

the Philosophy of Language)、《表达与意义——言语行动理论研究》
(Expression and Meaning：Studies in the Theory of Speech Acts)、《意向
性——论心灵哲学》(Intentionality：An Essay in the Philosophy of Mind)、
《心、脑与科学》(Minds，Brains and Science)、《心灵的再发现》(The
Rediscovery of the Mind)、《社会实在的建构》(The Construction of
Social Reality)、《心灵、语言和社会——实在世界中的哲学》(Mind，
Language and Society：Philosophy in the Real World)、《意识和语言》
(Consciousness and Language)，等等。此外，塞尔还有相当数量的论
文发表，并编辑出版了多部产生重要影响的论文集。这些成果使他
成为当今英美分析哲学界公认的学术权威。

《言语行动》(1969)是塞尔公开出版的首部著作，是在其博士
论文基础上写成的。他在详尽阐释自己的老师奥斯汀的言语行动理
论的同时，系统阐述了加入自己独创性元素的言语行动理论，从而
奠定了他在该研究领域中的重要地位。《表达与意义》将塞尔发展出
来的言语行动理论推广到更多领域。由于持续关注意向性问题，他
的思考重心随后开始转向心灵哲学。按照塞尔的明确提法，《意向
性》一书，就是为了给他的前两部著作及相关论题的未来研究提供
一个哲学基础。这样看来，《意向性》可以算作塞尔整个哲学体系的
基础。

意向性是极为重要的心智现象，对它的分析涉及对于感知、行
动、因果、意义、指称以及背景和网络等等的范围广泛的讨论。在
《意向性》一书中，塞尔提出并完整地论证了他的意向性理论。他紧
紧围绕意向性概念作出了一系列高度原创和富有启发性的工作，其
中包括：将意向状态分析为由处于特定心智模式中的表征内容构成；
论证表征内容并非必然存在于命题当中；根据适应指向和因果指向
去分析意向状态；系统辨析 t- 意向性与 s- 意向性的关系；利用意向

性思想对关于名称的描述理论所做的"扬弃";以及运用该理论对于因果历史命名理论所做的严厉批判,从中展示该思想的解题功能,等等。这些都极大地丰富了当代分析哲学的研究,引起了西方学术界的高度重视和深入研讨。由于该书特别凸显了意向性对于理解人的言语及认知的重要价值,而这些方面又与当代科学发展所引发的一系列新问题,如心脑关系、计算机能否像人那样思维等密切相关,这使得该书的影响不仅仅限于哲学领域,其他如人工智能学界也较为关注《意向性》一书。此外,该书也被认为"行文清晰,思路简明,论证有力",因而可以作为相关方向研究生的教科书。《意向性》自从 1983 年初版以来,到 1999 年已被重印达 13 次之多,足见其影响之大。

心灵哲学是一个古老而又年轻的哲学分支。哲学发展史上已经形成许多诸如身体与灵魂之关系等问题的论说,这样的问题就属于典型的心灵哲学问题。心灵哲学系统迅猛的发展大致开始于 20 世纪中叶。它虽然还非常年轻,但却呈后来居上之势,如今已经成为哲学领域中具有基础意义的研究方向之一,有著作甚至说它已经成为当今哲学百花园中的"重心之重心、基础之基础"(见高新民、储昭华主编:《心灵哲学》,商务印书馆 2002 年版,前言第 1 页)。众所周知,哲学由近代到现代的发展经历了所谓"语言的转向",传统的本体论问题和认识论问题转变成为语言层面的问题,语言哲学由此成为现代哲学研究的重心所在。但在塞尔看来,语言哲学中最具根本性的那些问题,如语言的意义、指称和使用等等的分析和解决,都要依赖心灵哲学研究的进展,尤其是意向状态的意向性。正是在此意义上塞尔认为,整个哲学运动都是围绕有关意向性的各种理论建立起来的,语言哲学乃是心灵哲学的一个分支。塞尔的这种看法实际上就等于宣布,当代哲学研究在主要方向上可归结为心灵哲学研究。此外，心灵哲学与心理学、神经生物学、语言学、逻辑学、脑科学等学科都有着千丝万缕的关联，心灵哲学研究的发展也势必促进这些相关学科的发展。由此可见，开展心灵哲学研究具有重大的理论意义和现实价值。

本书初版根据剑桥大学出版社 1983 年版（1999 年第 14 次印刷本）译出，并于 2007 年出版，由刘叶涛（时任燕山大学副教授）独立完成。北京大学哲学系陈波教授和时任上海人民出版社副总编辑范蔚文先生对于促成此事起到了关键性的作用。南京大学哲学系张建军教授就关键术语"act""action"的翻译提出了宝贵的意见和建议。本次修订由刘叶涛和冯立荣共同完成。主要工作，一是就若干关键术语的翻译进行了梳理和修正，二是纠正了初版中的一些错漏，三是调整了若干词句的译法，使其更具可读性。尽管距初版面世已有十多年光阴，但整体来看，心灵哲学研究在国内还没有得到其应有的关注度，相关术语、思想观点和言说方式的翻译尚未形成十分成熟的模式，加之译者学识有限，错漏之处恐仍难避免，恳请读者批评指正！

本次修订工作得到上海人民出版社有关领导的大力支持。本书得到责任编辑于力平先生精心、细致和高质量的审订。在此一并致以深深谢意！

本书是国家社科基金重大项目"当代逻辑哲学重大前沿问题研究"（17ZDA024）、教育部人文社科基金项目"基于模态和意向性分析的指称问题研究"（17YJC720017）、河北省高等学校青年拔尖人才计划项目"建构一种语言意义的意向因果论"（BJ2016087）阶段性成果。

译者

2019 年 3 月 22 日

致　谢

　　我对很多人和机构心怀感激，因为他们帮助我完成了这本书的写作。首先我要感谢古根海姆纪念基金会（John Simon Guggenheim Memorial Foundation）、加州大学人文研究所（the University of California Humanities Institute）、Est 基金会（the Est Foundation）、加州大学学术参议研究委员会（the Committee on Research of the University of California Academic Senate）、斯隆基金会（A.P.Sloan Foundation），它们在我准备本书及其他相关著作的过程中不间断地提供经济上的帮助。这本书所有的素材都已经在伯克利分校（Berkeley）和其他学校的演讲以及大学课堂上提出来过。我对伯克利、博尔德（Boulder）、坎皮纳斯（Campinas）的学生们对此所给予的回应心怀感激。特别的感谢应给予埃米·科隆费尔德（Ami Kronfeld）、大卫·雷厄（David Reier）、吉姆·斯通（Jim Stone）、万尼萨·王（Vanessa Whang）、斯蒂文·怀特（Steven White）和史蒂夫·雅布罗（Steve Yablo）。我的几位同事和朋友阅读了部分手稿并提出了有益的评论意见，其中我要特别感谢尼德·布洛克（Ned

1

Block）、希尔文·布罗姆博格（Sylvain Bromberger）、泰勒·伯奇（Tyler Burge）、艾伦·柯德（Alan Code）、唐纳兰·戴维森（Donald Davidson）、达格芬·弗莱斯达尔（Dagfinn Føllesdal）、大卫·卡普兰（David Kaplan）、本杰明·莱比特（Benjamin Libet）、乔治·麦罗（George Myro）、托马斯·内格尔（Thomas Nagel）、威廉姆斯·莱因哈特（William Reinhardt）以及汉斯·斯拉格（Hans Sluga）。我最诚挚的感谢要献给哈勃特·德里夫斯（Hubert Dreyfus），尤其是克利斯汀·斯柯达（Christine Skarda），他们的评论对本书的内容产生了重要的影响。最重要的是，我要感谢我的妻子达格玛·塞尔（Dagmar Searle），她不断给我帮助和建议。

导　言

　　这本书的主要目标是要发展一种有关意向性的理论。我并不情愿称它为一种一般性的理论，因为有许多主题，比如情感，在本书中都没有得到讨论，但我确信，这里所提供的方法将会证明，它有益于一般性地解释各种意向现象。

　　本书是有关心灵与语言的一系列相关研究当中的第三项。其目标之一，是要为我之前两部著作，即《言语行动》(*Speech Acts*)（剑桥大学出版社，1969）和《表达与意义》(*Expression and Meaning*)（剑桥大学出版社，1979）提供一个基础，同时也为有关这些主题的未来研究提供一个基础。隐藏在我对语言问题的解决方案后面的一个基本假定是，语言哲学乃是心灵哲学的一个分支。言语行动表征(represent)世界上的对象与事态的能力，是心灵（或大脑）经由信念和渴望这样的心智状态，特别是通过行动和感知，将有机体与世界关联起来的那些更根本的生物能力的拓展。由于言语行动是人类行动中的一种，而且由于言语表征对象和事态的能力是心灵将有机体与世界关联起来这种更一般的能力的组成部分，因此，对言语和语言的任何一种完整的说明，都要求我们说明心灵／大脑是如何将有机体与实在关联起来的。

由于语句——发自口腔的声音，或者说是我们在纸上所作的标记——从一个方面考虑，和其他对象一样，都只是世界上的一种对象，因而它们的表征能力不是内在的，而是由心灵的意向性派生出来的。从另一方面说，心智状态的意向性不是从某些还要在先的意向性形式派生而来，而是内在于这些状态本身。一个行动主体使用一个语句做出一个陈述或提出一个问题，但他并没有通过这种方式使用他的信念和渴望，他只是拥有它们罢了。语句是指被施加了表征能力的语法对象：信念、渴望以及其他意向状态并不是这样的语法对象（尽管它们可以，并且通常都是通过语句来表达的），而且它们的表征能力不是被他物施加的而是其本身所固有的。所有这些都与下述事实相容：语言本质上是一种社会现象，而作为语言之基础的意向性的各种形式乃是社会形式。

本项研究一开始是关于意义问题的下述部分的一项研究：人们何以能够将意向性施加给那些原本不具有意向性的实体之上，人们如何去表征纯粹的对象。我本来计划在《表达与意义》中专辟一章讨论这个问题，但当我这样去做的时候，这一章却独立成书了。当我试图去分析心智状态的意向性（第一章）时，我发现我不得不去研究感知的意向性（第二章）和行动的意向性（第三章）。但是，若不理解意向因果（Intentional causation）（第四章），那就不能理解感知和行动，而各项研究均会导致下述结论：所有形式的意向性只有在非表征性心智能力的背景之下才能发挥作用（第五章）。我只是在第六章才完成了最初制定的关于解释心智的意向性和语言的意向性之间关系的目标。但这仍旧给我留下了大量的问题：第七章讨论

t- 意向性（Intentionality-with-a-t）与 s- 意向性*（intensionality-with-an-s）之间的关系；第八章和第九章使用前面几章形成的理论批评了当前几种有关指称和意义的颇具影响的见解，并提出了有关索引表达式、自然种类词、从物—从言的区分，以及专名等等的意向性阐释。最后在第十章，提出了对所谓"心—身"或"心—脑"同一性问题的一种解决方案（更准确地说，是一种消解方案）。

在我极力主张人拥有本质上就具有意向性的心智状态时，我部分遵从了当前心灵哲学当中的许多，或者也许是绝大多数有影响的观点。我相信，人的确拥有心智状态，它们有些是有意识的，有些则是无意识的。而至少就那些有意识的心智状态而言，它们基本上都具有它们看似具有的那些心智特征。我反对任何形式的行为主义（behaviorism）或功能主义（functionalism），包括图灵机（Turing machine）功能主义，因为它们最终会否认心智现象所特有的心智特性。本书没有对这些观点进行批评，因为我在别处已经详细讨论过它们了。[1] 我相信，各种形式的行为主义和功能主义从来就没有得到关于这些事实的独立研究的推动，而是出于对下面这点的担忧才被提出来，即除非发现了某种方法，可以消除那些得到素朴解释的心智现象，否则就会有二元论和一种显然无法解决的心—身问题留给我们。在我看来，心智现象是有其生物学基础的：它们既由大脑的运作引起，同时又在大脑的结构当中实现。就这种观点看来，意识和意向性就如同消化或者血液循环，都是人类生物本性的组成部

---

　　* 为了凸显 intentionality 和 intensionality 的实质差异，塞尔在表达形式上做了区分，其目的是为了提醒人们：前一个首先是心智层面的东西，后一个则首先是语言层面的东西。intensionality-with-an-s 即为"内涵性"。但本书遵照原文，将 intensionality-with-an-s 译为"s- 意向性"，将 intensionality 译为"内涵性"。——译者注

　　[1] "Minds, brains and programs", *Behavioral and Brain Science*, vol.3 (1980), pp.417—424; "Intrinsic Intentionality", *Behavioral and Brain Science*, vol.3 (1980), pp.450—456; "Analytic philosophy and mental phenomena", *Midwest Studies in Philosophy*, vol.5 (1980), pp.405—423. "The myth of the computer", *New York Review of Books* (1982), vol. XXIX, no.7, pp.3—6.

分。有关这个世界的一个客观事实是：它包含着某种具有主观心智状态的系统，也就是大脑，并且关于这种系统存在一个物理事实：它们具有心智特征。对"心-身问题"的正确解决，并不在于否认心智现象的实在性，而在于正确把握它们的生物本性。在第十章，我们会就这一点给出更多论述。

就言语行动问题进行写作的部分乐趣在于，不存在任何厚重的哲学传统会对该项研究造成负担。除了一些最令人喜欢的东西如允诺和陈述之外，多数类型的言语行动都被过去伟大的哲学家们忽略掉了；例如，我们可以研究感谢、道歉和请求，但并不需要去看亚里士多德（Aristotle）、康德（I. Kant）和密尔（J. S. Mill）就它们都说了些什么。但当说到意向性时，情况就大不相同了。整个哲学运动都是围绕有关意向性的各种理论建立起来的。面对这段引人注目的历史，我们应该做些什么呢？我本人的方法就是对之完全不予理睬，之所以这样做，部分原因在于我对大部分有关意向性的传统著作一无所知，部分原因在于我深信自己所具有的唯一可用来消除那些引导我介入此项研究的忧虑的希望，首先在于对自己的独立研究的不懈追求。指明这一点是有价值的，因为有些已经阅读过书稿的人声称，他们发现他们和自己喜欢的作者之间存在一些有趣的共识和分歧。也许他们正确地理解了本书和意向性传统之间的关系，但是，除了我对弗雷格（G.Frege）和维特根斯坦（L.Wittgenstein）的明确回应，以及我对他们溢于言表的感激，对该项传统做出回应并不是我在本书中的目标。

在涉及写作风格和阐释的问题的地方，我努力遵循了一句简单的格言：如果你不能说清楚，那就说明你自己还没有理解清楚。但是，任何一个试图进行清晰写作的人都会冒着被过快"理解"的风险，而这种理解的最快形式就是把作者和一大堆读者已经熟知的其他作者归为一类。

本书当中的有些思想在我的论文中已经做过初步阐述。由于《言语行动》一书的几位评论者抱怨说有些思想已经在论文中出现过，因此在这里解释几句是适当的。我发现，通过论文的形式提炼一下思想是很有用的，这样做既是为了明确地阐释这些思想，也是为了从中引出评论和批评意见。这种文章就如同一位画家为了绘出一幅更大的油画而事先绘制的草图。它们能够自成体系，但同时它们也可以作为通向更大作品的阶梯。艰苦的工作不仅体现在要努力将每一部分理顺清楚，还在于要按照一般性的观念让所有这些部分保持一致。

还有一个令人困扰的问题没有在本书中直接表述出来，但它却是我写作本书的主要动因。已经证明，普通人的行为特别难以用自然科学的方法加以解释。为什么？为什么将自然科学方法应用于个体或群体行为研究时，没有产生出可与物理学和化学相提并论的结果呢？当代哲学中有许多人都试图回答这个问题，但在我看来，其中没有哪一个能完全令人感到满意。我相信，为这个问题提供正确答案的方向是要看到意向性在行动的结构中的作用；这种意向性的作用不仅体现在对行动的描述中，还体现在人的行为的结构当中。我希望在今后的研究中更详尽地讨论对人类行为的解释。本书只是提供了一些可用于进行这样一种讨论的工具。

第一章　意向状态的本性

一、作为指向性的意向性

　　作为一种预备性的表述，我可以说：意向性是为许多心智状态和事件所具有的这样一种性质，即这些心智状态或事件通过它而指向（direct at）或关于（about）或涉及（of）世界上的对象和事态。比如，假如我有一个信念，那它必定会是这样的信念，即实际情形是如此这般的；假如我有所担忧，它必定是对某样东西的担忧，或者害怕某件事情会发生；假如我有一个渴望，那一定会是要做某件事情的渴望，或者是关于某件事情应该发生或成为实际情况的渴望；假如我有一个意向（intention），它必定会是想要去做某事的意向。对于其他大量心智状态和事件来说，情况也是这样。我遵循一个悠久的哲学传统，把这种指向或关于的特征称为"意向性"，但是从许多方面说，这个词都是误导性的，而上述这种传统也有些零乱，因此在一开始我想要澄清的是：我要怎样使用这个词，在此过程中我又如何把我自己同上述传统的某些特征区分开来。

1

首先，在我看来，只是有些而不是所有的心智状态和事件都具有意向性。相信、害怕、希望和渴望都是意向性的；但是，也存在各种形式的紧张、得意以及没有指向的焦虑，它们不是意向性的。关于这些状态如何被报道的限定条件，为我们提供了理解这种区分的一条线索。假如我对你说我有一个信念或一个渴望，那么你问我"究竟你相信什么"或者"你渴望的是什么"这样的问题，就总会是有意义的；而假如我说"喔！我只是有一个信念和一个渴望，但并不相信什么，也不渴望得到什么"，那就没有什么意义了。我的信念和渴望必定总是关于什么东西的。但是，我的紧张和无指向的焦虑却不需要像这样与什么东西相关。这样的状态只与信念和渴望相伴随，但无指向的状态却与信念或渴望不一样。在我看来，如果状态 S 是意向性的，那就必定存在对下面这种问题的回答：S 是关于什么的？S 所涉及的是什么？"S……"这是什么意思？有些心智状态既有其具有意向性的实例，也有其不具有意向性的实例。例如，正如当一个人只是得意、沮丧和焦虑，但却并没有因任何东西而得意、沮丧和焦虑时，存在各种形式的得意、沮丧和焦虑，同样也存在各种形式的这种状态，此时一个人由于如此这般的事件的发生而得意或沮丧，并由于对如此这般的前景的期望而焦虑。无指向的焦虑、沮丧和得意没有意向性，而有指向的则具有意向性。

第二，意向性不同于意识（consciousness）。许多意识状态都不是意向性的，比如一瞬间的得意感，而且，许多意向状态也不是有意识的，比如我就有许多当下未加考虑而且可能从不会考虑到的信念。例如，我相信我的曾祖父在美国本土度过了他的一生，但直到这一刻，我从来就没有有意识地表述或考虑过这个信念。顺便说一下，这种无意识的信念不一定就是那种弗洛伊德型或其他类型的抑郁的具体实例；它们不过就是一个人所具有但在通常情况下未加考虑的信念而已。为意识与意向性的等同论进行辩护的人有时会说，所有意识都是涉及什么东西的意识，只要一个人是有意识的，那就总会存在某种他意识到的东西。但是，这种对意识的解释模糊了一个关键性的区分：当我有意识地经验到忧虑时，实际上就会存在某种东西，我的经验就是涉及它的经验，也就是涉及忧虑的经验，但此处"涉及"的含义与意向性的"涉及"大不相同，比如后者出现在"我有一种对蛇的有意识的恐惧"这个陈述当中；因为就忧虑来说，经验到忧虑和忧虑是相同的；但是，对蛇的恐惧却不等同于蛇。按照我对意向状态这个概念的用法，下面这一点是意向状态所特有的：在这种状态本身和该状态所指向或关于或涉及的东西之间存在着区别（不过，这并没有排除意向性的自我指称形式存在的可能性——我们将在第二章和第三章当中看到这一点）。在我看来，"涉及忧虑的经验"这个表达式中的"涉及"不可能是意向性意义上的"涉及"，因为这种经验和忧虑本身是等同的。后文我还会就意向性的意识形式说更多的话；但我现在的目标只是想说清楚，按照我的用法，意识状态这个类和意向心智状态这个类尽管有交叉，但它们并不全同，也并不是一个包含在另一个当中。

　　第三，打算（intending）和意向都只是意向性诸多形式当中的一种，它们没有任何特殊地位。"Intentionality"（意向性）和"intention"（意向）明显的语义双关表明，日常意义上的意向在意向性理论中具有某种特殊的作用；但在我看来，打算做某事连同相信、希望、害怕、渴望以及许多其他的状态一样，都只是意向性的一种形式；我的意思并不是说，比如信念是意向性的，乃是因为它们通过某种方式包含意向这一概念，或者它们想要得到某种东西，或者某个具有信念的人必定因此就想要去做关于该信念的某件事情。为了让这种区分变得足够清楚，我将用首字母大写的形式表示"意向

3

性的"和"意向性"的技术含义。意向性就是指向性;打算做某事只是意向性众多类型当中的一种。

其他一些常见的混淆与"intentional"(意向的)和"Intentional"(意向性的)的语义双关有关。有些人把信念、害怕、希望和渴望描绘成"心智行动"(mental acts),但这种看法往好里说是错误的,往坏里说则是完全混淆不清的。喝啤酒和写书可以被描绘为行动(act)或行动(action)*乃至活动,在头脑中解算术题或者形成金门大桥的图像都是心智行动;但是,相信、希望、害怕和渴望却根本不是行动,也不是心智行动。行动是一个人所做的事情,但是,对于"现在你在做什么?"这个问题却不存在下面这样的答案:"我现在正相信天将会下雨",或者"正希望税金会被调低",或者"正害怕利率会降低",或者"正渴望去看电影"。我们将要考虑的意向状态和事件恰好就是:状态和事件;它们不是心智行动,不过,关于那些被恰当地称为心智行动的东西,我在第三章将加以讨论。

把例如信念和渴望看作是想要通过某种方式得到某种东西,同样是混淆不清的。信念和渴望是意向状态,但它们并不打算得到什么东西。在我看来,"意向性"和"意向性的"将以名词和形容词的形式出现,而且,我会谈到某些心智状态和事件,认为它们具有意向性,或者它们就是意向性的,但却不能对任何相应的动词附加这样的意义。

这里是一些可能属于意向状态的例子:相信、害怕、希望、渴望、喜爱、憎恨、厌恶、喜欢、不喜欢、怀疑、想知道是否、快乐、

---

* 张建军教授建议了这样一种区分:用"act"表示所有具有意向性的"behavior",用 action 表示所有具有自觉能动性的"act",这样,"action-act-behavior"构成一个清晰的种—属系列。可参见张建军:《逻辑行动主义方法论构图》,《学术月刊》2008 年第 8 期,第 57—58 页。在现代汉语中找不到相应的适当词汇表示这种区分,本书均译为"行动"。不过,塞尔本人对此还缺乏认识。——译者注

得意、抑郁、焦虑、骄傲、懊悔、悲痛、忧伤、内疚、喜悦、愤怒、困惑、接受、原谅、敌对、喜爱、期望、生气、羡慕、轻视、尊敬、愤慨、意向、真希望、想要、想象、幻想、羞愧、性欲、反感、仇恨、恐怖、愉快、痛恨、热望、消遣和失望。

　　下面这一点是上面这个集合中的元素所特有的：它们或者在本质上就是有指向性的，如喜爱、憎恨、相信和渴望，或者至少它们可以是有指向性的，如抑郁和得意。这个集合提出了相当多的问题。例如，我们该如何对其元素进行分类，这些元素之间有什么样的关系？但是，我现在想要集中讨论的问题是：意向状态和它们在某种意义上关于或指向的那些对象和事态之间，究竟是一种什么样的关系？哪种类型的关系终究要用"意向性"一词来命名，我们又如何在不使用"指向"这样的隐喻手法的情况下对意向性做出解释？

　　请注意，意向性不可能像坐于某物之上或用拳头击打某物那样，是一种普通的关系，因为对于很多意向状态来说，我可以处于这种意向状态当中，但该意向状态所"指向"的对象或事态却根本就不存在。我也可以希望天正在下雨，即使天没有下雨，我也可以相信那位法国国王是秃头，尽管事实上根本就不存在法国国王这样的人。

二、作为表征的意向性：言语行动的模型

　　为了回答意向状态与它在某种意义上所指向的对象和事态之间的关系是什么样的这个问题，我想在这一部分探讨意向状态和言语行动之间的一些关联。提前透露一下，我对这个问题的回答非常简单：意向状态表征对象和事态，此处"表征"的含义与言语行动表征对象和事态的"表征"的含义相同（不过我们会在第六章当中看

到，言语行动具有一种派生的意向性，因而是以一种不同于意向状态的方式进行表征，而意向状态则具有一种内在的意向性）。关于陈述如何表征它们的真值条件，诺言如何表征它们的履行条件，命令如何表征服从它们的条件，以及说话者在说出一个指称表达式时如何指称一个对象，我们已经具备了相当清晰的直觉；事实上，关于这些不同类型的言语行动我们甚至已经有了几分理论性的东西；我打算利用这种在先的知识，尝试去解释意向状态如何也是表征，以及它们在何种意义上也是表征。

有一种可能产生的误解是需要我在研究展开之初就加以阻止的。根据语言来解释意向性，我的意思并不是说意向性本质上就是，并且必然是语言上的。恰恰相反，下面这一点在我看来是很明显的：婴儿以及许多在任何普通意义上都没有语言或者不能做出言语行动的动物，也都具有意向状态，只有某个执迷于某种哲学理论的人才会否认小孩子能够真切地被认为想要牛奶喝，以及否认狗想要被放出来，或者相信它们的主人就在门口。碰巧有两个理由可以用来解释：为什么我们会发现即使动物没有语言我们也可以将意向性归于它们这一点是不可抗拒的。首先，我们可以看到，动物的意向性的因果基础与我们的非常相似，例如这是这只狗的眼睛，这是它的皮肤，那是它的耳朵，等等。其次，若不如此我们就不可能明白它的行为是什么意思。当我试图根据语言来解释意向性时，我把我们在先的语言知识用作一种启发性工具，以便实现解释性的目的。一旦我弄清楚了意向性的本性，我就会（在第六章）论证，逻辑依赖关系恰恰相反。教学的方向是根据语言来解释意向性；逻辑分析的方向则是根据意向性来解释语言。

在意向状态和言语行动之间，至少存在下述四个相似点和关联点。

1. 言语行动理论中为人熟知的关于命题内容和行事语力（illocutionary force）之间的区别，对于意向状态也是存在的。正如我可以命令你离开这个房间，预言你会离开这个房间，以及暗示你离开这个房间，我也可以相信你会离开这个房间，担心你会离开这个房间，想要你离开这个房间，以及希望你能离开这个房间。在第一类情形，也就是言语行动情形当中，在你离开这个房间这种命题内容，和在该言语行动中借之提出该命题内容的行事语力之间，存在明显的不同。但是，在第二类情形，也就是意向状态的情形中，在你离开这个房间这种表征内容，和我们因之而具有这种表征内容的心理模式（不论是相信、害怕、希望或者其他）之间，同样存在明显的差异。言语行动理论中通常用"$F(p)$"这种形式来表达这种区分，其中，"F"用来表示行事语力，"p"用来表示命题内容。在意向状态理论中，我们同样需要区分表征内容以及我们因之而具有这种表征内容的心理模式或方式。我们将把这一点用符号表示为"$S(r)$"，此处"S"表示这种心理模式，而"r"用来表示表征内容。

也许更好的办法是，将"命题内容"一词限定为那些在语言上实现的状态，将"表征内容"或"意向内容"这些词用作更一般的词项，以便既包括在语言上实现的意向状态，又包括那些不能在语言上实现的状态。但是，由于我们也需要区分那些其内容必定总是可以被表达为完整命题的状态，如相信，和那些其内容不必是完整命题的状态，如爱和恨，因此我也将继续使用命题内容这一概念来表示意向状态，以便表示那些把完整命题当作内容的状态，不论这种状态是不是在语言上实现的。我将使用言语行动理论的记法，括号内的表示意向状态的内容，括号外的表示行动主体因之而具有这种意向内容的形式或模式。例如，如果一个人爱萨莉（Sally），而且他相信天正在下雨，那么他的这两种意向状态可分别表达为：

爱（萨莉）

相信（天正在下雨）

本书当中的大部分分析都是关于那些具有完整命题内容的状态，也就是所谓的命题态度。但是，强调下面这一点也很重要：并不是所有意向状态都有一个完整的命题作为意向内容，不过根据定义，所有意向状态都至少具有某种表征内容，不论其是不是一个完整的命题；实际上，这个条件对于意向状态比对于言语行动要更强一些，因为有些（很少）表情式（expressive）言语行动并不具有任何内容，比如"哎唷""哈罗""再见"。

2. 不同的适应指向（direction of fit）之间的区分（这也是人们从言语行动理论那里得知的）[1]，在意向状态中也同样存在。断定式（assertive）言语行动类的成员——陈述、描述、断言，等等——被认为通过某种方式与一个独立存在的世界相匹配；依据它们能否做到这一点，我们说它们是真的还是假的。但是，指令式（directive）言语行动类的成员——命令、指挥、要求，等等——以及承诺式（commissive）言语行动类的成员——许诺、发誓、保证，等等——却不被认为与一个独立存在的世界相匹配，而是被认为会引起世界的变化，以便这个世界与该言语行动的命题内容相匹配；我们并不根据它们能否做到这一点而说它们是真的还是假的，而是这样说：它们被服从或未被服从，被履行，被依从，被遵守或者被背弃。我用这种说法表示上述这种区分，即断定式言语行动类具有语言向世界（word-to-world）的适应指向，而承诺式言语行动类和指令式言

---

[1]　关于"适应指向"这一概念的更多讨论，见 J.R.Searle,"A taxonomy of illocutionary acts", in *Expression and Meaning*（Cambridge：Cambridge University Press, 1979），pp.1—27。

语行动类具有世界向语言（world-to-word）的适应指向。如果这个
陈述不是真的，那么出问题的是这个陈述，而不是世界；如果这个
命令没有被服从或者这个诺言被背弃了，那么出问题的并不是这个
命令或诺言，而是世界上那个不服从命令或背弃诺言的人。从直觉
上我们可以这样说：适应指向的思想就是为适应承担责任的思想。
如果这个陈述是假的，那就是这个陈述的过错（语言向世界的适应
指向）。如果这个诺言被背弃了，那是允诺者的过错（世界向语言
的适应指向）。也存在着在其中没有任何适应指向的情形。如果我
因为侮辱了你而致歉或者恭喜你赢得了奖金，那么尽管我的确预先
假定了被表达命题（我侮辱了你，你赢得了奖金）是真的，但言语
行动的目的不是要断定这些命题，也不是要命令它们所命名的行动
必须要被实施；更确切地说，其目的是表达我对已预设为真的上述
命题内容中明确说明的事态的悔恨或愉快。[1] 现在，某种与这些区
分非常类似的东西，对于意向状态也同样存在。如果我的信念最后
证明是错误的，那么出问题的是我的信念而不是世界，这一点通过
下述事实即可说明：我只要改变我的信念就能纠正这种情形。可以
说，与世界相匹配是信念的责任，而在这种匹配失败的地方，我可
以通过改变我的信念来修正这种情形。但是，如果我没有能够实施
我的意向，或者如果我的渴望没有实现，那我就不能像上面所说的
那样，只通过改变我的意向或渴望就可以纠正这些情形。可以说，
在这些情形当中，不能与我的意向或渴望相匹配，就是世界出了问
题，虽然我可以通过说它是一个错误的信念来解决问题，但却不能

---

[1]　由于适应是一种对称的关系，因此可能存在不同的适应指向这一点，会让人感到困
惑。如果 *a* 适应 *b*，则 *b* 适应 *a*。考虑下面这种没有争议的语言之外的情形也许会缓解这
种担忧：如果灰姑娘（Cinderella）到一家鞋店去买一双新鞋，那她就把她的脚的尺码当
作既定的，然后寻找适应这个尺码的鞋（鞋向脚的适应指向）。但是，当王子寻找这只鞋
的主人时，他把鞋当作既定的，然后寻找适应这只鞋的脚（脚向鞋的适应指向）。

以相同的方式，通过说它是一种错误的意向或渴望来解决问题。信念和陈述一样，可以为真或为假，我们可以说它们具有"心灵向世界"(mind-to-world)的适应指向。另一方面，渴望和意向不能为真或为假，但它们可以被遵从、被完成或被实施，我们可以说它们具有"世界向心灵"(world-to-mind)的适应指向。此外，也存在没有任何适应指向的意向状态。如果我因为侮辱了你而感到抱歉，或者因为你得到了奖金而感到愉快，那么，尽管我的悔恨中包含着我曾经侮辱过你这一信念，以及不曾辱骂你这样的心愿，我的愉快当中包含着你已赢得奖金这一信念以及希望你赢得奖金这样的心愿，但我的悔恨和愉快不可能像我的信念那样为真或为假，也不可能像我的愿望那样被满足。我的悔恨和愉快可以是适当的或不适当的，这取决于信念的心灵向世界的适应指向是否在实际上得到了满足，但是，我的悔恨和愉快却并不以这种方式而具有任何适应指向，下文我将会就这些复杂的意向状态作更多阐述。

3. 意向状态和言语行动之间的第三种关联是，每当实施一种具有命题内容的以言行事行动(illocutionary act)时，我们都表达出一种具有那种命题内容的特定的意向状态，而这种意向状态就是那种类型的言语行动的真诚条件(sincerity condition)。例如，如果我做出了一个陈述 p，那么我就表达了一个信念 p。如果我许诺去做 A，那我就表达了一个去做 A 的意向。如果我命令你去做 A，我就表达了一个希望或渴望，即你应该去做 A。如果我因为做了某事表示歉意，那我就因做这件事而表达我的悔恨。如果我就某件事向你表示祝贺，那我就表达了关于那件事的愉快或满足。所有这些以言行事行动与被表达的言语行动的意向性真诚条件之间的关联都是内在的；也就是说，所表达的意向状态不仅仅是做出言语行动时的伴生物。做出某种言语行动时必然要表达出某种相应的意向状态，这一点在摩尔悖论（Moore's paradox）的一般化表达中得到了显示。你不可能说："天在下雪但我不相信天在下雪""我命令你停止吸烟但我不想让你停止吸烟""我因为侮辱了你而表示歉意，但我并不因为侮辱你而感到难过""恭喜你获得那份奖金，但我并不因你得到那份奖金而感到高兴"，如此等等。所有这些都因同样的原因让人听起来感到奇怪。做出言语行动也就等于表达了相应的意向状态；因此，在做出言语行动的同时又否认相应意向状态的存在，在逻辑上是奇怪的，尽管不是自相矛盾的。[1]

现在，我说构成真诚条件的意向状态在做出言语行动时得到了表达，这并不是说一个人必须始终具备他所表达的那种意向状态。撒谎或者做出一种不真诚的言语行动总是可能的。但是，谎言或其他不真诚的言语行动也相当于做出了一种言语行动，因此也表达了一种意向状态，而此时一个人并不具备他所表达的那种意向状态。需要注意的是，以言行事行动与它们被表达的意向性真诚条件之间有着惊人的类似：一般来说，以言行事行动的适应指向和真诚条件的适应指向是相同的，在那些以言行事行动没有适应指向的情形中，预先假定了命题内容的真，而相应的意向状态则包含着信念。例如，如果我因为踩到了你的猫而表示道歉，那我就会因为踩到了你的猫而表达懊悔。道歉和自责都没有适应指向，但道歉预先假定了我踩到你的猫这个命题为真，而懊悔则包含这样一个信念，即我踩到了你的猫。

4. 在存在适应指向的情形中，满足条件这个概念非常普遍地适

---

[1] 我们就这个原则所能构想出来的例外是这样的情形：他把自己与自己的言语行动区分开来，例如："让你知道 p，这是我的责任，但我并不真的相信 p"，或者"我命令你攻击那些要塞，但我并不是真的想让你那样做"。在这样的情形当中，一个人好像是以另外某人的名义口头表达了一种言语行动。说话者说出这个语句，但却把自己与对这种言说的承诺区分开来。

用于言语行动和意向状态。例如，我们说一个陈述是真的或是假的、一个命令被服从或是被违抗、一个诺言被信守或是被背弃。在这些情形当中，我们都把以言行事行动的成功或失败归因于是否与由以言行事行动的要旨所提供的特定适应指向中的实在相匹配。如果要给出一个表达式进行概括的话，我们可以把所有这些条件称为"满足条件"或"成功条件"。于是，我们将会说，一个陈述被满足当且仅当它是真的，一个命令被满足当且仅当它被服从，一个诺言被满足当且仅当它被信守，如此等等。这个满足概念对意向状态显然也是适用的。我的信念将被满足当且仅当事物恰如我所相信它们所是的样子我的愿望将被满足，当且仅当它们实现了，我的意向将被满足当且仅当它们得到实施。也就是说，满足概念在直观上似乎天生就既属于言语行动又属于意向状态，并在任何存在适应指向的场合都十分普遍地适用。[1]

注意到下面这一点是至关重要的：对于每一种具有适应指向的言语行动来说，这种言语行动将被满足，当且仅当所表达的心理状态得到满足，并且，言语行动的满足条件与所表达的心理状态的满足条件是相同的。例如，我的陈述是真的当且仅当被表达的信念是正确的，我的命令将被服从当且仅当被表达的希望或渴望得到满足，我的诺言将被信守当且仅当我所表达的意向得到施行。此外，还需要注意：正如满足条件内在于言语行动，意向状态的满足条件也内在于意向状态。使得我的"雪是白的"这个陈述成为其所是的那个陈述的部分原因是指，它具备那些成真条件而非其他条件。同样，使得我的"天在下雨"这个希望成为其所是的那个希望的部分原因是，某些事物能满足它，而某些别的事物则不能满足。

---

[1] 存在一些有意思但也令人困惑的情形，如怀疑 p 或者想知道是不是 p。我们会说如果 p 则我对 p 的怀疑得到满足？或者如果非 p 便会如此？或者其他？

12

　　意向状态和言语行动的上述四种关联很自然地表明了一幅特定的意向性画面：每一种意向状态都由处于某种心理模式的表征内容组成。言语行动表征对象和事态，在相同的意义上，意向状态也表征对象和事态（不过，要再说一遍，它们表征的手段和方式是不同的）。正如我的"天在下雨"这个陈述表征了某种事态，我关于天在下雨的信念也表征了相同的事态。正如我命令山姆离开这个房间是关于山姆的，表征了关于山姆的某种行动，我的关于山姆应该离开这个房间的渴望也是关于山姆的，它表征了关于山姆的某种行动。表征这个模糊概念用起来却很方便。当将其用于语言时，我们不仅可以用它去涵盖指称，而且也可以用它去一般地涵盖谓述和真值条件或满足条件。利用这种模糊性，我们可以这样说：具有命题内容和适应指向的意向状态表征它们的各种满足条件，正如具有命题内容和适应指向的言语行动表征它们的满足条件。

　　如果我们打算允许我们自己使用像"表征"和"满足条件"这样的概念，那就需要对它们做出某种更进一步的澄清。在哲学史上，可能没有哪个词比"表征"被更多地滥用了，而我对这个词的使用既不同于它在传统哲学当中的用法，也不同于它在当代认知心理学和人工智能当中的用法。例如，当我说一个信念就是一种表征时，我并不是在着力强调一个信念就是一种图画，也不是在认同《逻辑哲学论》（Tractatus）对于意义的解释，也不是在说信念再现（represent）某种此前已经提出过的东西，也不是在说信念具有一种意义，也不是在说它是一种这样的东西，通过对它进行仔细考察很快便可以把握其满足条件。我所讨论的"表征"的含义要通过与言语行动的类比而彻底穷尽：信念表征其满足条件当中的"表征"的含义，与陈述表征其满足条件当中的"表征"的含义完全相同。说信念是一种表征，不过就是说它具有一种命题内容和一种心理模

13

式，它的命题内容决定了一组特定方面的满足条件，它的心理模式决定了它的命题内容的适应指向，而在某种意义上来说，所有这些概念——命题内容、适应指向，等等——均由言语行动理论来解释。事实上，就到目前为止我所说过的任何事情而言，我们可以在原则上完全摒弃"表征"（名）（representation）和"表征"（动）（represent）这些词而选用其他的概念，因为关于我对"表征"一词的使用，不存在任何本体论上的问题。它只是从言语行动理论那里借用的一堆逻辑概念的简略表达。（后面我会讨论意向状态和言语行动之间的一些差别。）

此外，我对表征这个概念的使用也不同于它在当代人工智能和认知心理学当中的用法。对我来说，表征是通过它的内容和模式，而不是通过它的形式结构来定义的。事实上，我从来就没有看出下述观点有什么明显的意义：每一种心智表征都必定会具有一种形式结构，就像语句有一种形式上的语法结构那样。抛开会在后面出现的一些复杂情况（有关网络和背景）不论，在本项研究的这个初始阶段，这些概念之间的形式关系可陈述如下：每一种意向状态都由处于一种心理模式当中的意向内容组成。当这种内容是一个完整的命题并且存在一种适应指向时，这种意向内容便决定了满足条件。既然满足条件是由意向内容来决定的，那么，意向状态要想得到满足，满足条件就必定要存在。正因如此，对意向内容的详细说明就已经是对满足条件的详细说明了。因此，如果我有一个信念，天在下雨，那么我的这个信念的内容就是：天在下雨。而它的满足条件是：天在下雨——而不是，比如说地面是湿的或雨水正从天空落下。由于所有的表征——无论是由心灵、语言、图画或任何别的东西来完成——总是关于特定方面，而不是其他方面的，所以满足条件是在特定方面得到表征的。

"满足条件"这个表达式具有通常所说的过程—结果的歧义,这就类似于需要(requirement)和所需之物(thing required)之间的关系。例如,如果我相信天在下雨,那我的这个信念的满足条件就是,天在下雨(需要)应该成为事实。这就是我的信念要成为一个真信念所需要的东西了。如果我的信念实际上确是一个真信念,那么世界上就会存在某个条件,也就是天在下雨这个条件(所需之物),它是我的信念的满足条件,也就是世界上实际满足我的信念的那个条件。我认为,倘若我们从一开始就意识到这种歧义的存在,那么它不但是无害的,实际上还会是有用的。然而,在对我早期关于意向性的著述的某些评论当中,它却导致了一些误解;[1] 因此,在这两种含义可能会导致误解的语境中,我会把它们明确标示出来。

抛开各种限定条件不论,我们可以这样来总结上述关于意向性的简要的预备性说明:理解表征的关键在于满足条件。每一种具有适应指向的意向状态都是对其满足条件的表征。

三、该理论的一些应用和扩充

上述这些观点一经陈述出来,许多问题就会接踵而至:关于那些没有适应指向的意向状态,我们会说些什么呢?它们也是表征吗?如果是的话,它们的满足条件是什么?幻想和想象的情况怎么样?它们表征什么?所有这些东西的本体论地位如何——这些意向状态是神秘的心智实体?难道我们不是也为了满足这些心智实体而让这个世界住满了"事态"吗?s- 意向性的情况如何,它在我们的

---

[1] In, e.g., J.M.Mohanty, "Intentionality and noema", *Journal of Philosophy*, vol.78, no.11 (November 1981), p.714.

理论体系中的功能是什么？拥有所谓"意向的非存在性"（intentional inexistence）[布伦坦诺（F. Brentano）]的"意向对象"这一传统概念应如何看待？此外，还存在着一些更值得怀疑的反对意见。的确，有人可能会反对说，每一种表征都要求做出这种表征的行动主体做出某种意向行动。表征需要有一个表征者和一种表征的意向行动，因此，表征要求有意向性，但不能用来解释意向性。而更不妙的是，难道有关指称的因果理论的各种论证没有表明，"头脑中"的这些心智实体不足以说明语言和心灵是如何指称世界上的事物的吗？

好了，我们不可能同时回答上述所有问题，这一部分我将通过这样一种方式来集中回答这些问题当中的一些，以便扩充和应用关于该理论的上述预备性陈述。我的目标有两个。我想表明这个意向性方案是如何解决某些传统哲学难题的，在此过程中我还想对这种理论进行扩充和发展。

1. 这种方案的一个优点是，它能够让我们明晰地区分意向状态的逻辑特征和它们的本体论地位，这决不是一个小的优点；事实上，按照这种说明，关于意向性的逻辑本性的问题根本就不是一个本体论问题。例如，信念到底是什么东西？传统上对这个问题的回答假定这个问题问的是信念所符合的本体论范畴，但是，就信念的意向性而言，重要的不是它的本体论范畴而是它的逻辑特征。一些我们特别喜欢的传统回答是，信念是对笛卡儿的自我（ego）的修正，是漂荡在心灵之中的休谟式思想，是通过特定方式去表现的因果倾向，或者是某个系统的功能状态。我恰恰认为，所有这些回答都是错误的，但就当前目标来说，需要注意到的一件重要的事情是，它们是对一个不同的问题的回答。如果"信念到底是什么东西"这个问题被用来意指：信念本身是什么？那就不得不（至少部分）根据信念的逻辑特征给出回答：信念是处于特定心理模式中的命题内容，它的模式决定了一种心灵向世界的适应指向，而其命题内容决定了一个满足条件的集合。如果我们不想忽略意向状态内在的意向性，那意向状态就必须使用意向性词汇来描述。但是，如果问题是"信念和其他意向状态的存在模式是什么"，那么，从我们当前就世界如何运作这一点所知的一切来看，答案是：意向状态既由大脑的结构引起，同时也在其中实现。在回答这第二个问题时，重要的是要同时看到下面两个事实：其一，意向状态与神经生理学之间具有因果关系（当然，与其他意向状态之间也具有因果关系）；其二，意向状态是在大脑的神经生理当中实现的。二元论者正确地觉察到了心智的因果作用，他们认为，正因为这样他们才必须假定一个独立存在的本体论范畴。许多物理主义者正确地觉察到，我们的上部头骨当中只有一个大脑，他们认为，正因如此他们才必须否认大脑的心智层面的因果效用，甚至否认这种不可归约的心智层面的存在。我相信这两种看法都是错误的。他们都试图解决心-身问题，而正确的方法则是要看到，根本不存在这样的问题。"心-身问题"和"胃-消化问题"一样，都不是真正的问题。（第十章就此有更多讨论）

对于我们来说，在当前阶段，回答意向状态如何在世界的本体当中实现这一问题，与回答和一种特定的语言行动如何实现有关的类似问题一样，都是不相关的。一种语言行动可以通过说或写来实现，通过使用法语或德语实现，通过使用打字机或扬声器或电影银幕或报纸来实现。但这种形式的实现不会影响到它们的逻辑特性。我们有理由认为某个痴迷于言语行动是否等同于声波这样的物理现象的人一定是跑题了。正如言语行动借以实现的形式与其逻辑特性无关，意向状态的实现形式也与其逻辑特性无关。意向状态的逻辑特性之所以会出现，乃是因为它们就是表征，而关键在于，它们可以像语言实体那样具有逻辑特性，就像石头和树木不可能具有逻辑特性一样（不过，关于石头和树木的陈述却可以具有逻辑特性），因为意向状态本身就是表征，在这一点上，它类似于语言实体，但却和石头及树木不相像。

维特根斯坦关于意向提出的众所周知的问题——如果从我举起自己手臂这一事实中除去我的手臂举起来这一事实，剩下的是什么？[1]——只有在我们坚持一种本体论回答时才不可能得到解决。如果按照此处所提出的对于意向性的非本体论方案，解答这个问题会是非常简单的。剩下的是一种处于某种心理模式（意向模式）的意向内容——我的手臂举起来是行动中意向（intention in action）的结果（见第三章）。如果我们发现不能对这个回答感到满意，那我相信，我们的不满意表明我们拥有一种错误的意向性模型；我们仍旧在寻找一种东西，让它与"意向"这个词形成对应。但是，唯一能够形成对应的东西就是一种意向，而且，为了知道什么是意向，或者任何其他具有适应指向的意向状态是什么东西，我们不需要知道其最终的本体论范畴是什么，我们只需要知道：首先，它的满足条件是什么；其次，满足条件在哪个（些）方面得到了意向内容的表征；最后，所说状态——信念、渴望、意向的心理模式是什么？如此等等。知道了第二点也就知道了第一点，因为满足条件总是在特定方面被表征的；知道了第三点足以让我们知道表征内容和满足条件之间的适应指向。

2. 这种方案的第二个优点在于，它为我们提供了有关意向对象之地位的传统本体论问题的一种简单回答：意向对象只是一个对象，和任何其他对象没什么不一样；它没有什么特殊的本体论地位。我们称某种东西为意向对象，只不过就是说，它是某种意向状态所关涉的东西。例如，如果比尔（Bill）羡慕卡特（Carter）总统，那么他的羡

---

[1] *Philosophical Investigations*（Oxford：Basil Blackwell，1953），Part I，para. 621.

慕的意向对象就是卡特总统，这个对象是一个现实的人，而不是位于比尔和那个人之间的某个隐秘的中间实体。在言语行动和意向状态这两种情形当中，如果不存在任何满足命题内容或表征内容的对象，那么言语行动和意向状态就不可能得到满足。在这两种情形下，正如言语行动不存在任何"被指称对象"，意向状态也不存在任何"意向对象"：如果没有任何东西满足这种表征内容的指称性部分，这种意向状态就没有意向对象。例如，法国国王是秃头这个陈述就不可能是真的，因为法国国王不存在，同样，法国国王是秃头这个信念也不可能为真，因为法国国王根本不存在。命令法国国王成为秃头以及希望法国国王是秃头都必然不能得到满足，它们都是出于同样的原因：根本不存在什么法国国王。在这样的情形中，不存在这些意向状态的任何"意向对象"，以及该陈述的任何"被指称对象"。指称的失败致使我们的陈述不能为真，这一事实不再让我们倾向于认为必须创立一个这些陈述必须涉及的梅农*式的实体。我们认识到，它们具有一种没有任何对象能够满足的命题内容，在这个意义上看，它们不是"关于"任何对象的。但是，我可以通过完全相同的方式表明，我们的意向状态有可能得不到满足乃是因为不存在任何由它们的内容所指称的对象这一事实，将不再使我们迷惑到这样的地步，以至于让我们感到必须要去创立一种让我们的意向状态关涉到的梅农式的中间实体或意向对象。一种意向状态具有一种表征内容，但它并不是关于或指向其表征内容的。此处困境的出现一部分源于"关于"这个词，它既有一种外延读法，又有一种 s- 意向读法。从一种意义上（s- 意向读法）说，法国国王是秃头这个陈述或信念是关于法国国王的，但在这种意义上并不能推出存在某个它们所关涉的对象。从另一种意义上（外延读

---

* Alexius Meinong（1853—1920），奥地利哲学家，布伦坦诺的学生，以"对象论"而著名，主张"凡是被谈论的都是存在的"。——译者注

法）说，没有任何对象是它们所关涉的，因为根本就不存在什么法国国王。在我看来，关键是要区分信念的内容（也就是命题）和信念的对象（也就是日常对象）。

当然，我们的有些意向状态用到了幻想和想象，但与此相类似的是，我们的有些言语行动也是虚构的。正如其本身作为幻想和想象之产物的虚构话语，其存在的可能性并不迫使我们创立一类不同于日常对象但却被认定为所有话语之对象的"被指称"或"被描述"的对象，我想要表明的是，意向性的幻想和想象形式存在的可能性也不会迫使我们去相信一类不同于日常对象但被认定为我们的所有意向状态之对象的"意向对象"的存在。我并不是在说，不存在任何与幻想和想象有关的问题，而是说，我所论证的是，这些问题与分析虚构话语的那些问题是一脉相承的。

在虚构话语中，我们拥有一系列假装的（就好像使人信以为真的）言语行动，它们通常都是假装的断定式言语行动，言语行动只是假装的这一事实，破坏了对于通常断定式言语行动的语言向世界的承诺。说话者并不像接受其通常断定的真值那样，接受其虚构断定的真值。现在的情形与此类似，在幻想当中，行动主体具有一系列的表征，但心灵向世界的适应指向却遭到下述事实的破坏：表征内容并不是信念的内容，而只是被想到了。幻想和想象具有内容，好像它们也就因此具备了满足条件，同样，一种假装（也就是虚构的）的断定也具有内容，因而似乎也具有真值条件，但在两种情形当中，都有意悬置了对这些满足条件的承诺。虚构断定不是真的，这并不说明虚构断定无效，世界上没有任何东西与想象相对应，也不说明想象这种状态不存在。[1]

---

[1] 对有关虚构问题的进一步讨论，见 "The logical status of fictional discourse", in Searle, *Expression and Meaning*, pp.58—75。

3. 如果我的关于意向状态由处于各种不同心理模式的表征内容构成的想法是正确的，那么，下面这种说法即便不完全是一种错误，至少也是引人误解的：信念是信念持有者和命题之间的二元关系。另一种与此类似的错误观点是说，陈述是说话者和命题之间的一种二元关系。相反，我们应该说，命题并不是陈述或信念的对象，而是它们的内容。戴高乐是法国人这个陈述或信念的内容是下面这个命题：戴高乐是法国人。但是，这个命题并不是这个陈述或信念关于或指向的东西。这个陈述或信念是关于戴高乐的并把他表征为是法国人，而且，之所以说它是关于戴高乐的并把他表征为是法国人，是因为它具有这种命题内容并且具备这种——以言行事的或心理的——表征模式。虽然"约翰打了比尔"描述了约翰和比尔的一种关系，使得约翰的打指向比尔，但是，"约翰相信 p"却没有描述约翰和 p 之间的什么关系，使得约翰的相信指向 p。就陈述来说，下面这种说法更加准确，即陈述等同于被陈述的命题；就信念来说，下面这种说法更加准确，即信念等同于被相信的命题。实际上，当我们将一种意向状态归于某人时，便存在了一种归属关系，但这不是人和命题之间的关系，而是这种意向状态和被这种意向状态所表征的事物之间一种表征关系；只需记住，就像一般意义上的表征一样，有可能存在一种意向状态，但却不存在任何实际上满足这种意向状态的东西。认为命题态度陈述描述了行动者和命题之间的关系这种胡乱的观点，不是一种无害的言说方式；它是导致人们认为在从物的意向状态和从言的意向状态之间存在根本区分这种观点的一系列混淆的第一步。我将在第八章讨论这种观点。[1]

4. 给定一种意向状态在其他意向状态构成的网络中的位置，并

---

[1] 事实上，关于"命题态度"的罗素式用语是混淆产生的根源，因为由它可以推出，信念，比如说是对于或关于命题的态度。

基于那些本身既不是意向状态也不是意向状态的满足条件的组成部分的实践和前意向性（preintentional）假定的背景，一种意向状态只决定它的满足条件——并因此只是其所是的那种意向状态。为了看清楚这一点，我们来考虑下面这个例子。假设曾有一个特殊的时刻，那时吉米·卡特第一次产生了竞选美国总统的渴望，再进一步假设，这种意向状态是按照每个人都喜欢的心智本体论的理论来实现的：他对自己说"我想竞选美国总统"；他的大脑里面的某个部分具有某种神经结构，它实现了他的渴望，他心里想着并带着强烈的决心："我想要这样做"，等等。现在，进一步假设，这种心智状态的这些完全属于相同类型的实现，出现在数千年前居住于狩猎—采集社会的一个更新世（Pleistocene）时期的人的心灵和大脑当中。他具有相同类型的神经结构，与卡特的渴望形成了对应，他发现自己发出了下述语音序列："我想要竞选美国总统"，等等。不管这两种实现在类型上有多么相同，更新世时期这个人的心智状态仍旧不可能是竞选美国总统的渴望。为什么呢？就这么说吧，其所处的环境是不适当的。而这又是什么意思呢？为了回答这个问题，让我们简要探讨一下：为了让卡特的状态能够具有其实际具有的满足条件，什么东西必须成为实际发生的情况。为了具有竞选总统这个渴望，这个渴望必须被置入由其他意向状态构成的一个完整网络当中。下面这种观点具有诱惑力，但却是错误的：这些东西可以被穷尽无余地描述为最初那个渴望的逻辑推论——为了使最初那个渴望得到满足而必须满足的命题。这个网络当中的有些意向状态就是通过这种方式逻辑地关联起来的，但不是全部都如此。为了使他的渴望成为竞选总统的渴望，他必须具有非常多的信念，比如：美国是一个共和国，美国有一种总统制的政府体系，会举行定期的总统选举，这些主要涉及两个大的政党，即共和党和民主党的候选人之间的竞争，这些候选人在提名会议上被提名，如此等等，数目不确定（但并不是无穷多）。此外，这些意向状态只具有它们的满足条件，而整个意向网络只在我称之为非表征性心智能力（没有一个更好的词了）的背景下才能发挥其作用。任何这种形式的意向性都预设了某些做事情的基本方式以及有关事物如何运作的特定知识。

我在这里实际上提出了两个主张，而它们是需要加以区分的。我首先主张的是，意向状态一般来说就是意向状态网络的组成部分，而且，它们只是相对于它们在网络当中所处的位置才具有其满足条件。这种观点的各种版本一般被称为"整体论"（holism），它们在当代哲学中十分常见；实际上，某种现成的整体论就是当前的哲学正统学说。但是，我也提出了第二种引起更多争议的主张：除表征的网络外，还存在一种非表征性心智能力的背景；并且，一般来说，表征只在这种非表征性背景下才发挥其作用，只在这种背景之下才具备它们所具备的满足条件。第二个主张的含义不易把握，但对它的论证及对其后果的探讨必须要等到第五章。这两个主张的一个直接推论是，意向状态并没有实现清晰的个体化。准确地说，我有多少个信念？这个问题没有确定的答案。另一个推论是，意向状态的满足条件不是独立确定的，而是要依赖网络中的其他状态以及背景。

5. 这种解释使我们能够针对心灵哲学中的一个传统问题提出解决方案；这个问题可以看作是对我的解释的反驳："我们不能根据表征来解释意向性，因为要使表征得以存在，就必须存在某个把某个实体——一幅图画或一个语句或某个别的对象——用作表征的行动主体。于是，如果一个信念就是一种表征，那必定是因为某个行动主体把该信念用作了一种表征。但是，这没有为我们提供关于信念的任何说明，因为我们并未被告知，这个行动主体为了把他的信念用作表征都做了些什么，此外，该理论还要求有一个带有其自身意向性的神秘的小矮人，以便它可以把这些信念用作表征；如果我们循此坚持下去，就需要有一种小矮人的无穷倒退，这是因为每一个小矮人为了把最初的意向状态用作表征，或者为了做到什么，都必须拥有更进一步的意向状态才行。"丹尼特（D.Dennett）认为，这是一个真正的问题，并称其为"休谟问题"（Hume's problem），他相信，该问题的解决办法是假定一整群愈发愚钝的小矮人！[1] 我并不认为这是一个真正的问题，而且我现在所给出的说明也能够让我们看到消解该问题的方法。在我看来，决定那些满足条件的意向内容是内在于意向状态的：行动主体不可能具有一个信念或一个渴望，但同时却不具备它们的满足条件。例如，什么叫做具有天在下雨这个有意识信念，对于这一点的部分解释是意识到，如果天在下雨，这个信念就得到了满足，而如果天没有下雨，这个信念就没有得到满足。但是，这个信念具有这些满足条件，这并不是某种由于其以一种方式而不是另一种方式来使用而施加于该信念之上的东西，因为这个信念根本就没有在这种意义上被使用过。从下面这种意义上说，一个信念本质上就是一种表征：它就是由一种意向内容和一种心理模式组成的。该内容决定了它的满足条件，而该模式则决定了这些满足条件通过某种适应指向得到表征。它并不需要为了变成为一种表征而要求某种意向性之外的东西，因为如果它是一个信念，则它在本质上就已经是一种表征了。它也不要求某种与行动主体用来生成该信念的那个信念相关联的非意向实体，也就是某种形式上的或语法上的对象。上述论证的假的前提简单地说就是这个前提：为了使表征得以存在，就必须存在某个将某种实体用作表征的行动主体。这一点适用于图画和语句，也就是说适用于派生的意向性，

---

[1]　D.Dennett, *Brainstorms*（Montgomery, Vermont：Bradford Books, 1978），pp.122—125.

但并不适用于意向状态，我们可以希望把"表征"这个词限定于图画和语句这样的情形，这样我们可以区分实体和它的表征内容，但对信念和愿望本身不能进行这样的区分，因为信念或愿望的表征内容不能像图画和语句那样，与信念或愿望本身分离开来。当我们说行动主体意识到了他的有意识的信念和渴望的满足条件，这并不是说他必须拥有关于其信念和渴望的一阶状态的二阶意向状态。假若如此，我们的确会导致无穷倒退。准确地说，对满足条件的意识是有意识的信念或渴望的组成部分，因为意向内容内在于所说的意向状态。

6. 对意向性的这种说明对 t- 意向性和 s- 意向性的关系提出了一种很简单的解释。s- 意向性是特定种类的语句、陈述及其他语言实体的一种特性。如果一个语句不能通过某些外延性测试，如同一替换及存在概括等，就说这个语句是 s- 意向性的。像"约翰相信亚瑟王（King Arthur）杀死了兰斯洛（Lancelot）爵士"这样的句子通常就被说成是 s- 意向性的，因为它至少有一种解释，按照这种解释，它可以被用来做出这样一个陈述，该陈述不允许对"相信"之后的指称表达式进行存在概括，而且不允许相同指称的表达式之间进行保全真值的替换。传统观点认为，有关这种语句的疑难涉及下面这一点如何能够成为实际情形：如果包含于这些语句中的语词具有它们通常具有的意义，并且如果一个语句的逻辑性质就是其意义的函数，而其意义反过来又是构成这些语句的语词的意义的函数（这些似乎都是实际情形），那么，它们作出陈述的用法如何就不准许进行标准的逻辑运算。前述解释所给出的回答（我将在第七章加以展开）只是说，由于"约翰相信亚瑟王杀死了兰斯洛爵士"这个语句被用来作出关于一种意向状态，也就是关于约翰的信念的一个陈述，而且由于一个意向状态就是一种表征，因而这个陈述是对表征的表征；因此，这个陈述的真值条件取决于被表征的表征的特征，在这个例子中就是约翰的信念的特征，而不取决于由约翰的信念所表征的对象或事态的特征。这也就是说，由于这个陈述是对表征的表征，因而一般来说，它的真值条件并不包含被表征的那种表征的真值条件。只有当曾经存在亚瑟王这么一个人和兰斯洛这么一个人，并且前者杀死了后者的情况下，约翰的信念才是真的；但是我的陈述，即约翰相信亚瑟王杀死了兰斯洛却有这样一种解释，按照这种解释，即便上述这些真值条件没有一个成立，它也可以是真的。其为真仅要求约翰具有一个信念，而且该语句中"相信"之后的语词精确地表达了他的信念的表征内容。在这种意义上，我关于他的信念的陈述与其说是对表征的表征，不如说是对一种对表征的表达（presentation），因为在报道他的信念时，我表达了它的内容但并没有就它的真值条件表态。

当代哲学中最普遍的混淆之一是下述错误信念：在 s- 意向性和 t- 意向性之间存在着某种密切的关联，也许甚至可以将两者等同。但事实远非如此。它们之间甚至连相似都谈不上。t- 意向性是心灵（大脑）的一种特性，通过这种特性它能够表征其他事物；s- 意向性则是指某些语句、陈述等等不能通过特定的外延性逻辑测试。它们之间唯一的关联是：有些关于 t- 意向性的语句是 s- 意向性的，其原因就是我刚刚给出的这些。

相信存在某种关于 t- 意向性的本质上就是 s- 意向性的东西，这个信念源于一个显然是语言哲学方法所特有的错误——混淆了报道的特征和被报道之物的特征。对 t- 意向状态的报道一向都是 s- 意向性报道。但是，由此不能推出 t- 意向状态本身就是 s- 意向性的，而且一般来说这也不是实际情况。约翰相信亚瑟王杀死了兰斯洛爵士这一报道，实际上是一种 s- 意向性报道，但约翰的信念本身并不是内涵性的。它完全是外延性的：它是真的，当且仅当存在唯一一个 x，使得 x = 亚瑟王，并且存在唯一一个 y，使得 y = 兰斯洛爵士，并且 x 杀死了 y。这无论如何都是外延性的。人们经常由于完全混乱的原因才说，像命题和心理状态这样的意向实体都会因为某种原因而是 s- 意向性的。但这绝对是个错误，它根源于对报道的性质和被报道之物的性质的混淆。下面两个部分我将要表明，有些意向状态的确是 s- 意向性的，但关于 t- 意向性不存在任何本质上即具有 s- 意向性的东西。尽管我关于约翰的信念的陈述是内涵性的，但约翰的信念是外延性的。

　　但是，满足条件的情况又如何呢？它们是内涵性的还是外延性的？大量哲学混淆都包含在这个问题当中。如果我们把满足条件看作满足或将会满足一种意向状态的实在世界的特征，那么，提问它们是内涵性的还是外延性的，严格说来没有任何意义。如果我有一个真信念，即天在下雨，这个世界的某些特征就会使我的这个信念为真，但是，提问这些特征是内涵性的还是外延性的，却没有任何意义。这个问题试图提问的是：对意向状态的满足条件的详尽说明是内涵性的还是外延性的？对这个问题的回答取决于它们是如何被详尽说明的。约翰关于恺撒（Caesar）越过了卢比肯河（Rubicon）这个信念的满足条件是：

　　　　1. 恺撒越过了卢比肯河。

1 本身是外延性的。但是，1 没有把这些条件详细描述为满足条件。于是，它不同于下句：

　　　　2. 约翰的信念的满足条件是，恺撒越过了卢比肯河。

2 和 1 不一样，它是内涵性的，它们的差别在于：1 陈述了满足条件，而 2 陈述的是，它们是满足条件。1 是纯粹的表征；2 是对表征的表征。

7. 我们一开始引入 t- 意向性这个概念只是为了把它应用于心智状态，引入 s- 意向性这个概念只是为了把它应用于语句及其他语言实体。但是，一旦给定我们对 t- 意向性及其与 s- 意向性之间关系的描述，便容易看到如何对每一概念加以扩充，以便既涵盖心智实体又涵盖语言实体。

（a）关于 t- 意向状态的陈述的 s- 意向性来源于下述事实：这样的陈述是对表征的表征。但是，由于 t- 意向状态本身就是表征，所以没有什么会妨碍 t- 意向状态成为对表征的表征，于是，这样的状态同样具有为相应语句和陈述所具有的 s- 意向性的特征。例如，我关于约翰相信亚瑟王杀死兰斯洛爵士的陈述是 s- 意向性的，因为该陈述是对约翰的信念的表征，因而我关于约翰相信亚瑟王杀死兰斯洛爵士的信念，是 s- 意向性心智状态，因为它是一种对约翰的信念进行表征的意向状态，因此它的满足条件取决于被表征的那种表征的特征，而不取决于由最初的表征来表征的事物。但是，由我关于约翰的信念的信念是 s- 意向性信念这一事实，当然不能推出约翰的信念本身也是一个 s- 意向性信念。再说一遍，约翰的信念是外延性的；我关于他的信念的信念是内涵性的。

（b）至此，我试图做的是通过诉诸我们对言语行动的理解来解释心智状态的意向性。但可以肯定，我一再诉诸的言语行动的特征恰好就是它们的表征性特征，也就是它们的 t- 意向性。所以，t- 意向性这个概念既适用于心智状态又适用于像言语行动和语句这样的语言实体，更不用说地图、图表、细目清单、图画以及许多其他的类似事物了。

正是出于这个原因，本章对意向性的解释并不是下述意义上的一种逻辑分析：根据更简单的概念给出必要且充分的条件。如果我们想把这种解释处理成一种分析，我们就会陷入毫无希望的循环，因为我用来解释某些心智状态的意向性的言语行动的特征，恰好就是言语行动的意向性。在我看来，不可能通过更简单的概念对心智的意向性给出一种逻辑分析，因为意向性可以说是心灵的最基本的性质，而不是通过结合更简单的元素构造出来的一种逻辑上的复杂特征。不存在什么中立的立场，由之出发我们就可以考察意向状态和世界之间的关系，然后使用非意向性词语来描述它们。所以，对意向性的任何解释都发生在意向性概念范畴之内。我的策略就是利用我们对言语行动如何运作这一点的理解，来解释心智意向性是如何运作的，但是，这种做法引出了我们要讨论的下一个问题：心智的意向性和语言的意向性之间是什么关系？

四、意　义

从我们一直在用的术语的角度看，在意向状态和言语行动两者之间存在一处明显的不同。心智状态是状态，而言语行动则是行动，也就是意向性表现。这种差异对于言语行动与其物理实现进行关联的方式具有重要的影响。言语行动的实施会导致某种物理实体的生成（或使用，或表达），例如通过嘴发出的声音或是纸上做出的记号。从另一方面讲，相信、害怕、希望和渴望本质上就是意向性的。把它们描述为相信、害怕、希望和渴望，就已经把意向性归于它们了。但是，言语行动本身有一种物理层次上的实现，在本质上并不是意向性的。言说（utterance）行动的产品，也就是出自我的嘴的声音或者我在纸上做出的记号，没有哪一个在本质上就是意向性的。

最一般形式的意义问题，就是指我们如何从物理层面进到语义学的问题；也就是说，例如，我们是如何从出自我的嘴的声音达成以言行事行动（illocutionary act）的？我相信，本章到目前为止所做的讨论为我们提供了看待这个问题的一种新的方法。从本章讨论的观点看，意义问题可以这样提出：心灵如何将意向性赋予那些并非本质上具有意向性的实体，即像声音和记号这些实体，按照一种解释，它们只不过就是世界上跟其他任何现象都相同的物理实体。正如一个信念具有意向性，一次言说也可能具有意向性，然而，信念的意向性是本质上的，而言说的意向性则是派生的。于是，这个问题就变成：它们是如何派生出意向性的？

在做出一个言语行动时，存在两个层次的意向性。首先是被表达的意向状态，其次是做出言说时的意向，这里指的是"意向"一词的普通而非技术意义。正是这第二种意向状态，也就是行动因之而做出的意向，将意向性赋予了物理现象。那么，这是如何运作的呢？我不得不等到第六章才能给出全面的回答，但概要性的回答是这样的：心灵将意向性施加于那些并非本质上就具有意向性的实体之上，方法是通过将被表达的心理状态的满足条件特意赋予外部物理实体。言语行动中的意向性的这两个层次可以通过下述说法来描述：通过有意地说出某种带有某组满足条件的东西，也就是那些通过这种言语行动的实质条件（essential condition）加以说明的对象，我就已经让这种言说具有了意向性，并因此必然表达了相应的心理状态。我不可能在不表达信念的情况下作出陈述，或者在不表达任何意向的情况下作出许诺，因为实施言语行动的实质条件与被表达的意向状态的满足条件是相同的。因此，我通过有意地将某些心理状态的满足条件赋予它们，从而将意向性施于我的言说。这也解释了言语行动的实质条件和真诚条件之间的内在关联。意义问题的关键不过就是：我的意向的（所需之物意义上的）满足条件本身就应该具备满足条件，这一点可以作为我的意向的（需求意义上的）满足条件的组成部分。这就是我所讲的意向性两个层次。

从字面上看，意义这个概念适用于语句和言语行动，但并不适用于意向状态。例如，提问一个语句或言说是什么意思很有意义，但在这种意义上提问相信或渴望是什么意思却没有任何意义。但是，既然语言实体和意向状态都是具有意向性的，那为什么后者会没有意义呢？意义只有在我们区分意向内容及其外化形式（externalization）的时候才存在，寻找意义就是去寻找一种伴随外化形式的意向内容。于是，寻找"es regnet"（天在下雨）这个语句的意义是很有意义的，寻找约翰的陈述的意义，也就是提问他的话是什么意思，也很有意义；但是，寻找天在下雨这个信念的意义，或者是寻找天在下雨这个陈述的意义却没有任何意义：前者没有意义是因为信念和意向内容之间不存在任何鸿沟，后者则是因为这条鸿沟已经在我们详细说明该陈述的内容时得到了填补。

通常情况下，相应动词的语法和语义特征为我们提供了理解发生了什么事情的有用的线索。如果我说出了具有"约翰相信p"这种形式的某种东西，该语句就能够自我成立。但是，如果我说的是"约翰的意思是，p"，则这个语句似乎就要求，或至少需要补充这样的形式："通过言说如此这般"或者"通过说如此这般，约翰的意思是，p"。约翰不可能意指p，除非他当时正在说或做某种他由之而意指p的事情，然而，约翰可以只相信p但却没有做任何事情。意指p不能像相信p那样，作为一种能够自我成立的意向状态。为了意指p，就必须存在某种公开的行动。当我们谈到"约翰陈述了p"时，公开的行动就变得更明确了。陈述是一种行动，而相信和意指则不同，它们并不是行动。陈述是一种以言行事行动，按照另一种说法，它还是一种言说行动。正是由于做出了带有某组意向的言说行动，我们才把言说行动转换成了一种以言行事行动，并因此把意向性加于言说之上。第六章将就此做出更多讨论。

五、信念和渴望

　　许多哲学家认为，信念和渴望无论如何都是最基本的意向状态，在这一部分，我想考察一些支持和反对这两者的这种首要性的理由。我想对它们作非常宽泛的解释，就信念而言可以包括：感到可以确定、有一种预感、假设，以及许多其他不同程度的确信；而就渴望而言可以包括：想要（want）、希望（wish）、欲求（lust）和渴求（hanker after），以及许多其他不同程度的渴望。一开始就需要注意的是：即便是在这些清单中，除纯粹强度上的差异外，还存在其他方面的不同。谈论某种我相信我已经做过的事情是有意义的：

　　　　我真希望（wish）没有做过它。

但是，下面这种说法却是糟糕的英语表达：

　　　　我想要（want）/ 渴望（desire）我没有做过它。

因此，当宽泛地解释"渴望"一词时，我们需要考虑指向那些已知的或者被相信已在过去发生过的事态的"渴望"，就像当我希望我未曾做过某件事情或者我现在因为做了别的事情而感到高兴时那样。认识到这些与日常英语表达相去较远的情况后，让我们命名两个宽泛的范畴，我们将首次把它们命名为"Bel"(相信)和"Des"(渴望),然后再来看一看它们有多么基本。让我们看一看它们可以在多大程度上和这些与有关认知(Cognition)和意志(Volition)的重要的传统范畴的各个部分对应起来。我们可以把其他的意向性形式化归为 Bel 和 Des 吗?如果可以的话,我们就不仅能简化我们的分析,而且也可以彻底清除那些没有适应指向的意向性形式,因为它们可以化归为相信和渴望的适应指向,我们甚至可以消除像爱和恨这样的没有一个完整命题作为意向内容的意向,方法是通过表明它们可以化归为相信和渴望的组合。

为了验证这个假说,我们首先需要确定一点:Des 的各种情形,如渴望、想要、希望等等,它们都有完整的命题作为其意向内容。这个特征由于下述事实的存在而导致不能被我们发现:在英语的表层结构中,我们有这样的语句,如"我想要你的房子",这个语句显然类似于"我喜欢你的房子"。但是,一个简单的语法论证就可以说明,这种表层结构是误导性的,事实上,"想要"是一种命题态度。考虑下面这个语句:

明年夏天我想要你的房子(I want your house next summer)。

此处的"明年夏天"修饰什么呢?它不可能修饰"想要",因为该语句并不意指:

我明年—夏天—想要你的房子(I next-summer-want your house)。

因为下述说法是相当融贯的:

我现在想在明年夏天要你的房子，尽管明年夏天我又不想要你的房子了。

这个语句必定意指：

我想要（明年夏天我得到你的房子）

于是，我们就可以说，这个副词短语修饰的是深层结构动词"得到"，或者，如果我们不愿意假定这种深层语法结构的存在，那我们也可以简单地说，"我想要你的房子"这个语句的语义内容是：我想要我得到你的房子。因为具有"$S \begin{cases} 渴望 \\ 想要 \end{cases} X$"这种形式的语句的任何一次出现都可以使用这种修饰语，所以，我们可以断定 Des 的所有形式都是命题态度，也就是说，它们都有完整的命题作为其意向内容。

现在，回到我们之前的问题，我们可以把所有（有些，许多）意向状态都化归为相信和渴望吗？如果允许我们采用一套其中包含逻辑常项、模态算子*、时态指示词以及被蕴涵的命题内容的工具，那将大大有助于我们做出许多化归，也许就像我们要完成大多数分析目标时所需的帮助一样大。但是，除极少数情形外，我们还不能够一以贯之。（让我们）来考虑害怕。一个人若害怕 p，则他必定相信这是可能的，即 p，而且他必定想要这一点发生，即非 p；于是，

$$害怕（p）\rightarrow \mathrm{Bel}（\diamondsuit p）\wedge \mathrm{Des}（\sim p）$$

---

* 现代哲学逻辑将"必然""可能""知道""相信""必须""应该"等哲学范畴处理为初始算子，目的是为包含这些范畴的命题赋予确定的真值。广义地说，这些均可称作"模态算子"，严格地说，则有狭义的模态算子、认知算子、道义算子等等的区分。塞尔在本书中也将索引词和表示意向状态的范畴处理成了初始算子。——译者注

但是，这些是等价的吗？下面这一点必然为真吗？

$$\text{Bel}(\diamond p) \wedge \text{Des}(\sim p) \leftrightarrow 害怕(p)$$

我并不这样认为，而且可以通过一种清晰的例证表明：即便给定很强的信念和渴望，相信和渴望的这样一种组合也不等同于害怕。于是，

$$恐惧(p) \neq \text{Bel}(\diamond p) \wedge 强烈\text{Des}(\sim p)$$

例如，我相信核战争是可能的，而我很希望它不发生，但是，我并不害怕它会发生。也许我应该害怕，但我却并不害怕。而且，对害怕这样的复杂状态的组合性分析加深了我们对意向状态和它们的满足条件的理解。从一种意义上我们想要说，害怕的表面现象被满足，当且仅当我所害怕的事情真的发生；但在一种更深层的意义上，除这里的信念和渴望外，并不存在对于这种害怕的任何适应指向。而实际上，这个渴望是最有用的，因为其中的信念是这种害怕的预设而不是它的本质。有关害怕的主要事情是，非常希望你所害怕的事情不会发生，但却同时相信它实在太有可能发生了。在这种更深层次的意义上，我的害怕被满足，当且仅当我所害怕的事情不发生，因为这就是我所希望的——它不会发生。

现在，让我们把这些提法应用到其他类型的意向状态上去。期待是其中最简单的情形，因为在一种意义上说，所谓"期待"只不过就是对未来的信念。于是，

期待（p）↔ Bel（将来 p）

失望的情况要复杂一些。如果我对 p 感到失望，那么，此前我一定是期待非 p，并想要非 p，而现在是相信 p。于是，

失望（p）→ 以前 Bel（p）∧ 过去 Bel（将来～p）∧ Des（～p）

因为 p 而感到难过相对来说也很简单：

难过（p）→ Bel（p）∧ Des（～p）

遗憾对悲痛施加了进一步的限制，因为其命题内容必定关涉到与感到遗憾的人有关的事物。例如，我可能因为没能赶上你的聚会而感到遗憾，但是，我不可能因为天在下雨而感到遗憾，即使我可能因为天在下雨而感到难过。

遗憾（p）→ Bel（p）∧ Bel（p 与我相关）∧ Des（～p）

懊悔则增添了责任要素：

懊悔（p）→ Bel（p）∧ Des（～p）∧ Bel（我对 p 负有责任）

责备类似于懊悔，只不过可能指向另外某个人，于是，

因（p）而责备 $X \rightarrow$ Bel（p）$\wedge$ Des（$\sim p$）$\wedge$ Bel（X 对 p 负有责任）

就这种解释而言，懊悔必然包含自责。愉快、希望、骄傲、羞愧也相当简单：

因（p）而愉快 $\rightarrow$ Bel（p）$\wedge$ Des（p）

希望要求对是否实际发生了所希望的状态感到不能确定。于是，

希望（p）$\rightarrow \sim$ Bel（p）$\wedge \sim$ Bel（$\sim p$）$\wedge$ Bel（$\diamond p$）$\wedge$ Des（p）

骄傲和羞愧要求有与行动主体具有某种关联，尽管这种关联不需要和责任感一样强，因为一个人可能会因为鼻子的大小或者他的祖先而感到骄傲或羞愧。此外，在其他条件不变的情况下，羞愧还涉及一种加以掩饰的渴望，而骄傲则涉及渴望让人知道。于是，

骄傲（p）$\rightarrow$ Bel（p）$\wedge$ Des（p）$\wedge$ Bel（p 和我相关）$\wedge$ Des（别人知道 p）

羞愧（p）$\rightarrow$ Bel（p）$\wedge$ Des（$\sim p$）$\wedge$ Bel（p 和我相关）$\wedge$ Des（别人不知道 p）

也不难看到，这些分析容许二阶（三阶，n 阶）意向状态的形式结构存在。一个人可能会因自己的渴望而感到羞愧；一个人可能渴望感到羞愧；一个人可能会因为他想要感到羞愧的渴望而感到羞愧，

如此等等。

　　这个清单显然可以继续写下去，我把它作为"动手练习"留给读者，大家可以自行选择意向状态继续进行分析。方法很简单。选取具有一种特殊命题内容的特殊类型的意向状态。然后问自己：为了拥有具备这种内容的意向状态，你必须相信和渴望什么。即便只是列出了这么几个，也可以表明相信和渴望是第一位的。首先，给定一种信念，则所有这些情感性状态都被更准确地解释为某种形式的渴望。这就是说，把骄傲、希望、羞愧、懊悔等等的形式结构仅看作是相信和渴望的合取，这种想法似乎是错误的。相反，所有我们考虑过的状态（除了期待），连同厌恶、高兴、恐慌等等，在给定或预设了一个信念的情况下，似乎都是多少有些强烈的消极的和积极的渴望。于是，如果我因为赢得了这次赛跑而感到高兴，那么，给定

Bel（我赢得了这次赛跑）

我就会有这样一种情况：

强烈渴望（我赢得了这次赛跑）

如果我失去这个信念，我也就失去了这份快乐，剩下的就只是失望，也就是一个加于一个落空的信念之上的希望（我已赢得这次赛跑）。此外，除了由于把这些状态处理为相信和渴望的合取而未加考虑的预设这种逻辑关系，内在因果关系也被这种合取分析忽略掉了。例如，有时一个人会感到害羞，是因为他相信他做了某件坏事，尽管这个信念也是一种逻辑预设，也就是说，他若没有这种信念也就不

可能会有这种感觉。而这导致了我们之所以不能把这些状态仅仅处理为相信和渴望的合取的第三个原因。在许多这样的情形中，都存在一些有意识的感觉，是把该状态分析为相信和渴望的做法涵盖不了的，因为相信和渴望根本就不需要是有意识的。这样，如果我感到恐慌、高兴、厌恶或者恐惧，那么，除了具有特定的信念和渴望，我必定还处在某种有意识的状态当中。既然我们的有些例子并不要求我处在一种有意识的状态当中，所以在这种意义上，我们倾向于感到我们通过相信和渴望所作的分析更加接近于穷尽无遗。这样，如果我因为做了某件事情而感到遗憾，那么，我的遗憾可能仅在于我相信我做了这件事并且希望我没有做这件事。当我说存在一种有意识的状态时，我的意思不是说，除了我们可以简单对其进行切割并单独进行考察的信念和渴望外，还总存在着一种"原始感觉"。有时的确存在这种东西，就像在恐惧的情形中那样，一个人的胃部凹陷处会产生一种紧张感。这种感觉可能还会持存一段时间，即使是在恐惧消失以后。但这种有意识的状态不一定是一种身体上的感觉；在许多情形，例如欲求和厌恶的情形当中，渴望本身将会成为这种有意识状态的一个组成部分，因而没有办法切割下这种有意识状态，而仅留下信念和渴望的意向性，也就是说，作为欲求和厌恶组成部分的有意识状态，是有意识的渴望。

　　也许所有这些情形中最难处理的就是意向了。如果我想要去做A，我必定相信对我来说去做A是可能的，而且在某种意义上我必定想要去做A。但是，由下式我们只得到了对意向的一种很片面的分析：

想要（我做 A）→ Bel（◇我做 A）∧ Des（我做 A）

其他要素导源于意向在引发我们行为的过程中所具有的特殊的因果作用，但在第三章和第四章之前，我不想就这一点进行分析。

但是，那些显然并不要求有完整命题作为其内容的状态，如爱、恨和羡慕的情况怎么样呢？这些状态甚至涉及信念和渴望的汇集，这一点可从下述设想的荒谬性看出：一个男人在痴狂地思恋另一个人，但他对所思恋的人却没有任何信念或渴望，甚至都不相信存在这样一个人。一个热恋中的人必定相信他所爱的人的存在（或者已经存在，或者将会存在），而且还要具有某些特征，并且，对所爱的人他必定会有复杂的渴望，但却没有办法把这种信念和渴望的复杂性清楚地解释为"爱"的定义的一部分。不同类型的特征可以作为某个人被爱的那些方面，而且，示爱的人具有关于被爱的人的十分不同的渴望，这一点也是众所周知的。羡慕的情况没有这么复杂，我们可以更深入地把握羡慕一下。如果琼斯羡慕卡特，那么，他必定相信存在像卡特这样一个人，而且卡特具有某些琼斯因为他具有它们而感到高兴并且琼斯认为很好的特征。但是，对于羡慕的任何真实情形来说，这几乎不可能是一种完整的理论。任何羡慕卡特的人也可能希望有更多的人，也许包括他自己在内，都能像卡特那样，都希望卡特继续拥有他所羡慕的这些特征，等等。

现在可以从上述讨论中浮现出一幅画面了。最初我们根据表征和满足条件提出的对于意向性的解释，并不像表面上看起来那样局限。许多表面上不具有适应指向因而不具有满足条件的情形，都包含着具有适应指向和满足条件的信念和渴望。例如，快乐和悲痛就是不能化归为相信和渴望的感情，但就它们的意向性而言，除了相信和渴望以外，它们没有任何其他形式的意向性；在每一种情形中，它们的意向性在给定某些信念的情况下，都是某种形式的渴望。就快乐来说，一个人相信他的渴望得到了满足；在悲痛的情况下，一个人相信他的渴望没有得到满足。甚至是那些非命题性感情，无论是否有意识，其所具有的意向性也都可以按照相信和渴望部分地给出解释。爱和恨这两种特殊感情当然不等价于相信和渴望，但是，爱和恨的意向性至少有一个有意义的组成部分可以通过相信和渴望进行解释。

简而言之，我们的简要讨论所支持的假说并不是说，所有乃至许多形式的意向性都可以化归为相信和期望——这显然是错误的——而是说，所有意向状态，即便是那些没有适应指向以及那些没有完整命题作为其内容的意向状态，也都包含一个信念或一个渴望，或者两者都包含在内，而且在许多情况下，这些状态的意向性都是由相信或者渴望来解释的。如果这个假说是真的，那么，我们根据对于特定层面并具有特定适应指向的满足条件的表征而给出的对意向性的分析，在其应用上就具有普遍性，而不仅仅限于某些核心情况。如果读者认为这个假说是合理的，他就会认为下面这一点也是合理的：本书提供的是关于意向性的一种普适理论的开端；如果他认为该假说不合理，则这套说明就不过是一种用来处理大量核心情况的特殊理论了。

除了拒斥上述合取分析的理由之外，根据信念和渴望来解释意向性的最大局限，在我看来首先是这种分析并不足够精细，以至于不能区分那些有着重要差异的意向状态。例如，因 p 而感到恼怒，因 p 而感到悲伤，因 p 而感到难过，都是下式的个例：

$$\text{Bel}\,(p)\,\wedge\,\text{Des}\,(\sim p)$$

但它们显然不是相同的状态。此外，对于有些状态，我们不可能将这种分析施行得很彻底。例如，如果我因民主党在这次选举中落败而感到愉快，那我必定相信他们已经在这次选举中落败了，但别的还有什么吗？不管怎样，我都不需要有任何这样的愿望，我甚至都不需要相信整个情形在根本上会让人感到愉快，尽管我个人承认自己很愉快。

不过，我相信，根据满足条件给出的对于意向性的解决方案的说服力和适用范围，随着我们在下面两章转向研究我认为是意向性在生物学上的主要形式，即感知和行动，会变得愈加明显。它们的意向内容在一个关键方面不同于信念和渴望：它们在满足条件当中具有意向因果，而这将会产生出我们现在还不可能清晰陈述的后果。信念和渴望在其中不是首要的形式，相反，它们是感知和行动过程中更原始经验的缺乏活力的形式。例如，意向就不是渴望的一种新异形式；更准确的做法是把愿望看作意向的一种弱化形式，即褪去了意向因果的意向。

第二章　感知的意向性

一

从传统上看，"感知（perception）问题"已经成为我们内部的感知经验如何与外部世界关联起来的问题了。我相信，我们应该非常怀疑这种阐释问题的方式，因为关于内部与外部，或者说内在与外在空间的比喻，是无法进行清晰解释的。如果我的包括所有内在部分的身体就是外部世界的一个组成部分（这一点是毫无疑问的），那么，这个内部世界会被认为位于何处呢？它又是在什么空间内相对于外部世界是一种内在呢？究竟在什么意义上，我的感知经验在"里面"（in here），世界在"外面"（out there）呢？不过，这些比喻会持续存在下去，而且也许甚至会是不可避免的，而正是出于这个原因，它们揭示了我们需要加以研讨的某些背后的隐含假设。

除非附带提及，我在本章的目标不是要讨论传统的感知问题，而是要把对感知经验的一种说明置于上一章所勾勒的意向性理论的语境当中。和大多数讨论感知问题的哲学家一样，我将要给出的例子大多和视觉相关，不过，如果我给出的理论是正确的，那么，它在应用上会具有普遍性。

在光天化日之下，我目所能及的地方，当我站立并观看一辆汽车。让我们打个比方，那是一辆黄色的旅行车，由于没有视觉上的障碍，所以我清楚地看到了那辆车。这种观看过程是如何实现的呢？没错，在物理光学和神经生理学中，关于它如何实现有一个很长的故事要讲，但那并不是我想说的。我想说的是它在概念上如何运作；是什么元素构成"x 看到 y"（此处 x 是一个感知者，一个人或一个动物，而 y 指的是，例如一个物质对象）这种形式的语句的真值条件？当我看到一辆汽车或者任何其他东西时，我就拥有了某种类型的视觉经验。在关于这辆汽车的视觉经验中，我并没有看到这种视觉经验，我只是看到了这辆汽车；但是在看到这辆汽车时，我就拥有了一种视觉经验，而这种视觉经验是关于这辆汽车的经验，这里的"关于"的意思我们需要做出解释。强调下面这一点是重要的：尽管这种视觉感知总会有一种视觉经验作为其构成要素，但是从"看到"的任何一种字面意义上说，所看到的都不是这种视觉经验，因为一旦我闭上眼睛这种视觉经验立刻就会消失，但我看到的那样东西，也就是这辆汽车，却没有消失。再者，一般来说，把这种视觉经验所关涉的事物，也就是我看到的事物的特征赋予这种视觉经验，也是没有任何意义的。例如，如果这辆汽车是黄色的，并且具有一种为旅行车所特有的形状，那么，尽管我的视觉经验是关于具有旅行车形状的一个黄色对象的，说我的视觉经验本身是黄色的，或者说它具有旅行车的形状，这些都是没有任何意义的。颜色和形状是可以进入视野的特征，但尽管我的视觉经验是任何一种视觉感知的组成要素，但这种视觉经验本身并不是一种视觉对象，它本身是不能被看到的。如果我们试图否认这一点，那我们就会被置于这样的荒谬境地：把这种感知情境中的两个黄色的且具有旅行车形状的事物，也就是把这辆黄色旅行车与这种视觉经验进行了等同。

在引入视觉经验这一概念的过程中，我区分了经验（experience）和感知，所用的区分方法会在后面的讨论中变得更加清楚。感知这个概念涉及取得成功（succeeding）这个概念，而经验这个概念却并非如此。经验必须判定什么才算作取得成功，但是一个人却可能在没有取得成功，也就是在没有感知到什么的情况下具有一种经验。

但是，古典认识论者在这一点上肯定想提出如下反对意见：假设那里本不存在什么汽车，假设整个事情完全就是一种幻觉，那么，你看到了什么呢？我的回答是：如果那里不存在任何汽车，那么就汽车本身而言，我就什么也没有看到。情况对我来说似乎恰恰在于：我好像看到了一辆汽车，但如果不存在汽车，我就什么也没有看到。我可能会看到不显眼的树叶或者一个车库或者一条街道，但如果我现在具有一种关于汽车的幻觉，那我就没有看到汽车或者一种视觉经验或者一种感觉材料或者一种印象或者其他别的东西，不过我确实具有这种视觉经验，而且这种视觉经验与我实际看到汽车时会具有的视觉经验无法区分开。

有些哲学家否认了视觉经验的存在。我认为这些观点是由于对相关问题的误解造成的，后文我将讨论这个问题。但现在，我先假定存在着视觉经验，我想要论证的，是一个在有关感知的哲学讨论中经常被忽略的观点，也就是说，视觉（以及其他类型的感知）经验具有意向性。视觉经验和我们在上一章讨论过的范例式的意向状态，如相信、害怕或渴望一样，都是指向或涉及世界上的对象和事态的。对这个结论的论证无非就是这样：视觉经验具有满足条件，恰如信念和渴望具有满足条件那样。就像我不能从正在下雨是一个信念这个事实中分离出这个信念，我也不能从它是涉及一辆旅行车的经验这个事实分离出这个视觉经验本身;"涉及……的经验"中的"涉及"简而言之就是意向性的"涉及"。[1] 在信念和视觉经验这两种情形当中,关于世界上实际存在什么事态这个问题,我都可能会出错。也许我正处于一种幻觉,也许实际上天并没有下雨。但应该注意到:在每一种情形中,什么可以算作错误,不管是幻觉还是假的信念,都已经通过所讨论的意向状态和事件确定好了。就信念来说,即使实际上我是错的,我也知道为了使自己不犯错什么东西必须成为事实,而且,这样说不过就是说信念的意向内容决定了它的满足条件;它决定了在什么条件下这个信念是真的或是假的。现在的情况恰好与此类似,我想要说的是,就视觉经验来说,即使我现在处于幻觉之中,我也知道为了使视觉经验不是幻觉什么东西必须成为事实,而且,这样说不过就等于说,视觉经验的意向内容决定它的满足条件;它决定了为了使视觉经验不成为幻觉什么东西必须成为事实,恰在同样的意义上,信念的内容决定它的满足条件。假设我们问自己:"是什么东西使得雨的出现或不出现与我关于天在下雨的信念相关,毕竟这个信念仅仅是一种心智状态?"现在,我们同样可以问:"是什么东西使得一辆黄色旅行车的存在与不存在与我的视觉经验相关,毕竟这种视觉经验只是一个心智事件?"上述两种情形中的答案会是:这两种形式的心智现象,即信念和视觉经验,本质上就是具有意向性的。内在于每一种现象的,是一种决定其满足条件的意向内容。总而言之,视觉经验本质上就是意向性的,这个论证说的是它们具有满足条件,这些满足条件由视觉经验的内容决定,而恰恰在同样的意义上,其他意向状态也具有由这些状态的内容所决定的满足条件。眼下,我对视觉经验和信念进

---

[1] 正如我在第二章注意到的,自然语言在这方面是误导性的,因为我们谈到了一种涉及疼痛的经验和一种涉及红色(redness)的经验,但前一情形中的经验就是疼痛,那里的"涉及"并非意向性的"涉及",而后一情形当中的经验本身并不是红色的,而其中的"涉及"却是意向性的。

行类比，目的并不是要表明它们在所有方面都相似。后文我将提出它们之间的几个关键性的差异。

如果我们应用上一章发展而来的概念工具，就能把视觉感知的意向性与比如信念的意向性之间几个重要的相似点讲清楚了。

1. 视觉经验的内容和信念的内容一样，总是等价于一个完整的命题。视觉经验从来就不是仅仅涉及一个对象，而是说，它必定总是这样，即如此这般是事实。例如，只要我的视觉经验是关于一辆旅行车的，它就必定也是这样一种经验，其部分内容是，比如在我面前有一辆旅行车。当我说视觉经验的内容等价于一个完整命题时，我的意思不是说它是语言上的，而是说，这种内容如果要得到满足，那就需要存在一种完整的事态。它并不只是指称一个对象。这个事实在语言上的关联是，对这种视觉经验的满足条件的语言说明采取的是对一个完整命题进行语言表达的形式，而不仅仅是一个名词短语，但是，这不意味着这种视觉经验本身就是语言上的。从意向性的观点看，所有的看见都是看到这一点：只要说出 x 看到 y 是真的，那么，x 看到如此这般是事实就一定是真的。这样，在我们前面提到的例子中，视觉经验的内容就没有通过下述形式表达清楚：

我拥有一个涉及（一辆黄色旅行车）的视觉经验。[1]

但是，澄清其内容的头一个步骤应该是，例如，

我有一个视觉经验（即那里存在一辆黄色旅行车）。

[1] 需要再次注意，当我们只是详尽地说明这种意向内容时，我们不能使用像"看到"或者"感知到"这样的表达式，因为它们蕴涵着取得成功，它们蕴涵着满足条件实际上得到了满足。说我有一种视觉经验，即那里一辆黄色旅行车，只是要说明这种意向内容。说我看到或者感知到那里有一辆黄色旅行车，则蕴涵着该内容得到了满足。

视觉经验具有命题性意向内容这个事实，是下述事实的直接（并且是不足道的）推论：它们有满足条件，因为满足条件总是指，如此这般就是实际情况。

通过另外一种语法论证也可以得出相同结论。正如渴望的动词形式采用的时态修饰词要求我们把一个完整命题设定为该渴望的内容，动词"看到"也附带有空间修饰词，这些修饰词在自然的解释下，要求我们将一个完整命题设定为视觉经验的内容。例如，当我们说"我看到我面前的一辆旅行车"时，我并不是像通常那样只是在说，我看到了一辆旅行车，它也碰巧在我面前，而是说我看到（see that）：我面前有一辆旅行车。理解这一点，即"看到……"这种形式表达了视觉经验的意向内容的另外一条线索是，这种形式相对于等值替换的可能性来说是 s- **意向性**的，而"*x* 看到 *y*"这种形式的第三人称陈述（一般来说）是外延性的。当我们在看到（seeing）的第三人称报道中使用"看到……"这种形式时，我们就是在报道该项感知的内容，如果我们不是通过把一个简单的名词短语用作"看到"的直接对象而如此报道，它又如何让感知者觉得是这样呢？例如，

琼斯看到，那位银行行长正站在银行前面。

连同下述同一性陈述：

那位银行行长是镇上个子最高的人。

和

那家银行是镇上最矮的建筑物。

并不能推出：

琼斯看到，镇上个子最高的人正站在镇上最矮的建筑前面。

但是，

琼斯看到了那位银行行长。

连同上面第一个同一性陈述，的确可以推出：

琼斯看到了镇上个子最高的人。

对上面这种差异的最明显的解释是，"看到……"这种形式报道了这种感知的意向内容。当我们在第三方报道中说一个行动主体看到了 p 时，我们是在报道这种视觉感知的意向内容，但是，"看到 x"这种形式只报道了意向对象，而没有让报道者接受这种意向内容，也就是接受这个意向对象被感知的那个方面。

完全相同的观点——一个完整的命题性内容就是视觉感知的意向内容这个事实——也可以通过下述区分来证明：

琼斯看到一辆黄色旅行车，但他并不知道那是一辆黄色旅行车。

这种说法是相当融贯的；但是，

> 琼斯看到他面前有一辆黄色旅行车，但他却不知道他面前有一辆黄色旅行车。

这种说法却是很奇怪的，甚至是自相矛盾的。"看到 *x*"这种形式没有让报道者报道它如何让行动主体觉得就是这样，但是，"看到……"的形式却正好相反，关于它如何让行动主体觉得就是这样的报道，一般来说就是对这种意向内容的详细说明。

2. 视觉感知总会具有心灵向世界的适应指向，这一点和信念相同，但和渴望、意向不同。如果满足条件实际上没有得到满足，就像在幻觉、错觉、幻想等情况下那样，那么，出错的便是视觉经验而不是世界本身。在这样的情况下，我们会说"我们的感官欺骗了我们"，尽管我们没有把我们的视觉经验描述为真的或假的（因为把这些词用于某些类型的表征会更加合适，而视觉经验不仅仅是表征——很快我就会谈到这一点），但我们也的确会倾向于使用"欺骗""误导""歪曲""幻想"和"错觉"这样的词来描述未能获得这样的适应；有许多哲学家引入了"真实的"（veridical）这个词来描述成功获得了这样的适应。

3. 视觉经验和信念、渴望一样，一向都是根据它们的意向内容而被识别和描述的。如果不说出那是关于什么的信念，那就没办法完整描述我的信念，同样，如果不说明那是涉及什么的经验，那就没办法描述我的视觉经验。视觉经验中所特有的哲学错误就是认为，用来说明视觉经验的满足条件的谓词真正适用于视觉经验自身。但是，我要重申前面提到的一个观点，即当我看到一辆黄色旅行车时，认为这种视觉经验本身也是黄色的并有旅行车的形状，这是一种范畴性错误。

第二章　感知的意向性

正如当我相信天在下雨时我并不是真的拥有一个湿的信念，当我看到某个黄色的东西时，我也并不是真的拥有一种黄色的视觉经验。我们倒不如说，我的视觉经验有六个汽缸，或者说它每加仑汽油行驶 22 英里，就像在说它是黄色的或者具有旅行车的形状那样。人们倾向于错误地把后面的（不是前面的）谓词归于视觉经验，因为和其他谓词相比，通过"黄色的"和"有旅行车的形状"来说明的意向内容，与视觉经验的关系更为直接，其原因我会在下一节提到。

关于意向状态和事件，我们可以说到很多事情，它们不是对意向内容的详细说明，而此处的谓词的确适用于这些状态和事件。我们可以谈到一种视觉经验，说它有某种时间上的持续性，或者说它是令人愉快的或令人不愉快的，但这种经验所具有的这些性质不应混同于它的意向内容，尽管在有些场合这些表达式却可以用来说明其意向内容的特征。

要想知道如何向某个否认感知经验的存在的人论证它们的存在，是有些困难的。这有点儿像论证疼痛的存在：如果它们的存在并不是显然的，那就没有任何哲学论证能够说服一个人相信其存在了。但是，我认为通过间接论证的方式可以说明，哲学家否认视觉经验存在的理由可以得到回应。不愿谈及感知经验的第一个根源出于如下担忧：如果承认这样的实体，就等于承认了感觉材料或某种类似东西的存在，也就是说，我们就会承认那些以某种方式介于我们和实在世界之间的实体。我曾试图说明，对视觉经验的意向性的正确描述不会产生这些结果。视觉经验本身不是视觉感知的对象，而且一般来说，用来说明意向内容的特征并非真的就是视觉经验的特征。不愿承认视觉经验的存在［比如在梅洛-庞蒂（M.Merleau-Ponty）[1]

---

[1] M. Merleau-Ponty, *The Phenomenology of Perception* (London: Routledge & Kegan Paul), 1962.

51

那里] 的第二个根源是如下事实：任何一种把我们的注意力集中在视觉经验上的努力都会不可避免地改变它的特征。当一个人经历主动的生活事件时，他很少会把注意力放在自己的视觉经验流上，而是会放在所经验的事物上面。这会诱使我们认为，当我们的确把注意力集中在视觉经验上时，我们就会让某种此前不在那里的东西从无到有，视觉经验仅作为人们在从事哲学、神经生理学或印象派绘画时采用了"分析态度"的结果而存在。但在我看来，这似乎是对这种情境的错误的描述。事实上，人们的确可以通过将注意力集中在一种视觉经验之上而改变它的特征（不过，一般来说并没有改变其内容），但是由此不能推出：视觉经验自始至终都不在那里存在。我们把自己的注意力从视觉经验的满足条件转到这种经验本身，这一点并不说明视觉经验不在我们的注意力转移之前实际存在。

至此，我在本章论证了下述主要论题：存在着感知经验；它们具有意向性；它们的意向内容在形式上表现为命题；它们具有从心灵向世界的适应指向；由其意向内容来说明的那些特性一般来说并非在字面上就是感知经验的特性。

二

到现在为止，我强调了视觉经验与意向性的其他形式，如信念之间的类同之处，而在这一部分，我想要指出它们之间的一些不同之处。首先，我在第一章已经说过，我们能够有充分理由称信念和渴望这样的意向状态为"表征"，只要我们承认表征这个概念本身不携带任何特殊的本体论意味，它只是对一系列有独立根据的概念，如满足条件、意向状态、适应指向等等的缩写。但是，当谈到视觉经验或其他类型的感知经验时，为了描述它们的意向性，我们需要说出更多的东西。事实上，它们的确具有所有我们据以定义表征的特征，但是，它们还具有其他内在特征，而这些特征却有可能让这个词项引起人们的误解。像信念或渴望这样的状态不必是有意识的状态。一个人可以拥有一个信念或渴望，即便当时他并没有考虑到它们，并且，他可以被真实地说成是拥有这样的信念，即使是在他睡着的时候。但是，视觉经验和其他类型的感知经验则是有意识的心智事件。表征的意向性独立于它是否会有意识地实现，但一般来说，感知经验的意向性是在有意识的心智事件的十分特殊的现象特征中实现的。正因如此，视觉经验是存在的这一主张的涵义超出了感知具有意向性这一主张，因为前者是关于意向性如何实现的本体论主张；一般而言，意向性是在有意识的心智事件中实现的。

视觉经验不仅仅是一种有意识的心智事件，而且在与其满足条件相联系的方式上也与信念和渴望大不相同。例如，如果我看到在我面前有一辆黄色旅行车，那么我所具有的经验就是直接涉及这个对象的。它不仅仅"表征"了这个对象，还提供了直接把握这个对象的途径。这种经验具有一种指向性、直接性和不自觉性，而该对象不存在时我本可能会具有的关于该对象的信念却不具有这些特征。因此，将感知经验描述为表征似乎不够自然，实际上，如果我们像这样进行讨论，那它注定会导致关于感知的表征理论。相反，因为感知经验自身特有的特征，我建议称它们为"表达"（presentation）。我想说的是，视觉经验不仅表征被感知到的事态，而且当它得到满足时，它还为我们提供直接把握它的途径，在这种意义上，它又是对这种事态的一种表达。严格地讲，由于我们对表征的说明在本体论上是中立的，而且，由于表达具有我们为表征所规定的所有定义条件（它们具有意向内容、满足条件、适应指向、意向对象，等

53

等），所以，表达是表征的一个特殊的子类。然而，由于它是一个特殊的子类，其中包含有意识的心智事件，因此，有时候我会把"表达"和"表征"进行对比，但并不因此而否认表达就是表征，正如我们可以把"人"和"动物"进行对比但并不因此否认人就是动物。此外，当语境允许时，我将宽泛地使用"意向状态"以便使其涵盖状态和事件。

视觉的意向性只能在作为有意识的心智事件的视觉经验中实现，这是一个真正经验性的本体论主张，在这个方面它与下述主张形成对比：信念和渴望包含命题作为意向内容。前文解释过的那种意义上的命题是存在的，这个主张并不是一个本体论上的经验性主张，但它经常被捍卫者和批判者错误地如此认为。这也就是说，命题或者其他的表征内容是存在的这一主张，没有对下面这个主张增添什么东西：相信、希望、担忧、渴望、质疑、断定、命令、许诺等存在某些共同的特征。但是，主张视觉经验存在却的确可以为视觉感知是存在的这一主张增添一些新东西，因为它告诉我们那些感知的内容是如何在我们的有意识的生活中实现的。有人主张，存在着一类能够用眼睛感知的存在物，也就是能够有视觉感知但却没有视觉经验的存在物，这样的人提出了一种真正的经验性主张。但是，如果有人主张存在着这样一类存在物，他们的确拥有希望、担忧和信念，他们做出了带有各自不同逻辑特征的陈述、断定和命令，但他们却不拥有任何命题内容，那么，这样一个人就并不知道他正在讨论什么，否则他就只不过是拒绝采纳一种记法，因为命题内容是存在的在任何意义上都不会是一个补充性的经验性主张。相反，它只是采用了特定的记法工具来表征希望、担忧、信念、陈述等状态共有的逻辑特征。

近来有一些经验研究证实了下述两者之间的关键性区分：一个

是作为一种有意识的心智事件的视觉经验的本体论地位，另一个是命题内容的本体论地位。韦斯克兰茨（L.Weiskrantz）、威灵顿（E. Warrington）以及他们的同事 [1] 研究了某些类型的大脑损伤是如何造成他们所谓"盲视"（blind sight）的。病人可以围绕让他回答的有关视觉事件和对象的问题给出正确答案，但他却宣称并没有关于这些对象和事件的任何视觉上的意识。现在，从我们的观点看，这种情形的有趣之处源于下述事实：病人受到的视觉刺激显然造成了某种形式的意向性。否则，病人就不可能去报道所说的这些视觉事件了。但是，由它们的视觉刺激导致的意向内容并不是按照我们的表达性（presentational）内容得以实现的方式来实现的。对我们来说，要想看到一个物体，我们就必须拥有某种类型的视觉经验。但是，假若韦斯克兰茨给出的说明是正确的，那么，病人在某种意义上就能"看到"一个物体，即使他并不拥有相关的视觉经验。他只是报道了一种"感觉"，即某种东西在那儿，或者做出了一种"猜测"，即它在那儿。顺便说一下，那些怀疑视觉经验的存在的人可能会这样问自己：我们具有但这种病人似乎并不具有的东西到底是什么。

感知的意向性和信念的意向性的另一个区别是，下面这一点是视觉经验的（需要的意义上的）满足条件的一部分：视觉经验自身必须被它的（所需之物意义上的）满足条件的其他部分引起。例如，如果我看到了那辆黄色旅行车，那么我就有了某种视觉经验。但是，这种视觉经验的意向内容不仅要求，为了使它得到满足，在我面前就必须有一辆黄色旅行车，而且也要求我面前有一辆黄色旅行车这个事实必须是引起这种视觉经验的原因。于是，这种视觉经验的意向内容就要求下面这一点作为其满足条件的一部分：这种视觉经验

　　[1]　L.Weiskrantz et al., "Visual capacity in the hemianopic field following a restricted occipital ablation", *Brain*, vol.97（1974），pp.709—728.

要由它的满足条件的其他部分引起，也就是要由被感知的事态引起。因此，从某种我希望能搞清楚的意义上说，这种视觉经验的内容是自我指称（self-referential）的。通过陈述这种视觉经验的满足条件，它的意向内容就可以得到完整的说明，但是，这种陈述本质地指称了满足条件当中的视觉经验本身。因为这种意向内容所要求的，不仅仅是世界上存在一种事态，而且还要求世界上的事态必须引起体现或实现这种意向内容的视觉经验。对于这一点的论证超出了我们所熟悉的对于"感知的因果理论"的证明；[1] 通常的论证是指，除非对象的存在和特征引起了行动主体的经验，否则，他就看不到这个对象。但是，表明这些事实是如何进入到这种意向内容当中去的，对我的说明至关重要。因此，视觉经验的意向内容就必须通过下面这种形式说清楚：

我具有这样一种视觉经验（即那里有一辆黄色旅行车，而且正是那里有一辆黄色旅行车引起了这种视觉经验）。

这样说看上去令人感到疑惑，但我认为它在方向上是正确的。这种视觉经验的意向内容决定了在什么条件下它被满足或不被满足，为了让它如他们所说，成为"真实的"，必须发生什么。那么，就这辆旅行车来说，为了让这种经验成为一种真实的经验，必须发生什么呢？至少有这样一点：世界必须是它在我的视觉中呈现出的样子，此外，世界是这个样子也必定会引起我拥有那种使它具有看上去所是的样子的视觉经验。在对这种意向内容进行表征时，我试图把握的就是这种结合物。

---

[1]　See H.P.Grice, "The causal theory of perception", *Proceedings of the Aristotelian Society*, suppl. vol.35（1961）, pp.121—152.

我刚刚给出的对于视觉意向内容的语言表征，在任何一种意义上说都不是一种翻译。相反，它是关于下面这一点的一种语言说明：如果这种意向内容要得到满足，它需要些什么东西。我们说视觉意向内容是自我指称的，并不是说它包含对自己的一种语言的或其他形式的表征；它当然没有做出任何指称自身的言语行动！准确地讲，视觉经验是自我指称的不过就是说，它在自己的满足条件当中出现。视觉经验自身并没有说出（say）这一点，而只是显示（show）了这一点；我在对视觉经验的意向内容的语言表征中已经说出了它。此外，当我说视觉经验因果地自我指称时，我的意思并不是说我看到了这种因果关系，更不是说我看到了这种视觉经验。相反，我看到的是对象和事态，而看到它们这种视觉经验的满足条件的一部分是指，这种经验本身必须要由所看到的东西引起。

就这种说明来说，感知就是心灵与世界之间的一种意向性和因果性的交互作用。适应的指向是心灵向世界的，因果的指向则是世界向心灵的；而且，它们不是相互独立的，因为适应只有当它由适应关系的其他事项引起，也就是由感知到的事态引起时才能获得。或者，我们可以说，下面这一点是视觉经验内容的一部分，即如果视觉经验要想被满足，那它就必须由它的意向对象引起；或者，我们可以更啰嗦但却更准确地说，下面这一点是视觉经验内容的一部分：如果视觉经验要想被满足，那它就必须由下面这种事态引起，即它的意向对象存在，并且还具有那些在视觉经验中呈现出来的特征。正是在这种意义上，感知经验的意向内容是因果地自我指称的。

针对特定类型的意向性引入因果自我指称这一概念——一种被显示出来而不是被说出来的自我指称——对于本书所提供的概念工具是一种关键性的补充。感知经验是因果地自我指称的，这个简单并且在我看来显而易见的观点，是我的一系列论证当中的第一步，我将应用这些论证来批判几个备受争议的哲学问题——关于人的行动的本性、对行为的解释、因果的本性，以及对索引表达式的分析，这里先只提到这些。现在我们可以提出一个直接的推论了：很容易就能看到，相同类型的视觉经验如何可能具有不同的满足条件，并因此具有不同的意向内容。两个"现象学意义上"相同的经验可能具有不同的内容，因为每一种经验都是自我指称的。例如，假设一对极其相似的双胞胎，在相同类型的光线条件和周遭背景之下，同时观看两辆不同但却属于相同类型的旅行车，拥有相同类型的视觉经验。然而，其中的满足条件却可以是不同的。双胞胎中的第一个需要一辆引起他的视觉经验的旅行车，而第二个则需要一辆引起他另一种不同的视觉经验的旅行车。同样的现象，不同的内容，因而会有不同的满足条件。

尽管我认为这种对因果自我指称的描述是正确的，但它也的确给我们遗留了一些困难的问题，不过我们现在还不想去回答这些问题。上述描述中的"引起"（cause）是什么意思，难道这种说明不会得出以下怀疑：我们从来就不能确定我们的视觉经验是否得到了满足，因为不存在任何中立的立场，由之出发我们就能够观察到这种因果关系，以便能看到这种经验是否真的得到了满足？我们能够拥有的更多是相同类型的经验。后文我将就这两个问题进行讨论：在第四章讨论第一个，在本章结尾部分讨论第二个。

然而，由视觉经验所例证的意向性形式与其他意向性形式，如信念和渴望之间的另一个区分，关系到对象由之而被看到或者被觉察到的方面和观察点的特征。当我通过信念或渴望对一个意向对象进行表征时，它将总是在某个方面或其他方面得到表征，但在信念和渴望中，这些方面并不是像视觉感知的方面通过情境的纯粹物理特征来确定那样进行限定的。例如，我可以通过某颗行星的"晨星"的方面或它的"昏星"的方面来表征那颗著名的行星。但是，因为视觉感知的意向性是通过一种十分特殊的方式实现的，所以，我们通过它来感知我们的感知对象的那个方面所发挥的作用，不同于它在其他意向状态中所发挥的作用。在视觉感知中，一个对象被感知的方面是通过观察点，以及对象在其中被感知到的感知情境的其他物理特征来确定的。例如，给定某个位置，我就只能看到那辆旅行车的左面。而为了看到这辆汽车的其他方面，我就不得不去改变感知情境的物理特征，例如绕着这辆车走一圈或者移动一下这辆汽车。

此外，在非感知情形当中，尽管意向对象总是要经由某个或另一个方面来表征，但被表征的仍是对象本身而不仅仅是它的一个方面。顺带说一句，这就是为什么在我的说明中不存在有关意向对象的任何本体论意味的原因。通过它来表征一个对象的那个方面，并不是某种介于我们和这个对象之间的东西。但是，至少在有些有关视觉感知的情形中，情况似乎并没有这么简单。例如，考虑维特根斯坦那为人熟知的鸭/兔的例子。[1]

在这个情形中，我们倾向于说，在一种意义上看，在我们对鸭的感知和对兔的感知中，意向对象是相同的。也就是说，尽管我们有两种视觉经验，它们具有两种不同的表达内容，但在我们面前的这一页上却只有一幅图。但是，在另一种意义上，我们想要说的是，这

[1] L.Wittgenstein, *Philosophical Investigations*（Oxford: Basil Blackwell, 1953），Part Ⅱ, section 10.

两个情形中的视觉经验的意向对象并不相同。所看到的东西在一个情形中是一幅鸭图,而在另一个情形中则是一幅兔图。维特根斯坦只是通过说这些乃是"看到"这个动词的不同用法来解决这个困难,准确地说,他未能解决这个难题。但是,这对于澄清对象的各个方面与意向对象之间的关系似乎没有提供很大帮助。我认为,解决这个难题的办法就是指出,正如我们能够实实在在地看到对象,尽管看到对象时总是看到它的一个方面,我们也的确能够实实在在地看到对象的各个方面。我实实在在地看到了我面前的图画的鸭的方面,而且我也实实在在地看到了它的兔的方面。眼下,我的说明会让我们接受下述观点:我们是在某些方面看到了那些方面的。但是,这为什么会让我们感到烦恼呢?实际上,如果我们愿意接受这种观点,那么,视觉感知与其他意向状态之间的类似就可以保持不变。正如我们已经看到的,当约翰爱慕萨莉,或相信某种关于比尔的事情时,实际总是在某个方面他才爱萨莉,在某个层面他才相信某件关于比尔的事情,尽管约翰的爱所指向的或者他的信念所关涉的并不只是一个方面。但是,此外并没有什么会妨碍他爱萨莉的一个方面,或相信有关比尔的一个方面的某件事情。也就是说,没有什么会妨碍一个方面成为一个信念或其他心理态度,比如爱的意向对象。同样,也没有什么会妨碍一个方面成为视觉感知的意向对象。只要我们承认一个方面可以成为一种意向对象,那么,即使所有包含感知的意向性在内的意向性均是关于一个方面的,我们也能看到这个方面如何可能对于意向现象来说是必不可少的,而其本身却不是意向对象。

要想总结前述有关感知的意向性的说明,一个办法是提供一个表格,以便来比较已经讨论过的各种类型的意向性的形式特征。我将在信念、渴望和视觉感知之外,添加一个人对过去事件的记忆,因为它和视觉感知共有一些特征（它和看到一样，也是因果自我指称的），和信念有一些共同的特征（它和信念一样，也是一种表征而不是表达）。"看到"和"记得"这两个动词与"渴望"和"相信"这两个动词不同，由它们不仅能够推出意向内容的存在，而且还能推出这种内容得到了满足。如果我真的看到了某些事态，那么所存在的就必定不只是我的视觉经验了；作为这种视觉经验的满足条件的事态也必定存在，而且它必定会引起这种视觉经验。如果我真的记得某个事件，那么，该事件必定已经发生，而且它的出现必定会引起我对它的记忆。

看到、相信、渴望和记得的意向性的一些形式特征的比较

	看到	相信	渴望	记得
意向成分的本性	视觉经验	信念	渴望	记忆
表达还是表征	表达	表征	表征	表征
自我因果指称	是	不是	不是	是
适应指向	心灵向世界	心灵向世界	世界向心灵	心灵向世界
由意向内容决定的因果指向	世界向心灵	无	无	世界向心灵

三

当我试图就视觉感知的意向性给出说明时，我极力不让它看上去比实际上更加简单。在这一部分，我想要提请读者注意某些复杂情况，尽管我在这里提到的情形还只是感知哲学众多疑难当中的一部分。

按照休谟的看法，我们倾向于认为，感知可以通过语言纯粹且无污染地呈现给我们，然后，我们可以通过实指定义的方式把名称贴在我们的感知结果之上。但是，这幅画面从很多方面看都是错误的。首先，存在一种我们所熟知的观点：感知就是期待的一个功能，而人的期待至少在通常情况下是通过语言来实现的。因此，语言本身就会影响到感知上的结果。四分之一个世纪以前，博斯曼（L.Postman）和布鲁纳（L.Bruner）[1]做了一些实验，表明特征的识别阈值有很大的变化范围，这取决于特定的特征在该情境中是否受到了期待。如果主体期待看到的下一种颜色是红色，那么，他将会比他没有这样的期待时更迅速地识别到它。

但是第二点，也是从我们的观点看更重要的一点：假如没有掌握特定的背景性技能（其中最为突出的是语言技能），那么，我们的许多视觉经验甚至都是不可能发生的。考虑下面这幅图：

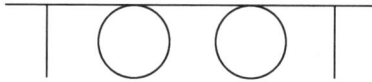

它可以被看成"TOOT"这个词；可以被看成一张桌子，下面有两个大气球；可以被看成上面有一条线的数字1001；可以被看成下面有两个横穿管道的桥；可以被看成一个戴着一顶吊带搭在两边的帽子的人的眼睛，如此等等。我们在每个情形中都有一种不同的经验，尽管纯物理上的视觉刺激物，也就是我们面前这张纸上的这些线条以及从它们反射出来的光线是不变的。但是，这些经验以及它们之间的差异，取决于我们已经掌握了的一系列渗透着文化的语言技巧。例如，并不是因为我的狗的视力装备的无效导致它不能把这个图形看作"TOOT"这个词。在这样一个情形中，我们想要说的是，某种概念上的熟练程度是获得视觉经验的先决条件；而且，这样的例子表明，视觉感知的意向性以多种复杂方式与其他形式的意向性，如

[1] L.Postman, J.Bruner, and R.Walk, "The Perception of error", *British Journal of Psychology*, vol.42（1951），pp.1—10.

信念和期待密切关联，也和我们的表征系统（其中最著名的就是语言）密切关联。意向状态的网络和非表征性心智能力背景共同影响感知。

但是，如果网络和背景影响感知，那么，满足条件如何可能被视觉经验确定呢？至少有三种情形是需要我们讨论的。首先，存在这样的情形，即信念的网络和背景实际地影响到视觉经验的内容。例如，考虑下面这两种情形之间的差异：一种情形是看着一座房子的前部，我们把它看作整个房子的正面；第二种情形是看着一座房子的前部，我们却把它看作一个纯粹的正面，比如，就像电影道具的一个部分。如果我们相信他正在看着整座房子，那么，这座房子的前部实际看起来的样子，就不同于他相信他所看到的是一座房子作为道具的正面时这座房子看起来的样子了，尽管这两种情形下的视觉刺激可能是相同的。视觉经验在实际特征上的这种差异，反映在上述两个满足条件集之间的差异上。如果我走进这座房子或绕到房子后面去，那我就会期待这座房子的剩余部分都会存在，这一点是我在观看整个房子时所获得的视觉经验的部分内容。在这类情形中，视觉经验的特点和它的满足条件，会受到一个人所具有的关于感知情境的信念内容的影响。当我说"我看见了一座房子"而不是"我看见了一座房子的正面"时，我并没有超出我的视觉经验的这种内容，因为尽管视觉刺激可能相同，但前一情形中的满足条件是，那里应该有一座完整的房子。我并没有从这座房子的正面中推出这座房子的存在；我只是看见了一座房子而已。

当信念的内容与视觉经验的内容在实际上不相容时，就会出现第二种情形。一个恰当的例子是月亮在地平线的出现。当我们看到地平线上的月亮时，它看上去比直接在人的头上看到时的样子大很多。然而，尽管这两种情形中的视觉经验不同，但我们的信念的内容却没有发生任何变化。我并不相信月亮在地平线上变大了，或者是在头顶上变小了。在我们第一类例子中我们看到，我们没有办法从我们所具有的关于它的信念中去掉视觉经验的内容。这座房子在实际看起来有所不同，这取决于我们所具有的是关于它的哪种类型的信念。但在第二类情形中，我们想要说，关于月亮大小的视觉经验肯定会随着月亮位置的变化而发生变化，而我们的信念却保持不变。那么，关于这种视觉经验的满足条件，我们会说些什么呢？鉴于我们的意向状态网络的整体性特点，我们倾向于说，视觉经验的满足条件保持同一。因为我们根本就不是真的倾向于相信月亮在大小上发生了改变，所以，我们认为这两种视觉经验具有相同的满足条件。但是我认为，实际上这并不是描述这种情境的正确方法。相反，在我看来情况似乎是这样的：如果我们的视觉经验的意向内容和我们的信念发生冲突，此时信念会优先于视觉经验，我们就获得了这种视觉经验的最初的意向内容。这些视觉经验确实把下面这一点作为它们各自意向内容的一部分了：月亮在头顶上时比在地平线上时要小，而关于这一点的论证是，如果我们设想这些视觉经验仍旧像它们现在的样子，但却不出现这些信念，即假定我们根本就没有任何相关的信念，那我们就的确会倾向于相信，月亮的大小发生了改变。仅仅是因为我们独立地相信月亮的大小保持恒定，所以我们才允许信念的意向性优先于我们视觉经验的意向性。在这些情形中，我们相信自己的眼睛欺骗了我们。一个与此类似的例子是米勒-莱尔（Müller-Lyer）线。

在这里，视觉经验的意向内容和我们的信念的意向内容发生了冲突，而后者优先于前者。这些情形与不同光线条件下感觉到的颜色的恒

64

常现象形成鲜明的对比。在颜色恒常性的情形中，颜色在光线下和阴暗处看上去都是相同的，尽管被反射的光差异很大；因此信念内容与感知经验的内容就是一致的，而这和此前的例子不一样。

第三种情形出现在这样的场合，其中的视觉经验不同，但满足条件却相同。"TOOT"就是这种类型的例子。关于这种情形的另外一个例子是看到这样一个三角形，它首先以一个点作为顶点，然后再以另一个点作为顶点。在后两个例子中，我们绝不会倾向于认为，现实世界中会有什么差异与视觉经验上的差异相对应。

于是，我们就有了多种方式，通过它们可以使意向性的网络和背景与视觉经验的特征关联起来，而且还可以使视觉经验的特征和它的满足条件关联起来。

1. 房子的例子：不同的信念引起具有不同满足条件的不同视觉经验，即便给出的是相同的视觉刺激物。

2. 月亮的例子：相同的信念和具有不同满足条件的不同视觉经验共存，即便视觉经验的内容与信念的意向内容不相容，并且后者优先于前者。

3. 三角形和"TOOT"的例子：相同的信念加上不同的视觉经验，产生出视觉经验的相同的满足条件。

有人认为，应该存在一种关于这些不同参数之间关系的系统的理论说明，但我并不知道那会是什么样的。

四

到目前为止，我一直为之进行论证的关于视觉感知的说明，我猜想，是一种"素朴"（直接、常识性）的实在论，它可以用图示的方式表示如下：

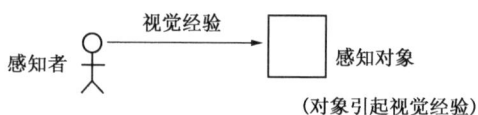

图 1

这种视觉感知至少包含三个元素：感知者、视觉经验和被感知的对象（更严格地说：事态）。箭头表示视觉感知，旨在表明视觉经验具有意向内容，它指向意向对象，而这个对象的存在又是其满足条件的组成部分（当然，它并不是要表明，视觉经验存在于感知者和被感知对象之间的物理空间当中）。

在视觉幻象的情形下，感知者具有相同的视觉经验，但却不存在任何意向对象。这种情形可以用图 2 表示：

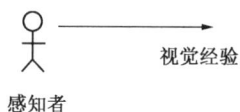

图 2

本章的目的不是要介入感知哲学的传统论争；然而，如果我们岔开一下，把这种素朴实在论与它的伟大的历史对手——表征理论（representative theory）以及现象论（phenomenalism）作一对比的话，我所论证的有关视觉经验的意向性的论点就会更加清楚。这两种理论不同于素朴实在论的地方在于，它们都把视觉经验本身处理为视觉感知的对象，因而剥离掉了它的意向性。按照这两种理论，被看到的东西严格说来总是一种视觉经验 [使用不同的术语，这种视觉经验被称为"感觉"(sensum)，或者"感觉材料"，或者"印象"]。于是，它们都要面对一个不会对素朴实在论者提出的问题：我们确实看到的感觉材料和我们显然没有看到的物质对象之间是什么关系？这个问题之所以不会对素朴实在论者提出，是因为按照素朴实在论者的说明，我们根本就没有看到任何感觉材料。我们看到的只是世界上的物质对象、其他对象以及事态，至少在大部分时间内是这样的；在幻象情形中，我们就什么也没有看到，不过在这两种情形中我们的确都拥有视觉经验。现象论者和表征论者都试图把图1中表示视觉经验的那条线从横轴拿开，并把它放到纵轴上去，以便使我们的视觉感知的意向内容的载体，也就是视觉经验本身变成视觉感知的对象。有许多论证被提出来为此做法进行辩护，其中最著名的是来自幻觉论证和科学论证，在我看来它们都已经遭到了其他哲学家有力的驳斥 [1]，我在这里不再赘述。当前论证目标的要点不过就是指出，一旦把表示视觉经验的那条线从横轴上拿开，并把它放到纵轴上去，把视觉经验变成感知的对象，我们就会面对这样一个选择，按照这种理论一个人确实感知到的是感觉材料，而不是物质对象，那么该如何描述这两者之间的关系？处理这个问题的两种最受欢迎的方案是：视觉经验或感觉材料在某种意义上是对物质对象的复制和表征（这就是表征理论），或者，物质对象只是感觉材料的汇集（这就是现象论的不同版本），这些理论可以用图示的方式表达：

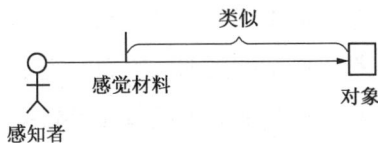

图 3　表征理论

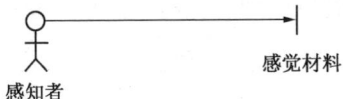

图 4　现象论

---

[1]　See J.L.Austin, *Sense and Sensibilia*（Oxford：Oxford University Press, 1962），那里讨论了幻觉论证。

即使我们忽略针对下述观点提出的各种反对意见，即一个人感知到的所有东西都是感觉材料，在我看来，似乎仍旧存在反对上述这些理论的其他决定性的观点。感知的表征理论的主要困难在于，我们感知到的事物，即感觉材料，与感觉材料所表征的物质对象之间的类似（resemblance），一定是不可理解的，因为根据定义，客观对象是感官无法把握的。它绝对是不可见的，不然也是不可感知的。如贝克莱（G. Berkeley）所指出，下述说法是没有意义的：我们看到的形状和颜色与绝对不可见或者也不能被我们的任何感官把握的一个对象的形状和颜色相类似。此外，就这种说明而言，没有任何真实的意义可归于下述主张：对象具有如形状、大小、颜色或其他感官可以把握的性质，无论是"第一性的"还是"第二性的"。简言之，表征理论不能搞清楚相似概念是什么意思，因而就不可能搞清楚表征概念的意思，因为所讨论的表征形式必须诉诸类似。

针对现象论的决定性反对意见是说，它会归结为唯我论（solipsism）。就现象论的观点看，可公共把握的物质对象全部变成了感觉材料，但感觉材料却总是私人性的。于是，我看到的对象在一种重要的意义上看就是我的对象，因为它们可以归结为感觉材料，而我可以把握到的唯一的感觉材料就是我的感觉材料。我所感知的世界是其他任何人都不能把握到的，因为它完全存在于我的私有感觉材料当中，而实际上，其他人可以与我看到相同的对象这个假说会变得不可理解，因为我看到的所有东西都是我的感觉材料，而他们能够看到的是他们自己的感觉材料。但是进一步说，其他人在我存在的意义上存在，在我感知感觉材料的意义上感知感觉材料这个假说，往好里评价属于不可知论，最坏的评价就是不可理解，这是因为，我对其他人的感知总是我对自己感觉材料的感知，也就是我对自身特征的感知。

我们一旦把感知的内容处理为感知对象，那么，某种类似于上述理论的东西似乎就是不可避免的。事实上，在我看来，感觉材料论者的错误类似于把信念的命题内容处理为信念的对象的错误。信念也不是关于或指向其命题内容的，正如视觉感知不是关于或指向其经验成分的。然而，在我看来，在拒斥感觉材料假说时，许多"素朴实在论者"似乎都未能认识到经验及其意向性在感知情境中的作用。在拒斥我们看到的是视觉经验这一思想，并支持我们看到的只是，例如我们周遭的物质对象这一思想时，许多哲学家，如奥斯汀（Austin）[1] 就已经拒斥了如下思想：我们终究会拥有视觉经验。我想要论证的是，传统感觉材料论者正确地认识到我们具有经验，不论是视觉的经验还是其他方面的经验，但当他们认为经验就是感知的对象时，他们却错放了感知的意向性的位置，而素朴实在论者则正确地认识到，只有物质对象和事件才是感知的对象，但他们当中有许多人未能意识到物质对象只能作为视觉感知的对象，因为视觉感知具有意向内容，而这种意向内容的载体就是视觉经验。

五

现在我们可以回到刚开始提的问题了：下述形式的语句的真值条件是什么：

> X 看到一辆黄色旅行车。

从意向性理论的观点看，这个问题的形式是错误的，因为视觉的意

---

[1] *Op. cit.*

向内容是命题性的。其正确的形式应该是，例如：

X看到，在X面前有一辆黄色旅行车。

它的真值条件是：

1. X拥有一种视觉经验，这种经验具有：a.特定的满足条件；b.特定的现象特征。

2. 满足条件指的是：X面前有一辆黄色旅行车，而且，X面前有一辆黄色旅行车这一事实引起这种视觉经验。

3. 现象特征指的是这样的特征，它们可以使我们确定那些满足条件就如2所描述的那样。也就是说，那些满足条件是由这种经验决定的。

4. 满足条件当中的因果关系的形式，是连续的和有规律的意向因果。

（这个限定条件对于阻止特定类型的包含"变异的因果链条"的反例是必要的，在变异的因果链条上，尽管满足条件确实引起视觉经验，但视觉经验仍旧没有得到满足。我们将在第四章考察这些情形，并探讨意向因果的本性。）

5. 那些满足条件实际上得到了满足。也就是说，实际上存在一辆旅行车，它（以4中描述过的方式）引起（3中描述过的）那种视觉经验，而那种感觉经验具有（2中描述过的）那种意向内容。

就这种说明而言，除感知者外，视觉感知还包括两个成分，即视觉经验和被感知的场景，而介于这两者之间的关系既是意向性的又是因果性的。

六

现在，我们已经成功达成了我们最初制定的关于将对感知的说明整合到我们的意向性理论中去的目标。但有一个我们还没有直接面对的问题却立刻就出现了：我们虽然已经讨论了这种情形，即一个人看到一辆黄色旅行车在他面前，但下面这种情形又会如何：他看到一辆特殊的、以前曾经看到过的黄色旅行车在他面前？例如，当我看到自己的旅行车时，满足条件所要求的就不仅仅是存在满足我的意向内容的某辆旅行车或另一辆旅行车，还要求它就是我所看到的那辆旅行车。现在的问题是：这种特殊性如何进入感知的意向内容？让我们称此问题为"特殊性问题"（the problem of particularity）。[1]

为了看清楚这的的确确是意向性理论的一个问题，我们可以设想普特南孪生地球幻想[2]的如下变体。设想在遥远的星系里面，有我们地球的孪生兄弟，即便在最后一颗微小粒子上它都和我们的地球完全相同。设想在我们的地球上，琼斯看到他的妻子萨莉正从他们的黄色旅行车里面走出来，而在孪生地球上，孪生琼斯看到孪生萨莉从他们的孪生旅行车里面走出来。现在，琼斯视觉经验中的什么内容使得萨莉而非孪生萨莉的存在成为其视觉经验的满足条件的一部分？又是什么使得孪生萨莉的存在成为孪生琼斯的经验的满足条件的一部分？根据假设，这两种经验在性质上是相同的，然而，

---

[1]　我要感谢斯柯达（Christine Skarda）对这个话题的讨论。

[2]　H.Putnam, "The meaning of meaning", in *Mind*, *Language*, *and Reality*, *Collected Papers*, vol.2 (Cambridge：Cambridge University Press, 1975), pp.215—271.

下面这一点却是每一个行动主体的经验的满足条件的一部分：他并不是只看到了任何一个具有如此这般视觉特征的妇女，而是说，他看到的是自己的妻子萨莉，或者对孪生琼斯来说，是孪生萨莉。我们已经看到，性质相同的视觉经验如何可能在一般情形下具有不同的满足条件，但性质相同的视觉经验又如何可能具有不同的特殊的满足条件？幻想的作用不是认识论上的。我们不是在问，琼斯如何能够区分那个人真的是他的妻子，而不是某个在外观上与他妻子相同的人。相反，我们所问的问题是：到底是什么使得我们地球上的琼斯的经验只能被一个特殊的以前认识的妇女，而非另外某个碰巧与前一妇女属于相同类型的妇女所满足（无论琼斯是否能够区分清楚她们之间的差异）？此外，提出上述幻想也不是要表明实际上可能真的存在一个孪生地球，而是要提醒我们，在我们这个地球上，我们拥有具有特殊而不是一般性满足条件的意向内容。重复一遍，这个问题是说：这种特殊性是如何进入意向内容当中的？

特殊性问题忽然之间就出现在了心灵哲学和语言哲学的很多领域。当前它有一种时髦的解决方案，但这种方案实际上并不完备。按照这种"解决方案"，琼斯和孪生琼斯的差异仅仅在于：琼斯的经验实际上是由萨莉引起的，而孪生琼斯的经验则是由孪生萨莉引起的。如果琼斯的视觉经验实际是由萨莉引起的，那么他看到的就是萨莉，如果萨莉并没有引起他的视觉经验，那他看到的就不会是萨莉了。但是，这种所谓的解决方案却未能回答这个事实如何进入意向内容当中这一问题。当然，如果是萨莉引起了琼斯的视觉经验，琼斯就只能看到萨莉，而且下面这一点就是这种经验的意向内容的一部分：如果它要得到满足，它必定就是由萨莉引起的，但是，是什么使得琼斯的视觉经验要求萨莉而不是某个与萨莉类型相同的人作为引发这一经验的原因呢？这种解决方案是从第三人称观点得出的。它是对下述问题的解决方案：我们这些观察者如何可能区分清楚他实际上看到的是哪一个。但我提出的这个问题是一个第一人称的内部问题。究竟是什么使得经验的满足条件是萨莉，而不仅仅是任意一个与萨莉具有相同类型的如此这般特征的妇女？这个问题在指称理论和感知理论中采取了相同的形式，而指称的因果理论在某一种情形下是一种不充分的回答，感知的因果理论在另一种情形下也不是一种充分的回答。这个问题是这样的："在琼斯的意向性中，是什么使得当他说'萨莉'时意指萨莉而不是意指孪生萨莉？"第三人称的因果理论对此的回答是，他指称的之所以是萨莉而不是孪生萨莉，这是因为是前者而不是后者处在与其言说的某种因果关系当中。但是，这种回答只是避开了有关其意向性的问题。实际上会存在这样的情形，他指称了萨莉但却不知道这一点，他看到了萨莉但却不知道这一点；也存在着这样的情形：第三人称的真描述和他的意向性不相匹配。但是，这样的情形总是依赖于第一人称意向性的存在，它规定了内在的满足条件，而且，对我们的问题的因果性回答没有哪一种能够是充分的，除非它能够说明这种因果性是如何成为意向性的组成部分的，以便可以确定一个特殊对象就是这些满足条件的组成部分。简而言之，这个问题不是指"他在什么条件下实际上看到了萨莉，而无论他是否知道这一点？"而是指"在什么条件下他认为他自己看到了萨莉就在他的面前？"同样，指称问题不是指"在什么条件下他指称萨莉，无论他是否知道这一点？"而是指"在什么样的条件下他想要用'萨莉'来指称萨莉？"

我认为，因果论者之所以没有回答有关意向性的问题，而是回答了另一个不同的问题，其中一个原因（也许是无意识的）是，他们放弃了针对特殊性问题给出一种第一人称意向性的解决方案的希望。如果你只是根据弗雷格的含义（sinn）概念的模型来考虑意向内容，那么看上去好像就会有任意多的可能对象都能满足任意含义，但意向内容当中却没有任何东西能够确定它只能为一个特殊对象所满足。埃文斯（G.Evans）[1]设想了一种情形，其中一个人认识一对双胞胎，并爱上了其中的一个。但埃文斯说，这个人的头脑中不存在任何东西能使他的爱指向一个而不是另一个。他以赞同的口吻引用了下面这个维特根斯坦的主张：如果上帝窥观这个人的内心，他也不能区分在自己头脑当中的是双胞胎当中的哪一个。由于下述问题不存在答案，即是什么使他意指一个人而不是另一个人，因此该解决方案必定是从第三人称或者是从外部观点看的。如普特南所说，这个问题应交给世界去解答。但是这个解决方案不管用。任何意向性理论都必须就以下事实做出解释：我们经常具有指向特殊对象的意向内容。我们需要对意向内容进行描述，以表明它如何可能被一个且唯一一个以前已经识别出来的对象所满足。

从历史的观点看，有两种错误妨碍了哲学家们发现这个问题的解决方案，我相信首先是下面这个假定：每一种意向内容都是一个孤立的单元，它独立于其他意向内容并独立于任何非表达性能力来决定其满足条件；第二个是下面这个假定：因果性始终是一种非意向性关系，也就是说，它总是世界上的对象和事件之间的一种自然关系。给定这两个假定，这个问题就是不可解的了。因果论者正确地看到，假若没有因果概念，这个问题就不可能得到解决，但他们仍保留了上述这两个假定。他们提出了关于意向性的通常的原子论假定，然后，为了对他们关于因果的休谟式观念有所把握，他们采用了第三人称的观点。另一方面，像胡塞尔这样的现象学家也看到

[1] "The causal theory of names", *Proceedings of the Aristotelian Society*, suppl. vol.47, pp.187—208；reprinted in S.P.Schwartz（ed.），*Naming, Necessity and Natural Kinds*（Ithaca and London：Cornell University Press，1977），pp.192—215.

了经验与第一人称说明的重要性之间的关联，但却未能看到因果的相关性，因为他们关于意向内容的抽象特征的观念致使他们暗中假定了，因果始终是一种自然的非意向性关系。

那么，解决特殊性问题的方案是什么呢？为了准备好回答这个问题的必要工具，我们需要提醒自己注意下面这些情况：首先，网络和背景影响意向状态的满足条件；其次，意向因果始终都内在于意向状态的满足条件；第三，行动主体与他们自己的意向状态、他们自己的网络以及他们自己的背景之间具有索引关系。

网络和背景：就本书提出的意向性和意向因果的概念而言，意向内容不能孤立地决定它们的满足条件。相反，一般的意向内容和特殊的经验以一种整体论方式与其他的意向内容（网络），以及非表征性能力（背景）内在地相关。它们内在地相关，意思是说它们本不可能具有它们实际具有的满足条件，除非通过与网络和背景中的其余部分相关。这种整体论观念涉及对上文提到的原子论假定的否定。

意向因果：我们已经表明，当因果是意向因果，也就是说，当因果关系作为意向内容的组成部分出现时，因果便典型地用于确定意向状态的满足条件。当我们将这一点与网络和背景关联起来时就能看到，为了使之成为琼斯意向状态的满足条件的组成部分，经验必须要由萨莉而不是由孪生萨莉引起，琼斯必定在先前就将萨莉识别为了萨莉；而在判定因果性的满足条件时，他当前的经验必须参考先前的识别结果。

索引性（indexicality）：从琼斯的观点看，他的每一个经验都不只是一种碰巧发生在某人身上的经验；而是他的经验。他所意识到的意向状态的网络是他的网络，他所利用的背景性能力和他的背景相关。不论琼斯的经验与孪生琼斯的经验在性质上有多么相似，也不论琼斯的意向状态的整个网络与孪生琼斯的网络在类型上有多么相同，从琼斯的观点看，这些都无疑是他的经验、他的信念、他的记忆、他的倾向；简言之，是他的网络和他的背景。

下面我们需要明确加以陈述的是，意向性体系的这些特征如何能够结合起来，一同来解决特殊性问题。这个问题所要表明的是，背景和网络如何延伸到意向内容内部，以决定因果的满足条件是特殊的而不是一般的。为了阐述上的简明起见，我们将考虑两种情形，首先，我们忽略背景而集中关注网络的运作原理，其次，我们再来考虑背景如何运作。

假设琼斯关于萨莉的全部知识都来自下述事实：他有一个过去的关于萨莉的经验序列，x, y, z……，其中有视觉经验或其他方面的经验。这些经验都是过去的，但他眼下仍旧具有关于它们的当下的记忆，a, b, c……。记忆序列 a, b, c……与前述经验序列 $x, y,$ z……内在相关。例如，如果 a 是对 x 的记忆，那么 a 的部分满足条件就是，它必须要由 x 引起，正如下面这一点是 x 的部分满足条件，即如果它是对萨莉的感知，它就必须要由萨莉引起。因此，根据意向因果的传递性，记忆的部分满足条件就是：它必须要由萨莉引起。此外，这些序列必须是内在相关的序列，因为这些感知经验中的每一个都是涉及同一个女性的，而且每一种记忆都是对这同一个女性的经验的记忆，所以，这个序列有些成员的满足条件将参照该序列的其他成员。每一种经验的满足条件，以及最初遇到萨莉后的每一项记忆，都不仅仅是指这种经验应该被一个满足使用一般性语词对萨莉所作描述的女性所满足，而且也应该被引起琼斯其他经验和记忆的同一个女性所引起。下面这一点是理解意向性如何可能瞄准特定对象的关键之一：它可能内在于一种表征，以便可以使它参照网络当中的其他表征。

我们现在所假设的是，琼斯具有一种经验，其形式如下：

1. 视觉经验（萨莉在那里，她的存在和特征引起了这种视觉经验）。

这与下述形式不同：

2. 视觉经验（一个和萨莉有着相似特征的女性在那里，她的存在和特征引起了这种视觉经验）。

从琼斯的观点看，网络与当前这种意向内容的关系是：

3. 过去我有一个经验集 $x, y, z\cdots\cdots$，它们是由我所知道的名叫萨莉的一位妇女的存在及特征引起的，而当前我有一个对于这些经验的记忆的集合 $a, b, c\cdots\cdots$，其中，我当前的视觉经验是：视觉经验（一个特征和萨莉相似的女性在我面前，她的存在和特征引起了这种视觉经验，而且，这个女性等同于这样一个女性，她的存在和特征引起了 $x, y, z\cdots\cdots$，而这反过来又引起了 $a, b, c\cdots\cdots$）。

但是，从琼斯的观点看——他的观点对这种讨论来说，是唯一重要的观点——3 的内容就是 1 所具有的全部内容了。在这个例子中，琼斯经由意向性所具有的关于萨莉的所有东西，是当下的一种与对过去经验的记忆的集合相联系的经验。但是，为了保证满足条件所需要的是萨莉而不是某个在类型上和萨莉相同的人，这就是他所需要的一切了。

为了看清楚网络当中各元素之间的内在关联，请对自己提问下面这个问题：如果萨莉和孪生萨莉被调换了，那么从琼斯的观点看，会出现什么问题？简单地说，问题就是，他正看到的那个女性和萨莉不是同一个人。但从琼斯的观点看，这就等于说：她未能满足关于3的意向内容的说明中最后那个主要从句。设想在刚出生的时候，也就是琼斯看到或者听说萨莉的二十年前，她们就被调换了，那么琼斯的意向内容就得到了满足。从另外某个人的意向性的观点看，琼斯可能没有看到真正的萨莉，但从琼斯的观点看，他所看到的恰恰就是他认为自己正看到的那个人，也就是说，他的意向内容决定了这些满足条件，而且它在事实上也得到了满足。

此外，孪生琼斯同时也拥有与琼斯类型相同的经验这个事实，也不会阻碍琼斯的经验指向萨莉，而不是指向孪生萨莉，因为他的网络中的元素索引地与他相关——那是他的经验和他的记忆。

当然，我们并不是在说琼斯必须能够对自己讲清楚所有这一切。他描述这种情境的方法在被理论化之前可以是这样的："我现在看到的是我始终认知为萨莉的那个女人。"我们正试图加以解释的是，琼斯和孪生琼斯如何可能同时说出相同的语句，如何可能都具有性质上相同的经验，但在每一种情形中却意指某种不同的东西——在每一种情形中都具有一种经验，这种经验尽管与另一种经验"在性质上相同"，但却具有不同的内容和不同的满足条件。（后文我们将会看到这种方法如何与对名称的因果理论的批判相关。）

下面我们来考虑背景在决定感知识别的特殊情形时是如何运作的。识别人、对象等等的能力，通常并不要求将该对象与先已存在的表征进行比较，无论是映像、信念，还是其他种类的"心智表征"。我们只是识别出了人和物而已。现在，假设比尔·琼斯（Bill Jones）在街上认出了一个人，他把这个人看成了伯纳德·巴克斯特

（Bernard Baxter）。他不需要记得何时曾经或者如何遇到巴克斯特的，无论是否有意识，而且也不需要有对巴克斯特的任何表征，并把这种表征和他当前的视觉考察的对象进行比较。他不过就是看到了巴克斯特，并且知道那就是巴克斯特。在这里，背景是作为一种非表征性的心智能力发挥作用的；他具有识别巴克斯特的能力，但这种能力本身并不需要包含表征或是依赖于表征。

既然琼斯认出了巴克斯特，孪生琼斯认出了孪生巴克斯特，而且他们两个拥有性质上相同的经验，那么，是什么使得一种经验需要巴克斯特作为满足条件，并使得另一种经验需要孪生巴克斯特作为满足条件？从直觉上说，我们在这种情形中所感觉到的，就和在孪生萨莉的情形中一样，也就是琼斯把一个人识别为他的巴克斯特，而孪生琼斯则把另一个人识别为他的巴克斯特。但是，如果不存在任何可供这种意向内容参照的在先的表征，我们该如何说清楚这种直觉呢？每一种情形当中都有一种具有如下内容的经验：

1. 视觉经验（一个我将之识别为巴克斯特的人在我面前，他的存在和特征引起这种视觉经验）。

它不同于：

2. 视觉经验（一个我将之识别为在特征上与巴克斯特相似的人在我面前，他的存在和特征引起这种视觉经验）。

从琼斯的观点看，1 与下面的 3 具有相同的内容：

3. 我具有把某个人 *m* 识别为巴克斯特的能力，这种能力是

这样的：视觉经验（一个具有我将其识别为在特征上与巴克斯
特相似的人在我面前，他的存在和特征引起了这种视觉经验，
而且，这个人和 m 是同一个人）。

琼斯和孪生琼斯具有性质上相同的视觉经验。这两种情形的差别在
于：琼斯的经验要参照他自己的背景能力，而孪生琼斯的经验则要
参照他自己的背景能力。正如网络的索引性解决了孪生萨莉的问题，
背景的索引性也可以解决孪生巴克斯特的问题。一般而言，识别能
力会由识别的对象所引起，但并不是必须如此。容易设想这样的情
形：一个人可以学会识别一个对象，但他却不具有被该对象引起的
识别能力。

为简单起见，我分别考察了网络的作用和背景的作用机理，但
可以肯定，现实生活中它们是共同起作用的，在这两者之间不存在
任何严格的分界。

至此，我们的努力都是为了解释这个问题：具有相同类型视
觉经验的不同的人如何可能会拥有不同的满足条件，而这些满足条
件如何可能是特殊的而不是一般的。但是，还有一个类似的、但到
目前还没有得到解答的问题：具有不同经验的不同的人如何可能具
有相同的满足条件？我们可以通过一种反对意见的形式来讲述这个
问题："整个说明导致了一种唯我论。如果每一种视觉经验的殊型
（token）*的等同都出现在它的满足条件当中，那么不同的人就不可
能拥有具有相同满足条件的经验了，但这种情况必定是可能的，因

---

　　* 将"token"译为"殊型"，借鉴的是美国哲学家皮尔士（C.S. Peirce）。与"token"
相对的范畴是"type"，可译为"普型"。这两者作为一个范畴对偶，最早就是由皮尔士引
入的，皮尔士将之看作哲学上的个别和一般范畴在语言符号学上的一种特殊表现。例如，
如果语句普型是指一个合乎语法的语句，殊型就是该普型的一次实际的具体出现。——译
者注

为我们的确与其他人看到了相同的东西，更有甚者，我们也认为自己看到了相同的东西。请注意：就你的说明而言，所需要的这种公开性不是由下述纯粹事实来保证的：同一事态既引起你的视觉经验又引起我的视觉经验，因为这个问题指的是：这个事实何以成为视觉经验的组成部分？"

在视觉及一般意义上的感知中，的确存在一种无法消除的视角要素。我从我的身体在时空中的位置出发来感知世界，而你则从你所处的位置来感知世界。但是，关于这一点并没有什么神秘的或者形而上的味道。它只不过是下述事实的一个推论：我的大脑以及我其余的感知元件在我的身体当中，而你的大脑和感知元件则在你的身体当中。但这不会妨碍我们拥有共同的视觉或其他类型的经验。例如，假设你和我都在观看相同的对象，比如一幅画，并就它进行讨论。现在，从我的观点看，我就不仅仅是在看一幅画，我还把它看作了我们看到了它这一点的一部分。这种经验的共有方面涉及的不仅是我相信你和我正在看相同的东西，而且，看到行为本身也必须参照这种信念，因为如果这种信念是假的，那么我的经验内容中的某个东西就没能得到满足：我所看到的并不是我认为自己看到的东西。

存在各种不同类型的共有经验，我不确定这些不同的复杂性该如何利用到目前为止我一直在使用的符号进行表征，甚至也不确定是否能够如此。一个很简单的情形会是：我的视觉经验的内容要参照关于你正在看的东西的信念的内容。日常语言中的一个例子会是这样："我相信有一幅特殊的画作，你看到了它，我也看到了它。"这里位于"看到"辖域之内的"它"位于量词的辖域内，而量词反过来又位于"相信"的辖域内，不过此处的"看到"并不在"相信"的辖域内。这个语句说的不是我相信我看到了它，而是说我看到了

81

它。使用方括号表示意向动词的辖域，用圆括号表示量词，并允许这两者交叉，于是我们就会得到：

相信 $[(E!x)($你看到 $x] \wedge$

视觉经验 $[\varphi x$，并且，φx 这个事实正引起这种视觉经验$])$

你和我拥有关于这个对象的共同的视觉经验这个事实，并不要求我们从同一个方面去看它。于是在上述表述中，我看到的是它的 φ 这个方面，我假定你也看到了同一对象，但我无需假定你也看到了它的 φ 这个方面。

七

有一种怀疑论论证是针对本章提出的感知理论提出来的，我在前面承诺过要对它进行讨论。这个论证是这样的："看上去，你所提出的素朴因果实在论好像会导致你怀疑以你的感知为基础而知道这个实在世界的可能性，因为不存在任何中立的观点，由之出发你就可以考察自己的经验与它们所假定的意向对象（或满足条件）之间的关系，以便确认后者是否真的引起了前者。就你的说明来看，如果那辆汽车引起了你的视觉经验，你就只是的确看到了那辆车，但你如何区分或者发现，是不是那辆汽车引起了你的视觉经验呢？如果你试图发现自己只能够拥有其他经验（视觉的或是其他方面的），那么对它们而言相同的问题恰恰也同样存在。看上去你好像最多只能让自己的经验系统保持某种内在的融贯，但你却根本没有办法突破这个系统，从而发现在该系统的另一边是否会有对象存在。你对表征理论所蕴涵的那种对实在世界相同类型的不可知性的指责，也为你的理论所蕴涵，因为除非你能够知道对象引起了你的经验，否则你就不可能知道你感知到了对象；而就你自己的说明而言，你不可能知道对象引起了经验，因为你不可能独立地去观察这两个事项，以便看到它们之间是否存在因果关系。每当你相信你正观察一个对象，你就必须预先假定你正试图加以确定的那种因果关系是存在的。"

为了看出上述反对意见有什么问题（以及它的正确之处何在），我们需要把它的一系列步骤列示如下：

1. 为了使我看到那辆汽车这一点成为实际，我的视觉经验必须要由那辆汽车引起。

2. 因此，为了使我的确能够以我的视觉经验为基础而知道存在一辆汽车，我就必须知道那辆汽车引起了这种视觉经验。

3. 但是，我能够借以知道这样一种因果主张的唯一途径是通过因果推理；我从作为结果的这些经验的存在和特征推论出作为原因的那辆汽车的存在和特征。

4. 但是，这样一种因果推理永远不可能得到证成，因为没有任何办法可以检验这种推理的有效性，因为我把握那辆汽车的唯一途径就是经由其他经验，其中既有视觉经验又有其他类型的经验。从喷出的蒸汽推出水壶中的水沸腾了，我们可以这样来检验因果推理，但我们不能根据这种方式检验从视觉经验到物质对象的推理。因此，我可能没有任何理由去接受这个推理。

5. 因此，我永远不可能真正知道，是那辆汽车引起了我的经验。

6. 所以，通过2我永远不能真正以我的视觉经验为基础而知道那里存在着一辆汽车。

通过使用明显的字母缩写方式，上述论证的形式可整理如下：

1. 看到 X →X 引起 V.E. 。

2. 以 V.E. 为基础知道看到了 X →知道 X 引起了 V.E. 。

3. 知道 X 引起了 V.E. →从 V.E. 到 X 的有效因果推理。

4. 有效因果推理→检验这种推理的有效性，但～能够检验推理的有效性，所以～是有效的因果推理。

5. 所以～知道 X 引起 V.E. 。

6. 所以～以 V.E. 为基础知道看到了 X。

这个论证得以建立的基本步骤是 2 和 3。我并没有推出（区分或者发现），那辆汽车引起了我的视觉经验。我只是看到了那辆汽车。为了让我能够看到它（步骤 1），这种视觉经验必须要由那辆汽车引起，从这个事实不能推出，这种视觉经验是我知道我看到了那辆车的"基础"或者证据（步骤 2），也不能推出存在着一个从作为结果的视觉经验到作为原因的物质对象的因果推理（步骤 3）。正如我没有推出那辆汽车就是我的视觉经验的原因，我也没有推出它是黄色的。当我看到那辆汽车时，我能够看到它是黄色的，而当我看到那辆汽车时，我就有了一种经验，这种经验的部分内容是，它是由那辆汽车引起的。知道那辆汽车引起了我的视觉经验，导源于知道我看到了那辆汽车，而不是相反。由于我没有推出那里存在一辆汽车，而只是看到了它，并且由于我没有推出那辆汽车引起了我的视觉经验，而是说它是由那辆车引起的乃是这种经验的部分内容，所以，下述说法是不正确的：这种视觉经验是作为我知道那里存在一辆汽车的证据或根据这一意义上的"基础"。相反，这种"基础"指的是，我看到了那辆汽车，而我看到那辆汽车却没有任何这种意义上的先在基础。我只是看到了它。看到那辆汽车这一事件的构成成分之一就是这种视觉经验，但是，我们并没有从这种视觉经验推出那辆汽车的存在。

就我对于感知的意向内容的自我指称型因果特征的说明而言，意向因果抄捷径避开了意向内容与包含满足意向内容的对象和事态的自然界之间的区分，因为意向内容既表征了因果关系，同时其本身又是因果关系中的一项，而因果则是自然界的组成部分。因果和其他满足条件之间的区分是这样的：如果我拥有关于一个黄色对象的视觉经验，而且，这种经验得到了满足，那么，即使这种经验并不是黄色的，它也的确是被引起的。再者，它被经验为被引起的，而无论被满足与否；但是，它未被经验为黄色的，而是被经验为是关于某个黄色事物的。

上述怀疑论反驳只在下述情况下才是有效的：我不能直接在我对它们的感知中经验到对象对我的因果影响，但我又不得不通过某种更进一步的推论过程和推论的有效性来确定作为原因的对象是存在的。在我看来，这种视觉经验并没有把因果关系表征为某种独立于视觉经验而存在的东西，而是说这种经验的一部分是对被引起（being caused）的经验。现在，读者可能有理由感觉到，这个因果概念不能融入他所支持的休谟型因果理论中，而既然他是很正确的，因而恰恰构成对休谟型理论的挑战。此外，我还欠奉读者们一种我对因果概念的解释，那是一个我认为我们实际都会具有的概念，我将在第四章给出这样一种解释。

关于这种怀疑论反对意见，我相信有一种看法是完全正确的：

一旦我们把这种经验处理为以之为基础便可推出对象存在的证据,那么怀疑主义就会是不可避免的。这种推理将缺乏任何证成。而正是在这一点上,内部和外部的比喻才给我们设置了陷阱,因为它让我们倾向于认为我们正在处理两个相互独立的现象,其中一个是"内部"经验,关于它我们可以有一种笛卡儿型确定性,另一个是"外部"事物,内部经验必须为其提供基础、证据或者根据。我在本章一再表明的,是一种关于感知的非推论性的素朴的因果实在论,按照这种理论,我们正在处理的并不是其中一个为另一个提供证据的两个事物,而是说,我们只是感知到了一个事物,并在这个过程中获得了一种感知经验。

当然,说感知经验的一部分是关于被引起这一点的经验,并不是说这种经验无论如何都是自我确认有效的。如古典怀疑论所指出的,我可能刚好具有这种经验,但它仍然可能不是由它的意向对象引起的;正如他们所说,它可能是一种幻觉。这样,古典怀疑论者将会论证说,我们处于一种熟悉的情境当中:无论我们关于知识拥有什么样的根据,认为这种根据能够存在,同时又认为我们断言我们知道的命题可能为假,这总是无矛盾的。从"这种经验产生了"这一断言,不能推出这种对象的存在。但我们再一次看到,这个论证混合了两个十分不同的论题。

1. 我可能拥有一种与这种经验"在性质上无法区分的"经验,然而那里可能不存在汽车。

2. 为了在这种感知情境中知道那里有一辆汽车,我不得不通过因果推理,从这种经验推出它的存在。

1 是十分正确的,事实上,它是我的意向性说明的一个不足道的推论。意向状态决定了什么才算作它的满足条件,但是,这种状态却可能没有得到满足。但是，2 却不能从 1 得出，而我试图论证，2 是假的。

然而，上述分析还有一个进一步的推论需要我们特别注意：那些明确标示出世界的真实特征的概念是因果概念。例如，红色就是世界的这样一种特征，它引起事物系统地并在适当条件下看上去是红色的（通过存在测试，等等）。这一点同样适用于所谓的第一性质。方形事物是那些能够对我们的感官以及我们的测量工具引起某些类型影响的事物。而且，这种因果特征也是世界上那些不能直接被感官把握的性质，如紫外性质和红外性质所特有的，因为除非它们能够产生某些影响——例如对我们的测量工具产生影响，或者对其他反过来会影响我们的测量工具的事物产生影响，而这些测量工具反过来又会影响到我们的感官——否则，我们就可能不知道它们的存在。如今，从这一点可以推出：我们是根据接收来自世界特征的因果输入的能力，来应用那些用于描述这些世界特征的经验概念的；而反过来，这一点似乎导致了这样一种怀疑论：我们不可能知道世界的真实情况如何，因为我们只能知道它如何与我们自己的经验构造相关，以及如何与那些它以之而对我们的构造产生因果影响的形式相关。但是，这种怀疑论是推不出来的；相反，能够推出来的是，我们能够知道世界的情况如何，但我们关于它的情况如何的概念，是相对于我们的构造以及我们与这种构造的因果交互作用而言的。

这种怀疑论也许更像是康德关于是否有可能知道物自体而不是物自体的纯粹表象（mere appearance）的怀疑论。我相信，回应它们两者的方法是改变一下问题的重心，从而使我们可以看到，事物如何这一概念本身，是相对于我们接收来自世界的因果输入的能力而言的，而在很大程度上，世界是独立于我们表征它的方式而存在的，然而，这种因果相对论与素朴实在论的最素朴的方面是一致的。我在这一部分的目标不是要回应一般意义上的怀疑论，而是要回应那些专门针对感知的因果理论的怀疑论版本。

八

然而，我们对视觉感知的说明似乎导致了一种悖论性的结论。如果当一个人把一座建筑物看成一座完整的房子时他所拥有的视觉经验的满足条件，不同于当他把这座建筑物只看成一座房子的正面时他所拥有的视觉经验的满足条件，并且，如果这些不同的满足条件是由不同的视觉经验决定的，那么情况似乎是，差不多所有性质都可以作为视觉经验的满足条件。因为我们不仅可以说"它看上去像是一座房子"不同于"它看上去像是一座房子的正面"，而且我们也可以说出"他看上去喝醉了"和"她看上去很聪明"这样的句子，而且在每一种情形当中，这些语句都是按字面方式来使用的。但是，下面这一点如何可能：这种纯粹的视觉经验能够包含聪明和喝醉酒这样的特征作为其满足条件？或者更一般地讲述这个问题：如果视觉经验的意向性具有我所宣称的那些特征，也就是说，如果它包含一种因果的自我指称性表达，那么，这些特征似乎就严格限定了哪些东西可以算作视觉经验的满足条件。因为它似乎会有这样的推论：只有那些能够引起某些类型视觉经验的对象和事态才能成为视觉经验的满足条件的组成部分。但在我看来，对象、事态和正在讨论的特征必定不仅包含红色或方形这样的特征，而且还包括是一座房子、喝醉、聪明这样的特征。难以看到，这些特征如何可能因果地造成视觉经验。如果聪明是这种视觉经验的满足条件，在我看来，聪明就必定能够引起视觉经验。但从日常意义上说，它当然不能通过这种方式引起视觉经验，然而我们确实说出了"看上去她是个聪明人"这样的话，而且，我们确实如同说出"它看上去是红色的"那样实实在在地说出了这些话。

我相信，解决这个疑难的出路，在于区分那些我们只能或主要通过视觉来确定其存在的性质，和那些需要进行某些进一步检验的性质。我们的确真切地说出了"她看上去很聪明"和"他看上去喝醉了"，但我们并不是仅仅通过观看便发现了她真的聪明或者他真的喝醉了。我们还必须进行某些其他类型的检验。"她看上去很聪明"和"她很聪明"之间的关系，与"它看上去是红色的"和"它是红色的"之间的关系是非常不同的。因为就红色来说，视觉经验的满足条件在这两种言说中都得到了报道，但就智力程度来说，其满足条件就不再是纯粹视觉上的了。或者，用另一种方式来讲述这一点，对某人来说，这种情况是可能的：在正常条件下他在每一个正常观察者看来是聪明的，但实际上他并不聪明；然而，对于某种东西来说，这种情况却不是可能的：在正常条件下它在正常观察者看来是红色的，但实际上它却不是红色的。看上去聪明独立于聪明，但看上去是红色的却并不独立于红色。

于是，情况可能是这样：视觉经验的满足条件是，某个人是聪明的，但从这一点并不能推出聪明必定能够引起特定类型的视觉经验；相反，在这样一种情形下，当前所讨论的视觉特征是造成看上去很聪明这一点的特征链条，而看上去很聪明实际上是一种可能的视觉特征的名称。更一般地说，"x 看起来 φ"这种形式的语句，报道了一种纯粹视觉特征的存在，以至于"x 真的是 φ"可以为视觉观察所确证。如果"x 真的是 φ"不能被视觉观察所确证，那么 φ 也就不是一种视觉特征的名称了。事实上，"x 看起来 φ"这种形式的语句本身就可以报道一种独立于 φ 的纯粹视觉特征。

第三章　意向和行动

一

　　在讨论像信念和渴望这样的心智状态以及像视觉经验这样的心智事件的过程中，我们已经发展出了相当多的可以用来分析意向性问题的概念工具，这些工具包括意向内容、心理模式、满足条件、适应指向、因果自我指称、因果指向、网络、背景等概念，以及表达和其他类型的表征之间的区分。根据这些概念对意向性所作的解释并不是要对意向性进行化归，因为它们每一个本身都是意向概念。我们并不是要表明，意向性实际上是某种别的东西，而是要通过一组通常都是通过例证而独立获得解释的概念对意向性做出解释。重申一下我的观点：不存在什么非意向立场，由之出发，我们就能够考察意向状态和它们的满足条件之间的关系。任何分析都必须发生在意向概念的范围之内。

　　本章的目标是要通过使用上述概念工具，探讨意向和行动之间的关系是什么样的。乍看起来，意向和行动似乎严整地适用于这个体系。我们想要说的是：正如我的信念得到满足，当且仅当由该信念的内容所表征的事态实际上得到了实现，我的渴望得到满足，当且仅当由该渴望的内容所表征的事态实际地发生了，我的意向得到满足，当且仅当由该意向的内容所表征的行动实际上得到了实施。如果我相信我会投琼斯的票，那么，我的信念是真的，当且仅当我投了琼斯的票；如若我的渴望是投琼斯的票，那么，我的愿望得到满足，当且仅当我投了琼斯的票；如果我想要投琼斯的票，那么，我的意向得到了实施，当且仅当我投了琼斯的票。除了这些"语义"的类似，报道意向状态的语句也存在语形上的类似。暂不考虑时态问题，上述三个报道我的信念、渴望和意向的语句的"深层"结构分别是：

　　我相信 + 我投琼斯的票。
　　我想要 + 我投琼斯的票。
　　我倾向于 + 我投琼斯的票。

　　我们应该会对语形和语义之间这种显然十分严密的对应留下深刻印象：每一个语句都表征一种意向状态；每一种意向状态都表征它的满足条件，这些条件由"我投琼斯的票"这个语句来表征，而这个语句恰好就是表征这些意向状态的语句的内嵌句。后面两个语句容许等名消除其中重复的"我"，并允许在其表层结构中插入不定式，但第一个语句不允许这样。于是就有：

　　我想要投琼斯的票。
　　我倾向于投琼斯的票。

此外，用这种对意向性的一般性说明去阐释意向和行动的方式，使我们能够就意向和意向行动之间关系给出一种简单（但只是临时性）的陈述：一项意向行动只是一个意向的满足条件。就这种看法来说，任何可以满足一种意向的东西都可以是一个意向行动。例如，洒掉一个人的啤酒一般来说就不是一个意向的满足条件，因为一般情况下人们并不会故意洒掉他的啤酒；但是，这样一种东西也可以是一个意向行动，因为它可以作为一个意向的满足条件。

照现在看来，这种说明不会十分有用，因为它似乎认可了太多的东西。例如，如果我想要在圣诞节时达到 160 磅重，并取得了成功，那么，说我实施了在圣诞节时重达 160 磅这个意向行动就不会有什么用，说在圣诞节时重达 160 磅可以作为一个意向行动也没什么用。相反，我们想要说的是，如果我在圣诞节时重达 160 磅的意向得到了满足，我就必定已经做出了某种行动，通过这种行动我的体重达到了 160 磅；而这种说法需要给予更进一步的解释。此外，这种说明没有说到任何有关一般性意向的事情。但更糟糕的是，这种说明似乎只有很小的解释力：我们想要知道的是，什么是意向？什么是行动？通过说一个是另一个的满足条件这种方式来描述的它们之间的关系有什么特征？然而，我相信这种临时性的说明处在正确的轨道上，我将在后文回到这一点。

顺便说一句，这种说明的一个优点是，它和我们的下述直觉密切相关：在意向行动和一个人可以告诉别人去做的事情之间存在密切的关联。因为当一个人给出命令，他命令人们做出意向行动时，他只能命令人们去做他们能够有意向去做的事情，而实际上，说"我命令你在无意向的情形下去做 A"，不会有任何清楚的含义。（相反，说"我命令你把你自己置于一种你在那里可能会无意向去做 A 的情境中"却是有意义的。）检验一个动词短语是否指谓一种行动类型，有一种良好但粗略的测试方法，就是看它能否在祈使句当中适当出现。"走""跑"和"吃"都带有祈使的味道，但是，"相信""打算"和"想要"却不是表示行动的名称，因而都没有自然的祈使语气形式。这种检验只是粗略的，因为祈使句中的有些动词短语表明了行动得以实施的方式，但却并没有命名行动，例如"诚实点!""亲切点!"

二

　　至此，我们似乎很顺利地把我们的努力转到将行动和意向融入意向性理论之中了。然而，现在我们的麻烦来了。一方面是意向和行动之间的关系，另一方面是其他意向状态和它们的满足条件之间的关系，在这两种关系之间存在着若干不对称，而一种关于意向和行动的理论应该能够对这些不对称做出解释。

　　首先，下面这一点在我们看来应该是令人感到奇怪的：从根本上说，我们有一个特别的名称如"行动"(action) 和"行动"(act)*，用来命名意向的满足条件。例如，我们没有任何特别的名称可用来命名信念和渴望的满足条件。再有，被命名的东西和它所满足的意向状态之间的关联，在意向中比在其他像信念和渴望这样的状态中，都更加密切。我们看到，我的信念将会得到满足，当且仅当我相信能够实现的事态确实实现了；我的渴望将会得到满足，当且仅当我希望实现的状态确实实现了。同样，我做出某个行动的意向会

---

　　* 张建军教授认为 behavior、act、action 三者具有实质差别，他建议采用这样一种区分方便而有用：act 表示所有具有意向性的 behavior，而 action 表示所有具有自觉能动性的 act，action-act-behavior 构成一个清晰的种—属系列。基于此，他建议权且约定将 act 译为"作为"。可参见张建军：《逻辑行动主义方法论构图》，《学术月刊》2008 年第 8 期。我们认为，这种思考具有重大的学术价值，值得学界充分关注和研讨。但本书仍采取"从众"原则，将 act 译为"行动"。——译者注

得到满足，当且仅当我想要做出的行动实际上被做出了。但要注意，尽管存在许多没有谁会相信能够实现或者没有谁会期望实现的事态，但却不存在没有任何意向的行动。即便存在无意向行动，如俄狄浦斯（Oedipus）娶了他的母亲，那也仅仅是因为存在一个相同的事件，该事件是他有意向做出的行动，也就是迎娶约卡斯达（Jocasta）。存在着许多没有相应信念的事态以及许多没有相应渴望的事态，但一般来说，并不存在没有相应意向的行动。[1] 为什么会存在这种不对称呢？

第二，即使是一个在我的意向内容中得到表征的事件发生了，它也不必然会满足我的意向。如许多哲学家指出的，它必须"以正确的方式"发生，而这与信念和渴望又是不一样的。这样，如果我相信天在下雨并且天的确在下雨，那么我的信念就是真的，而无论天是如何开始下雨的。如果我的渴望是变成富人并且我的确变富了，那么不论我是如何变富的，这个渴望都得到了满足。但是，齐硕姆（R.M. Chisholm）[2] 所给例子的一个变体说明，这个条件对于行动来说是无效的。假设比尔打算杀死他的叔叔，那么，下面这种情况是有可能发生的：他杀了他的叔叔，但他的意向的满足条件却并没有出现。甚至在有些情形，即当他杀死自己叔叔的意向实际上引起他杀死他叔叔的情形当中，这些满足条件也可能没有出现。假设他正在一边开着车，一边为如何杀死叔叔而处心积虑，并假设他要杀死自己叔叔的意向使他如此紧张和兴奋，以至于他意外地撞死了一个行人，而此人碰巧就是他的叔叔。在现在这种情形下，说他杀死了

---

[1]　在我看来，像打鼾、打喷嚏、睡觉以及许多反射性的举动都不是行动。我关于日常用法的看法是否正确，没有下面这一点来得重要：我是否能够给出一种对意向和行动的说明，它可以表明这样的情形与那些我将其算作行动的情形有着根本的不同。

[2]　R.M. Chisholm, "Freedom and action", in K. Lehrer（ed.）, *Freedom and Determinism*（New York: Random House, 1966）, p.37.

他的叔叔是真的，说他要杀死叔叔的意向是他杀死他叔叔的（部分）原因也是真的，但是，说他实施了杀死叔叔的意向或者说他的意向得到了满足，却是不真的；因为他不是有意向地杀死了他的叔叔。

已有文献中存在这样几个令人感到困惑的例子。考虑下面这个来自戴维森（D. Davidson）[1] 的例子，他说，这个例子阐明了他放弃讲清楚下述观点的根源：

> 如果态度要将行动加以合理化，那它们必然是通过哪种方式引起行动的呢？……一位攀登者可能想要让自己摆脱把另一个人拉在绳索上所带来的重量和危险，而且，他可能知道通过放开对绳索的控制，他就能够摆脱重量和危险。这种信念和希望可能会使他如此紧张，以致使他放开了对绳子的控制，然而下面这一点也可能发生：他从没有选择松手，他也没有这样做的意向。

而且，有人可能会补充说，他甚至可能会形成松手放开绳索的意向，而这种意向可能使他如此紧张以致他无意间松手了。在这个情形下，他想要放开对绳索的控制，他也确实放开了对绳索的控制，而且，是他的意向引起他放开了对绳索的控制，但他并不是有意地放开了对绳索的控制，他也并没有实施他放开对绳索控制的意向。为什么说他不是有意的呢？

另一个（同样与杀人有关的）例子采自本奈特（D. Bennett）[2]。一个人可能试图通过射击而杀掉某人。假设他没有打中，但这次射击却惊起了一群野猪，这群野猪将本应成为被杀者的那个人践踏致

---

[1]　D. Davidson, "Freedom to act", in T. Honderich（ed.）, *Essays on Freedom of Action*（London, Henlev and Boston: Routledge & Kegan Paul, 1973）, pp.153—154.

[2]　Cited by D. Davidson in T.Honderich（ed.）, *op. cit.* pp.152—153.

死。在这种情形下，这个人的意向将被杀者的死当作其满足条件的一部分，而结果是那个人死了，但是，我们同样不愿意说这是一个有意向的杀人行动。

三

在这一部分和下一部分，我想要发展一种关于意向和行动之关系的理论，它将会表明，这种说明如何融入我在第一章和第二章勾勒出来的一般性意向性理论，还要表明如何解释清楚前一节讨论过的行动和意向之关系的那种悖论性特征。为简单起见，我将从很简单的行动说起，如举起一个人的手臂。后面我再考虑更复杂的情况。

我们首先需要区分那些在行动之前便已形成的意向和那些并非行动之前形成的意向。到目前为止，我们所考虑的是这样的情形，行动者在做出该行动本身之前就已经拥有去做这种行动的意向，例如，他知道他打算去做什么，这是因为他早就有了做那件事的意向。但是，并不是所有意向都是这样的：假设你问我："当你突然打那个人的时候，你是事先形成了打他的意向吗？"我的回答可能是："不是的，我只是打了他而已。"但即使是在这种情形下，我也是有意地打了他，而且我的行动是带着打他的意向来完成的。关于这种情形我想要说的是，意向就在行动中（in the action），但是，不存在什么在先意向（prior intention）。在先意向特有的语言表达形式是"我将要做 A"或者"我打算做 A"。行动中意向的特有表达形式是"我正在做 A"。我们是这样谈论在先意向的：行动者依照他的意向而做出行动，或者实施他的意向，或者试图实施他的意向；但一般来说，我们不可能就行动中意向进行这样的谈论，因为行动中意向恰恰就是行动的意向内容；我马上就会解释，从某些方面看，行动和意向是不可分割的。

　　至少存在两种方式，可以让我们把行动意向和在先意向之间的区分弄得更加清楚。第一种方式，正如我们前面的例子所表明的，是要注意到，人们做出的许多行动都是自发地做出的，其中并没有形成（有意识地或无意识地）去做这些事情的任何在先意向。例如，假设我正坐在椅子上反思一个哲学问题，突然间我站了起来并开始在房间里踱步。我站起身并踱步显然属于意向行动，但要做出这些行动，我并不需要在做它们之前便形成一种去做它们的意向。在任何意义上我都不需要具有一种站起身并踱步的计划。像人们所做的许多事情一样，我只是做出了这些行动而已；我只是做出了行动。把握两者区分的另一种方式是注意到，即使是在我具有一种去做某种行动的在先意向的场合，一般情况下也仍然会存在许多的附属行动，它们没有在在先意向中得到表征，但它们却是有意做出的。例如，假设我有一个在先意向，即开车去我的办公室，再假设当我实施这种在先意向时，我从二挡换到了三挡。现在，我并没有形成从二挡换到三挡的在先意向。当我形成开车去办公室的意向之时，我从来就没有思考过这个意向。然而，我的换挡行动是有意向的。在这种情形中，我具有一种换挡的行动中意向，但却没有换挡的任何在先意向。

　　所有有意向的行动都有行动中意向，但不是所有有意向的行动都有在先意向。我可能会有意向地去做某件事，但却没有形成做这件事的在先意向，我也可能会有一种做某件事的在先意向，但却没有按照这种意向去做。尽管如此，当行动主体按照他的在先意向做事时，在这种在先意向和行动中意向之间必定存在密切的关联，我们也必须对这种关联做出解释。

在先意向和行动中意向都是因果自我指称的，这一点与感知经验和记忆是一样的。也就是说，同感知经验和记忆一样，它们的满足条件也要求意向状态自身与其满足条件的其余部分之间具有某种因果关系。后面我们将会详细研讨这种特征，但它可以通过考虑在先意向的因果自我指称性予以阐明。假设我想要举起我的手臂。我的意向的内容不可能是我的手臂往上去了，因为即使我没有举起手臂，它也可能会往上去。情况也不可能只是我的意向引起我的手臂往上去了这么简单，因为通过讨论齐硕姆、戴维森和本奈特的例子我们已经看到，在先意向可能会引起由这种意向所表征的事态，但这种事态却可能不是满足这种意向的行动。非常奇怪，我的意向内容也不可能是：

（我做出了举起自己手臂的行动）

因为我可能会通过与这种在先意向没有任何关系的方式，做出举起手臂的行动。我可能完全忘记了有关这种意向的一切，然后却因为其他某个独立的原因而举起了手臂。我的意向的意向内容必定至少包括：

（我通过实施这种意向做出了举起手臂的行动）

但是，这种表述当中的"实施"又是什么意思呢？至少是这样的：如果我正在实施这个意向，那么，它必定在这种行动中扮演了一个因果性角色，而对这一点所做的论证不过就是，如果我们割裂了意向和行动之间的因果关联，我们就不可能会实施这个意向了。假设我忘记了有关举起我的手臂这个在先意向的一切，无论有意识的还是无意识的，它在随后的行动中就不会起到任何因果性的作用；在这种情形下，这项行动就不是实施这种意向的情况了。尽管如此，这种表述还是提出了大量的问题，需要我们在后文做出回答。"行动"是什么意思，因果的自我指称究竟起到了什么作用？

同时，如果我们把意向与言语行动领域中的类似现象进行比较（顺便提一下，当你受困于意向性理论时，诉诸言语行动总会是一个好主意，因为言语行动现象是更容易理解的），那么，意向的因果自我指称特征似乎就不那么神秘了。假设我命令你离开这个房间。再假设你回答说："我正打算离开这个房间，但并不是因为你命令我才离开，无论如何，我只是要离开这个房间而已。但是，我本不会因为你命令我离开才离开这个房间的。"那么，如果你离开了这个房间，你服从我的命令了吗？好吧，你当然没有违背我的命令，但从某个层面说，在这种意义上，你也没有服从我的命令，因为这个命令并没有作为你所做事情的原因。例如，我们不会基于一系列这样的情况而把你描述为一个"服从的"人。但是，这个例子所阐明的是，我的命令的内容并不仅仅是你离开房间，而是你通过服从这个命令而离开房间；也就是说，这个命令的逻辑形式并不能简单表示如下：

我命令你（离开这个房间）。

而是说，它是因果自我指称的，其形式是

我命令你（通过服从这个命令而离开这个房间）。[1]

---

[1]　这种自我指称不会导致无穷倒退。当我命令你做 A 时，我实际上提出了一个让你做 A 的理由，以使得这项命令被服从，当且仅当你出于该原因而做了 A，也就是说，因为我曾命令你去做这件事；但是，我并没有另外再提出一个使这一点成为理由的理由，我也没有给出一个让你服从我的一级（first-level）命令的二级命令。

至此,我所论证的观点是,我们需要区分在先意向和行动中意向,而且,我也主张,它们与视觉经验和记忆一样,也是因果自我指称的,不过,这一点还没有得到充分证实。我现在想要通过探讨那些为行动所特有的经验,来扩展感知和行动之间的类同。让我们首先重温一下感知的相关特征。当你看到你面前的桌子时,在这个感知情境中存在两种要素:视觉经验和桌子。但它们两者不是相互独立存在的,因为视觉经验就是以桌子的存在及其特征作为满足条件的。现在这种情况与举起你的手臂这个简单行动之间有什么样的关系呢?当你做出举起手臂这种意向行动时发生了什么?正如存在着看到一张桌子这种特有的经验,我也将论证,存在着举起你的手臂的特有的经验。举起你的手臂和看到桌子一样,也典型地包含着两种成分:举起手臂这种经验以及手臂的物理动作。但这两者并不是独立的,因为正如桌子的视觉经验具有意向性,举起你的手臂这种经验也具有意向性;它也具有满足条件。如果我恰好具有这个经验,但我的手臂却没有往上去,那么我所处的情境便与下述情境相类似了:我恰好具有这种经验,但在我面前却不存在桌子。我将会拥有一种经验,它的意向内容没有被满足。

我们可以通过考虑维特根斯坦的下述问题,进一步探索行动和感知之间的这种类似:如果从我举起我的手臂这一事实中抽掉我的手臂往上去了这一事实,那么剩下的会是什么?在我看来,这个问题恰好类似于下述问题:如果我从我看到的桌子当中抽掉这张桌子,那会剩下什么?在两种情形下答案都会是:剩下的是特定形式的意向性表达:在视觉感知的情形中,剩下的是一种视觉经验;在行动的情形中,剩下的是一种关于行动的经验。当我举起我的手臂，我就有了某种经验，就像我关于桌子的视觉经验一样，举起手臂的经验具有一种意向内容。如果我拥有这种经验但我的手臂却没有往上去，那么这种意向内容就没有得到满足。而且，如果我的手臂往上去了，但却是在没有这种经验的情况下往上去的，也就是说，当时我并没有举起手臂，那么，即使我的手臂往上去了，它也只是往上去了而已。也就是说，正如看到桌子的情形包含两种相关的成分，即意向成分（视觉经验）和这种成分的满足条件（桌子的存在和特征），举起我的手臂的行动也包含两种成分，即意向成分[行动经验（the experience of acting）] 和这种成分的满足条件（我的手臂的动作）。就意向性而言，视觉经验和行动经验之间的不同在于适应指向和因果指向的不同：视觉经验与桌子具有心灵向世界的适应指向。如果桌子不在那里，我们就会说是自己出错了，或者说我产生了幻觉，或诸如此类的话。而因果指向是从桌子到视觉经验。如果意向成分得到了满足，那它必定是由那个对象的存在和特征引起的。但是，在行动经验的情形中，上述意向成分却具有世界向心灵的适应指向。如果我具有这种经验但上述事件却没有发生，我就会说这样的话，比如我未能举起我的手臂，我曾试图举起我的手臂但却没有成功。而因果指向是从这种行动经验到该事件。当这种意向内容得到满足，也就是说，当我实际上成功地举起我的手臂时，这种行动的经验就会引起我的手臂往上去。如果它没有引起我的手臂往上去，而是某种另外的东西引致如此，那我就没有举起我的手臂：它只是由于某个别的原因而往上去了。而正如视觉经验并不是对其满足条件的表征，而是对满足条件的表达一样，我也想说，上述行动经验也是对它的满足条件的表达。就这种解释而言，行动和感知一样，也是心灵与世界之间因果的和意向性的交互作用。

　　眼下，正如我们没有一个名字可以用来标示提供给我们有关视觉感知的意向内容的东西，但又不得不发明一个专门术语"视觉经验"去命名一样，我们同样也没有什么词用来标示提供给我们关于意向行动的意向内容的东西，但却又不得不发明一个专门术语"行动经验"去命名它。但是，如果这个词给我们造成了这样的印象，即这种东西是被动的经验或者只是让一个人苦恼的感觉，或者它们就像有些哲学家所谓意志或者意愿的行动或任何此类的东西，那么这个词就会是误导性的了。它们根本就不是什么行动，因为正如我们没有看到我们的视觉经验一样，我们也没有做出我们的行动经验。[1] 我也不是在主张，存在着什么属于所有意向行动的特殊感情。

　　论证行动经验的存在作为举起一个人的手臂这一简单行动的一种成分的最简单方法，是说明每一种成分是如何可能从另一种成分当中分离出来的。首先考虑詹姆斯（W. James）[2] 所描述的那个著名例证：一位一只手臂被麻醉过的病人被命令举起那只手臂。这位病人的眼睛被遮住了，他并不知道自己的手臂已被控制，不能动弹。当他睁开眼睛，他吃惊地发现他并没有举起他的手臂；也就是说，他吃惊地发现，手臂并没有发生任何移动。在这种情形下，他显然拥有行动经验，而且这个经验显然具有意向性；我们可以谈到这个病人，说他的经验是试图但却未能举起他的手臂的事件之一。满足条件是由这个经验来决定的；他知道他试图做些什么，而他吃惊地发现他并没有取得成功。这种情形类似于感知中的幻觉，因为意

----

　　[1]　在我看来，普理查德（H.A. Prichard）的行动理论似乎犯了与感知的感觉材料理论相同的错误。他承认行动经验的存在，但他想把这种经验本身变成意向对象，正如感觉材料理论家想要把视觉经验变成视觉感知的对象一样。H.A. Prichard, "Acting, willing, desiring", A.R. White （ed.）*The Philosophy of Action* （Oxford: Oxford University Press, 1968）, pp.56—69.

　　[2]　*The Principles of Psychology*, vol.2 （New York: Dover Publications, 1950）, pp.489ff.

向成分即使在没有满足条件时也出现了。现在，考虑来自班菲尔德（W. Penfield）的例子，其中我们有身体的动作但却没有意向成分。

> 当我通过把电极接到大脑的运动神经皮层，从而使一个有意识的病人移动他的手的时候，我经常问他关于这件事的情况。他的回答总是一成不变："我没有那样做。是你那样做了。"当我让他发出声音时，他说："我没发出那声音。是你把那声音从我这里引出来的。"[1]

在这种情形下，我们有身体上的动作但却没有任何行动；事实上，我们的所有身体动作与意向行动中的身体动作是完全相同的，但是，病人否认他做出了任何行动无疑也是正确的。如果身体的动作在上述两种场合是相同的，那么，在手发生移动但却不存在任何行动的场合，所缺少的是什么呢？而且，这个病人何以如此有信心，知道在一个场合他移动了他的手，而在另一个场合却什么也没有做？作为对这些问题的一种回答，我首先要表明的是，在一个人移动自己的手的情形，与一个人独立于自己的意向而观察到它在移动的情形之间，存在一种明显的现象上的区分，这两种情形只是在这个病人那里才有差异；其次，这种现象上的区分连带着一种逻辑上的区分，意思是说，移动一个人的手这种经验具有某种满足条件。像"试图""成功"和"未能"这样的概念都适用于移动自己的手时的经验，但并不适用于当这个病人只是观察到自己的手的移动时所具有的经验。眼下，我把这种具有现象和逻辑特征的经验称为行动经验。我并不是在宣称存在一种所有意向行动共有的独特经验，而是说，

---

[1] Wilder Penfield, *The Mystery of the Mind* (Princeton: Princeton University Press, 1975), p.76.

对于每一种有意识的意向行动来说，都存在着做出这种行动的经验，而这种经验具有意向内容。得出相同结论的最后一个论证是这样的：我们应该对下述事实的含义印象深刻。在人的有意识生活的任何时刻，他都无需观察便可以知道"你现在正在做什么？"这个问题的答案。据我所知，许多哲学家都注意到了这个事实，但还没有谁探讨过它对意向性的启发价值。即使一个人在他的努力的结果是什么这个问题上出了错，他也仍旧会知道他正试图去做什么。现在，这种意义上的知道某人正在做什么并不能保证他知道自己成功地行事，而且这种意义上的知道也不依赖于一个人所提出的任何典型地源自下述事实的观点：一种有意识的行动经验包含对于这种经验的满足条件的意识。我们又一次看到，行动与感知的类似是成立的。正如在一个人的有意识生活的任何时候他都知道"现在你看到了什么"这个问题的答案，他也会知道"现在你正在做什么"这一问题的答案。在这两种情形中所讨论的知道不过就是针对特定类型的表达的满足条件的。

视觉感知的意向性与意向行动的意向性之间的类似，可以通过下面这个表格说清楚。

意向与行动

	视觉感知	意向行动
意向成分	视觉经验	行动经验
意向成分的满足条件	存在对象、事态等，它们具有特定特征，并与视觉经验具有特定因果关系	存在行动者的特定身体动作、状态等等，而且这些与行动经验具有特定因果关系
适应指向	心灵向世界	世界向心灵
因果指向	世界向心灵（也就是说，对象的特征的存在引起这种经验）	心灵向世界（也就是说，这种经验引起动作）
世界的相应特征	对象和事态	行动主体的动作和状态

四

到目前为止，我提出了三项主张：首先，在先意向和行动中意向之间存在着区分；其次，它们两者都是因果自我指称的；第三，行动，如举起我们手臂的行动，包含两种成分，行动经验（它是一种既有表达性又有因果性的意向性）以及手臂往上去了这一事件。下面，我想把这些结论整理成关于在先意向、行动中意向以及行动之间关系的一种一般性理论。

行动中意向的意向内容和行动经验是相同的。事实上，就意向性而言，行动经验恰恰就是行动中意向。可是为什么我们需要这样两个概念呢？这是因为行动经验是具有意向内容的有意识的经验，而行动中意向恰好就是这种意向成分，不用考虑它是否被包含在任何有意识的行动经验中。有时，我们会做出有意向的行动，却不包含关于这种行动的任何有意识的经验；在这种情形下，存在着行动中意向但却不存在任何行动经验。这样看来，它们之间唯一的差别在于，行动经验可能会具有某些现象上的特征，而这些特征却并不是行动中意向的本质特征。恰恰相同的是，视觉经验拥有与它的表达性内容相同的意向性，但这种经验却具有某些并不为这种意向性本质具有的现象特征（正如第二章提到的韦斯克兰茨实验所表明的那样）。

我们现在的问题是要揭示下述四种要素之间的关系：在先意向、行动中意向、身体的动作、行动。我们采用的方法是给出一个简单的例子，并将这两种意向的意向内容彻底弄清楚。那么，为什么要采用这种方法呢？因为我们的目标是要解释意向和行动之间的关系；

由于一种行动至少在某种意义上正是做出这种行动的意向的满足条件，所以试图澄清这个关系的任何努力都必须彻底弄清楚：这种意向的意向内容是如何把行动（或动作）表征（或表达）为它的满足条件的。这种方法与行动哲学的标准方法略有不同，因为我们并不是要从行动那里后退一段距离，再来看我们可以对它做出哪些描述，我们不得不靠近它并注意考察这些描述语实际上正在描述什么。这另一种方法附带地造成了下面这种尽管是真的但却无关紧要的结果，如一种行动"在一种描述下可能是有意向的，但在另一种描述下却不可能是有意向的"——这就像一个人会说，消防车在一种描述下可能是红色的，但在另一种描述下却不是红色的。我们想要知道的是：这些不同的描述究竟在描述什么事实？关于行动的什么事实使它"在一种描述下是有意向的"，又是有关行动的什么事实使它"在另一种描述下不是有意向的"？

假设我有一个举起自己手臂的在先意向，并假设我按照这种意向做出了行动，于是我现在举起了手臂。那么，这种意向是如何运作的呢？这种在先意向的表征性内容可表达如下：

我通过实施这种意向做出了举起自己手臂的行动。

这种在先意向把整个行动，而不只是手臂的动作，看成了一个单元，而且，它是因果自我指称的。但正如我们所见，这项行动包含两个成分：行动经验和手臂的动作，而这种行动经验的意向内容和行动中意向是同一个东西。于是，下一步就是详细说明这种行动中意向的意向内容，并说明其意向内容与在先意向的意向内容之间的关系怎么样。请记住，把一种意向内容与一种适应指向进行等同的方法，总是去问自己，为了使这种意向内容得到满足，什么必须成为实际情形：我们是通过意向内容的满足条件来识别意向性的。利用这种测试手段，这种行动中意向的表达性内容就是：

作为这种行动中意向的结果，我的手臂往上去了。

初看上去，在先意向和行动中意向的内容是很不相同的，因为尽管它们都是因果自我指称的，但在先意向把整个行动表征为其满足条件的其余部分，但行动中意向却把身体的动作，而不是整个行动，表达但不是表征为其满足条件的其余部分。在前一种情形下，整个行动是"意向对象"；而在后一种情形下，手臂的动作是"意向对象"。行动中意向和在先意向一样，在下述意义上是自我指称的：它所具有的意向内容决定了，只有在作为其满足条件的事件由它来引起的条件下，意向内容才能得到满足。两者的另一种差异是，在任意一个现实生活情境中，行动中意向都会比在先意向更加明确，它不仅包括我的手臂往上去了，而且还包括它以特定的方式并以特定的速度往上去了，等等。[1]

好了，如果在先意向和行动中意向的内容如此不同，那它们又是如何——可以说——共处的呢？实际上，这种关系十分简单，只要我们解释明白在先意向的内容并弄清楚在先意向的因果自我指称的本性，我们就能看到这一点了。由于整个行动被在先意向表征

---

[1] 在先意向的相对不确定性在复杂行动的场合下最为明显。在前面所举的那个完成我开车去办公室的意向的例子中，会存在大量的附加行动，它们不能被在先意向所表征，但却能通过行动中意向来表达：我有意地发动引擎、挂挡、超过移动缓慢的有篷货车、在红灯处停下、突然转弯避开骑自行车的人、改变路线，如此等等，这么多附加行动都是有意做出的，但却不需要由我的在先意向来表征。这种差异已经成为哲学中产生混乱的根源。有几位科学家评论说，并不是每一件我有意去做的事情都是我有一种要去做的意向的事情。例如，我的手在我刷牙时所做的特定动作就是有意完成的，即使我并没有去做它们的意向。但是，这个观点是错误的，错误的根由在于未能看到在先意向和行动中意向之间的差异。我可能没有任何在先的做出这些手的动作的意向，但我却有做出这些动作的行动中意向。G.H. Von Wright, *Explanation and understanding* (Ithaca N.Y.: Cornell University Press), 1971, pp.89—90.

为一个单元，并且由于该行动包含行动经验和身体的动作两种成
分，那么，为了彻底弄清楚在先意向的内容，我们可以分别来表示
这两种成分。再者，由于在先意向和行动中意向的自我指称都是
因果性的 [1]，所以，在先意向引起行动中意向，而行动中意向引起
身体的动作。根据意向因果的传递性，我们可以说，在先意向既引
起了行动中意向，又引起了动作，而且由于这种结合恰好就是行
动，所以，我们可以说在先意向引起这项行动。这幅画面可表示
如下：

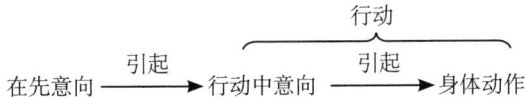

$$\overbrace{\phantom{行动中意向 \xrightarrow{引起} 身体动作}}^{行动}$$

在先意向 $\xrightarrow{引起}$ 行动中意向 $\xrightarrow{引起}$ 身体动作

通过此图能够使我们看到之前提出的齐硕姆型反例错在哪里。例
如，比尔拥有杀死他叔叔的在先意向，他的意向引起他杀死了自己
的叔叔，但他的在先意向并没有引起这样一种行动中意向，而这种
意向把杀死自己叔叔表达为意向对象，它只是表达了他驾驶汽车或
某种这样的东西（后面有更多关于这一点的讨论）。正如我们所看到
的，由于在先意向的自我指称形式是因果性的，并且由于对行动的
表征可以划分为两种成分，所以，在先意向的意向内容现在可以表
达如下：

（这种在先意向引起一种行动中意向，后者是对我的手臂往
上去了的表达，而它引起我的手臂往上去了。）

于是，在先意向引起了行动中意向。根据意向因果的传递性，在先

---

[1] 也许值得强调，这种观点并不蕴涵决定论。当一个人按照自己的渴望行事或实施其
在先意向时，他的愿望和意向便因果地发挥作用了，但是下面这一点并不必然是事实：一
个人不可能不这样做，他只是不能控制住自己。

意向表征并引起整个行动，但行动中意向却只是表达和引起了身体的动作而已。

我认为，通过进一步探讨我们的行动与感知之间的类似，这些观点可以弄得更明晰一些。粗略地说，举起我的手臂的在先意向之于举起我的手臂的行动，就像看到一朵花的记忆之于看到一朵花；或者更准确地说，对花的记忆、对花的视觉经验以及那朵花本身之间的形式关系，反映了在先意向、行动中意向以及身体的动作之间的形式关系。看到一朵花包含两个成分，即视觉经验和那朵花，在这里，花的存在（以及特征）引起了视觉经验，而视觉经验则把那朵花的存在和特征作为其满足条件的其余部分。这种视觉经验的内容是，那里存在一朵花，它在下述意义上是自我指称的：除非那里存在一朵花这一事实引起了这种经验，否则它就不能获得满足条件，也就是说，我实际上没有看到那里存在一朵花，我也没有看到那朵花。看到了那朵花的记忆既表征了这种视觉经验又表征了那朵花，它在这种意义上是自我指称的，即除非这种记忆是由这种视觉经验引起的，而这种视觉经验反过来是由花的存在（和特征）引起，否则，我就不会真的记得我曾看到过那朵花。现在的情况类似，上述行动由两个成分构成，即行动经验和动作，其中行动经验引起了手臂的动作，并将这种动作（连同它的特征）看作其满足条件的其余部分。这种行动经验的内容是，存在着我的手臂的动作，它在这种意义上是自我指称的，即除非这种动作由这种经验引起，否则它就不能获得满足条件，也就是说，我实际上并没有举起自己的手臂。举起我的手臂的在先意向既表征了这种行动经验，又表征了这种动作，在先意向在下述意义上是自我指称的：除非这种意向引起了这种行动经验，而后者又反过来引起了我的动作，否则我就不会真的去实施我的在先意向了。如果进一步展开我们上面给出的表格，这

109

些关系就可以讲得更加明确。(表格通常都是令人厌烦的,但由于这个表格当中概括了意向性理论大部分内容,所以我想提请读者们仔细考察。)

看到一朵花和记住一朵花这种情形当中所包含的意向性形式,与想要举起一个人的手臂和举起一个人的手臂这种情形中所包含的意向性形式的对比

	视觉感知	记忆	意向行动	在先意向
如何被报道	我看到了那朵花	我记得我看到了那朵花	我正在举起我的手臂	我想要举起我的手臂
意向成分的本性	视觉经验	记忆	行动中意向(=行动经验)	在先意向
表达或表征	表达	表征	表达	表征
意向成分的满足条件	存在一种事态,即那朵花是存在的,这种事态引起了这种视觉经验	存在看到那朵花的一个事件,它包含两种成分,即那朵花是存在的这一事态以及这种视觉经验,而这一事件引起了这种记忆	存在我的手臂举了起来这一事件,而这种行动中意向引起了这一事件	存在举起我的手臂的行动,它包含两个成分,即手臂举起来这一事件和这种行动中意向,而这种在先意向引起了这种行动
适应指向	心灵向世界	心灵向世界	世界向心灵	世界向心灵
因果性指向	世界向心灵	世界向心灵	心灵向世界	心灵向世界
意向成分的自我指称的本性	作为这种视觉经验的满足条件的一部分,它必定是由它自身满足条件的其余部分引起的	作为记忆的满足条件的一部分,它必定是由它自身满足条件的其余部分引起的	作为这种行动中意向的满足条件的一部分,它必定是由它自身满足条件引起的	作为这种在先意向的满足条件的一部分,它必定是由它自身满足条件的其余部分引起的
世界上相应的对象和事件(意向对象)	花	花;看到那朵花这一事件	我的手臂的动作	手臂的动作;举起我的手臂的行动

110

　　关于上面这个表格，有几点是值得特别指出的。首先，分别来看，记忆和在先意向对于上述视觉感知或意向行动并不是必需的。我可以看到许多东西，但却没有看到对于它们的任何记忆，我能够做出许多意向行动，但却没有做出这些行动的任何在先意向。第二，适应指向和因果指向之间的不对称太过严整，以致它不会是偶然的。粗略来看，可以给出这样的直观解释：当我试图让世界呈现出我想要它呈现的样子时，如果世界就是我想要它是的样子（世界向心灵的适应指向），而只有我使它是那个样子（心灵向世界的因果指向），我才是成功的。类似地，只有当世界所是的样子使得我看到它是那个样子（世界向心灵的因果指向），我看到的世界才是它实际所是的样子（心灵向世界的适应指向）。第三，为简单起见，我在表格中省略了这个事实：意向成分的满足条件将包含有关那朵花看上去怎样和举起手臂的行动如何做出这些问题的各个细节。我没有试图涵盖所有的细节。第四，上述图表的形式结构并不是要表明，感知和行动在相互独立的情况下发挥作用。对于大多数复杂行动来说，如驾驶汽车或者吃饭，我必须能够感知到，为了完成这些行动我正在做些什么；同样，在大多数复杂感知当中，比如当我正在观看一幅图画或正在感受布料的质地时，都存在着一种意向要素。第五，因为有因果的传递性，我允许我自己摇摆于以下两者之间：其一是说看到那朵花的记忆是由看到那朵花这一事件引起的，其二是说看到那朵花的记忆是由这种视觉经验引起的，而当这种视觉经验得到满足时，它反过来要由那朵花的存在引起。同样，关于意向行动我也摇摆于下述两种说法之间：其一是说在先意向引起行动，其二是说在先意向引起行动中的意向，而后者引起动作。由于在每一种情形中，复杂事件都包含既具意向性又具因果性的成分，并且由于在每一种情形中，意向成分与表征复杂事件的另一种意向状态具有特定的因果关系，所以，采用这两种言说方式当中的哪一种，在我看来并不重要。

五

　　至此，我们主要讨论的还是很简单的情形，如举起一个人的手臂。现在，我想很简略地概括一下这种理论如何能够推广开来，以便可以说明复杂意向以及复杂意向之间的关系、手风琴效应（the accordion effect）[1]和基本行动（basic actions）。[2]

　　让我们考虑一下普林西普（G. Princip）和他在萨拉热窝枪杀费迪南大公（Archduke Franz Ferdinand）这件事。关于普林西普，我们这样说，他：

　　　　扣动扳机

　　　　开枪

　　　　向费迪南大公射击

　　　　杀死费迪南大公

　　　　点燃反抗奥地利的导火索

　　　　为塞尔维亚报仇

此外，上面这一列中的每一个环节都与其在先和在后的环节系统地关联：例如，普林西普通过扣动扳机开枪，通过开枪向费迪南大公射击。这些关系中的有些，但并非全部，是因果性的。例如扣动扳机引起枪的射击；但是，杀死费迪南大公并没有掀起反抗奥地利的

---

　　[1]　"手风琴效应"一词出自 J. Feinberg, *Doing and Deserving*（Princeton: Princeton University Press），1970, p.34。

　　[2]　"基本行动"一词出自 A. Danto, "Basic actions", in White（ed.）*op. cit.* pp.43—58。

风暴，在当时的情况下，它只是正在点燃反抗奥地利的导火索。上面这一列当中的每一个环节，连同它们之间的因果（或其他种类的）关系，构成普林西普的一种单独的复杂行动中意向的满足条件。对这一点的证明是，对它们中任何一个或它们当中全部环节的说明，都可以算作对下述问题的正确回答："你现在正在做什么？"在这里，这个问题实际是在问："你现在正做出或者正试图做出什么意向行动？"再说一遍，那个用来表明它们就是行动中意向内容的组成部分的测验是指："一个行动成功或者失败意味着什么"，也就是说，这种意向内容的满足条件是什么？在那个时刻发生了其他各种各样的事情，其中许多事都是普林西普所知道的，但它们不是这些满足条件的组成部分，因而不是这种复杂意向的组成部分。复杂意向指的是这样的意向，其中的满足条件不仅包含身体的动作 a，还包含更多的行动成分 b, c, d……这些是我们想经由（或依靠，或用，或通过，等等）做出 a, b, c……而做出的，而对 a, b, c……以及它们之间关系的表征，都包括在这种复杂意向的内容当中。下面这一点是关于人和动物的进化过程中一个显著但极少被注意到的事实：我们有能力做出有意向的身体动作，而我们的意向的满足条件却不只是这些身体动作。普林西普只是移动了一下他的手指，但他的意向性却覆盖了整个奥匈帝国。这种拥有除我们身体动作之外的其他满足条件的能力，对于我们理解意义和因果性是非常关键的，这一点我们会在随后的章节中看到。

我们这种按照上述清单所例证的方式来扩充对行动的真描述的能力，有时就被称作手风琴效应。从中间部分开始，我们就能够通过意向序列的在前或在后的环节，向上或向下扩展这架手风琴。但要注意：我们不可能永无止境地继续下去。就普林西普这则因果故事来讲，有许多事情发生在顶部以上、底部以下以及两侧以外，它们并不是意向行动手风琴的组成部分。于是，我们可以给上述清单做如下添加：

他的大脑当中产生了神经元放电
他的手臂和手上的某些肌肉发生了收缩

扣动扳机
开枪
向费迪南大公射击　　　　　扰动了大量空气分子
杀死费迪南大公
点燃反抗奥地利的导火索
为塞尔维亚报仇

毁掉了格雷（Grey）爵士的夏天
使弗朗茨·约瑟夫（Franz Josef）皇帝确信，上帝正在惩罚这个家族
激怒威廉二世（Wilhelm Ⅱ）
发动第一次世界大战

但是，这些在上、在下或在侧的事情当中，没有哪一个是普林西普的意向行动，我倾向于说它们中根本就没有一个是他的行动。人们并不希望它们发生，但它们却作为普林西普行动的结果发生了。就意向行动而言，手风琴的边界也就是复杂意向的边界；实际上，我们之所以获得了意向行动的手风琴效应，是因为我们具有我们已经描述过的那种复杂意向。但由于无意向行动是可能的，所以，这种复杂意向并没有真正划定这种行动的边界。

如果我们还打算让基本行动这个概念发挥任何作用的话，那我们或许可以说，手风琴的上部环节都是一种基本行动，而且，我们可以定义一种基本行动类型如下：A 对于一个行动主体 S 来说是一种基本行动类型，当且仅当 S 能够做出类型 A 的行动，而且 S 可能想要做出类型 A 的行动，但不想去做其他任何行动，正因为不想做其他行动他才想要做出行动 A。请注意：只有相对于行动主体和他的技能，这才是基本行动的定义；对于一个行动主体来说是基本行动的东西，可能对另一个行动者并不是基本的。但是，这可能是描述这些事实的一种有用的方法。对于一个优秀的滑雪者来说，做出向左转的动作可能是一种基本操作。他只是想做出这个行动，并且做了。而一个初学者要想做一个左转，他就必须把他的重心放在下坡雪板上，同时让它形成倾斜，压住上坡滑雪板，然后把重心从左雪板转换到右雪板上，等等，所有这些都是对他的行动中意向的内容的报道。对于两个行动主体来说，身体上的动作可能是无法区分的，尽管一个人正在做着——对他来说的——基本行动，而另一个人则正在通过执行基本行动执行同样的行动。此外，这个定义会导致如下推论：对任一行动主体来说，在其基本行动和非基本行动之间可能不存在什么严格的分界线。但我要重申，这可能就是描述事实的正确方法。

六

在这一部分，在继续表明所给出的理论如何解决第二部分提出的悖论之前，我想把一些零散的概念统一整理一下。

无意向行动。 当人们说一种行动可能"在一种描述下是有意向的，但在另一种描述下不是有意向的"时，他们是什么意思呢？究竟什么是无意向行动呢？意向行动包含两种成分，一种是意向成分，另一种是作为它的意向对象的事件；行动中意向就是这种意向成分，它把意向对象表达为它的满足条件。但是，构成这种行动的复杂事件也将具有其他未被这种行动中意向的意向内容表达出来的特征。俄狄浦斯想要娶约卡斯达，但当他娶约卡斯达时，他就在娶她的母亲了。"娶他的母亲"并不是他的行动中意向的意向内容的组成部分，但无论如何这件事都发生了。这项行动在"娶约卡斯达"这种描述下是有意向的，但在"娶他的母亲"这种描述下却不是有意向的。但是，所有这一切意味着，整个行动包含着作为行动中意向满足条件的组成部分，也包含其他并非如此的组成部分。根据对行动的描述来陈述这些关于行动的事实，是引人误解的，因为它会表明，重要的不是行动，而是我们描述行动的方式，然而按照我的说明，重要的是这些描述语所描述的事实。如果我们考虑动物所做的意向行动，这种区分就会更加清楚，顺便说一句，把意向行动归于动物不比把视觉感知归于动物更令人困惑。设想我的狗正绕着花园追逐一个球；它正在做着追球的意向行动，但撕扯半边莲属于无意向行动，这和任何人的描述都没有关系。我的狗当然不能描述它自己，无论是否有人已经或者能够描述它们，这些事实都将保持不变。同一个事件或事件序列既可以是一种意向行动又可以是一种无意向行动，这和语言的表征没有任何内在关联，而是和意向的表达有着本质关联。该事件的某些方面可以作为这种意向内容的满足条件，而其他的一些方面则可能不可以；在第一组方面，这项行动是有意向的，在第二组方面则不是；不过在意向内容表达其满足条件的方式上，并不需要存在任何语言上的东西。

我们如何区分复杂事件中的哪些方面是无意向行动的，哪些方面根本就不是意向行动的？当俄狄浦斯娶他的母亲时，发生了大量分子的移动，从而引起他大脑中的一些神经生理上的变化，并改变了他和北极的空间关系。这些是他无意中做出的事情，其中没有哪一个可以算作是他的行动。然而，我倾向于说，娶他的母亲尽管是某种他无意中做出的事情，但那仍旧是一种行动，是一种无意向行动。有什么不同吗？我并不知道有没有什么清晰的标准，可以用来区分意向行动的那些在其下它们是无意向行动的方面，以及和意向行动的那些在其下这个事件根本就不是一种行动的方面。达斯卡尔（M. Dascal）和格伦加德（O. Gruengard）[1] 提出的一个可能较粗略的标准是，我们在这样一些方面把一项行动算作无意向行动，这些方面尽管不是我们想要的，但从我们的观点看，我们却可以说它们处在行动主体意向行动的可能范围之内。于是，娶他的母亲就处在成为俄狄浦斯的一种意向行动的可能性范围之内，但分子的移动却不是这样。

心智行动和克制（refraining）。至此，我只是讨论了那些在行动当中包含身体动作的情形，但是我相信，很容易就可以把这种说明推广到不包含任何身体动作的行动，或者推广到只做出心智行动的地方。例如，如果有人告诉我，让我保持安静，而我表示赞同，那么我的行动中意向的相关内容就会是：

　　这种行动中意向使得下面这一点成为实际：不存在任何身体上的动作。

于是，身体动作的缺乏可能就像身体的动作一样，也可作为因果自我指称的行动中意向的满足条件的组成部分。同样的考虑也适用于

---

[1]　M. Dascal and O. Gruengard, "Unintentional action and non-action", *Manuscrito,* vol.4, no.2（April 1981）, pp.103—113.

否定性行动。如果有人要我别再这么吵或者克制我，让我不要再侮辱史密斯，我也答应了，那么，这种行动中意向如果要被满足，就必定会引起一种现象的消失。

心智行动在形式上与我们考察过的身体行动的情形同构。两者唯一的区别在于：在以一种身体动作作为满足条件的地方，我们所具有的是一个纯粹的心智事件。例如，如果有人要我构造一幅关于埃菲尔铁塔的心智图像，而我表示同意，那么，这种行动中意向的相关部分就会是：

这种行动中意向引起我具有了一幅埃菲尔铁塔的心智图像。

意向和预知。一种常见的混淆认为，如果有人知道某件事情会是他的行动的后果，那他必定想要得到那种结果。但是，不难看出为什么这一点按照我所给出的说明是错误的。一个人可能会知道某事将作为他的行动的结果而发生，不过它的发生并不是这种意向的满足条件的组成部分。例如，如果一位牙医知道拔掉病人牙齿的后果是疼痛，那么由此不能推出，他想要得到这种结果，这一点可由下述事实来说明：如果没有疼痛出现，他就不需要说"我失败了"，而是要说"我想错了"。使用我的术语，这就等于说他的信念的满足条件没有得到满足，而不是他的意向的满足条件没有得到满足。一个相关的错误理解是认为意向和责任之间存在某种紧密的关联，也许它们之间具有等同的关系。但是，我们坚持认为人们应该对许多我们并不期望的事情负责，而我们却不认为人们要对许多他们期望的事情负责。前一种类型的例子是无意中撞倒一个小孩的司机。他并不想撞倒那个孩子，但他对此负有责任。后一种类型的例子是在枪口下被迫在合同上签字的人。他想要在合同上签字，但不被认为应对此负有责任。

　　将意向化归为信念和渴望。我们能把在先意向化归为信念和渴望吗？我对此表示怀疑，其原因与意向所具有的特殊因果自我指称性有关。但是，看一看我们能把化归做到什么程度却是有益的。如果我有一种做出行动 A 的在先意向，那我必定相信做 A 是可能的，而且我也必定有做 A 的渴望。做 A 的渴望可能是一种"二级"渴望，而不是一种"一级"渴望，就如同我想把做出行动 A 当作达成另一目的的手段，而不是"为了做到 A 自身"。需进一步加以注意的是，我不是非得要相信我实际上会成功地做到 A，但我至少必须相信我有可能成功地做到 A。顺带指出，最后一个条件解释了为什么人们可以一致地拥有他明知并不一致的渴望，但他却不可能一致地拥有他知道并不一致的意向。尽管我知道不可能同时在下面这两个地方出现，但我可能想着星期三全天都在萨克拉门托，并想着星期三全天都在伯克利。但是，我不可能一致地想要周三全天都在伯克利，并想要周三全天都在萨克拉门托。因为意向和渴望一样，对于合取是闭合的，所以，上述两种意向将蕴涵一个我知道不可能实现的意向。

　　于是，到目前为止我们就有：

　　　意向（我将做 A）→相信（◇我将去做 A）∧渴望（我将去做 A）

我们需要为这种表述增加下述自我指称特征：我希望所谈的状态会引起其自身的满足条件，并且我相信这种状态会因果地发挥作用，以便形成其自身的满足条件。如我之前所说，我不需要相信我的意向会成功实现，而只要相信可能会成功实现就行了。于是，整个状态就有了下面这样的含义：

意向（我将做 A）→存在某种意向状态 x, x 包含

相信（◇我将去做 A）∧

渴望（我将去做 A）∧

相信（x 将因果地发挥作用，以便形成：我将去做 A）∧

渴望（x 会引起：我将去做 A）

那么现在的问题是，所有这些加起来就等于意向了吗？我并不这么认为。为了构造一个反例，我们只需构造一种情形，在那里有人满足了所有这些条件，但实际上仍旧没有形成想去做 A 的意向。实际上，这一章和第二章的分析表明，把信念和渴望视为认知和意志的初始形式是错误的，之所以说是错误的，是因为它们两者都缺乏内在的因果自我指称性，而正是这种东西把认知和意志与它们的满足条件关联了起来。从生物学角度说，意向性的主要形式是感知和行动，因为从它们的内容看，它们包括与它的生存所依赖的环境具有直接因果联系的有机体。信念和渴望就是你从认知的和意志的表征性意向状态中抽掉因果的自我指称性以后留下的东西。现在，一旦你抽掉这种特征，所导致的状态会更具可塑性。信念和记忆不一样，它可以是关于任何事物的，而不仅仅是关于能够引起信念的事物的；渴望和意向也不一样，它可以是关于任何事物的，而不仅仅是关于它能够引起渴望的事物的。

为什么我的意向要被限定到那些需要参照我下一步行动的命题内容；例如，为什么我就不能想要天下雨呢？这个问题的回答可直接从我们的说明中推出：因为意向具有因果自我指称性，所以我只能想要我的意向能够引起的东西。如果我能够引起下雨作为我的一种基本行动，就如同我能引起我的手臂往上去，那我们就能说，比如"我想要

下雨"，正如我们现在可以说"我想要举起我的手臂"，而且，我们可以说"我让天下雨了"，正如我们现在可以说"我举起了我的手臂"。

　　意向和对行动的解释。如果意向真的像我描述的那样引起了行动，那为什么我们不能通过陈述它的意向来正常地解释行动呢？如果有人问我："他为什么会举起手臂？"而我的解释是"因为他想要举起自己的手臂"，这听上去会有些奇怪。之所以会有些奇怪，是因为当我们把这种行动识别为"举起他的手臂"时，我们就已经根据行动中意向来识别它了。我们已经揭示了一种隐含的知识，即手臂往上去的原因是举起手臂这一行动中所包含的意向成分。但要注意，把行动中意向解释为引起手臂动作的原因，听上去一点也不奇怪：为什么他的手臂往上去了？因为他举起了手臂。给出某种进一步的意向作为这项行动的原因，听上去也不奇怪。为什么他举起了他的手臂？他正在投票／挥手再见／拿那本书／锻炼／试图触摸天花板。这就是当人们说我们经常可以通过重新描述一种行动对其做出解释时所意指的东西。但是，如果我们准确地对它进行再描述，那就必定存在一些我们正重新加以描述的事实，这些事实在我们初次描述时省略掉了，而这些事实指的是，这项行动有一种被初次描述省略掉的意向成分，而且这些成分引起了其他成分，比如他想通过举起手臂来投票的在先意向引起了他举起手臂的行动中意向，而这又引起了他的手臂往上去了。请记住，就这种解释来看，所有行动都由一种意向成分和一种"物理的"（或其他种类的）意向对象成分构成。我们总是可以通过这种意向成分来解释这种非意向成分，而这种意向成分可能正如你想象的那样复杂。为什么那个人会那样来回扭动？因为他正在磨一把斧头。但是，说他正在磨一把斧头也就等于说他的行动至少包含两种成分，其一是磨斧头的行动中意向，其二是这种意向引起的一系列动作。但是，我们不能通过识别其中

121

的意向来回答"为什么他在磨一把斧头？"这个问题，这是因为当我们提出这个问题时，我们就已经识别出了磨斧头的意向。但我们可以说，例如"他正准备砍倒一棵树"。

就行为（behavior）的解释做更多讨论也许可以作为另一本书的主题，但这也已经隐含在我的说明当中了，也就是下面这种对行为的解释的限定：在对行动所作的意向解释中，其中的命题内容必定等同于一种通过意向因果而因果地导致这种行为的意向状态的命题内容。这些因果地起作用的状态，或者是意向，或者是在先的状态，如渴望、信念、担忧、希望等等，它们通过实践理性（practical reason）的方式引起意向。但无论是哪种情况，如果这种解释真的管用，那么，这种解释的命题内容就必定等同于通过意向因果而起作用的意向状态的命题内容。

现在你在做什么？行动中意向的内容指称其自身。这就是为什么要对"现在你在做什么"这一问题回答"我正举起我的手臂"而不是"我正引起我的手臂往上去"的原因了，尽管后一表达方式准确表达了行动中意向的非自我指称成分。但是，整个行动是一种行动中意向加上一种身体动作，这种身体动作是由这种行动中意向引起的，而且它是这种行动中意向的满足条件的其余部分。因此，当说话者说"我正在举起我的手臂"时，他就十分准确地陈述了这种意向的内容；或者，如果他想要从它的满足条件中去除这种意向内容，那他就可以说"我正试图举起我的手臂"。

七

我将在这一部分尝试说明，这种行动理论如何用来解释第二部分曾提到的悖论。

首先，之所以说行动和意向之间的关联比例如信念和事态之间的关联更加密切，是因为行动包含行动中意向作为其成分之一。一种行动就是以一种行动中意向作为其一种成分的复合实体。如果这种复合实体也包含按照之前描述过的方式构成那种意向成分的满足条件的元素在内，行动主体便成功地做出了一种意向行动。如果不是这样，那么他虽经努力但却失败了。举我们一再使用的例子：举起我的手臂的行动包含两个成分：行动中意向和手臂的动作。拿走头一种成分，你就不会再有一种行动而只有一种动作了，拿走后一种成分，你就不会获得成功，而只剩下失败的尝试了。不存在没有意向的行动，甚至都不存在没有意向的无意向行动，因为每一项行动都有一种行动中意向作为其构成成分之一。

我们可以说一种意向行动由一种意向引起，或者说一种意向行动不过就是一种意向的满足条件，这种说法的意思现在可以说得更准确些。一种在先意向的部分满足条件实际上就是做出一种行动，但并不是所有行动都是作为在先意向的结果而做出的。正如我们已经看到的，可能存在没有相应在先意向的行动，例如当我刚好往后退并碰到了某人时，我就没有任何想要碰到他的在先意向。但是，不可能存在没有行动中意向的行动，甚至不存在没有行动中意向的无意向行动。这样看来，行动必然包含行动中意向，但不必然由在先意向引起。但是，行动中意向的意向内容不是指它会引起该行动，而是指它会引起作为其满足条件的行动主体的动作（或状态），而这两个成分，即行动中意向和动作共同构成了行动。因此，下述说法并不是十分准确的：一种意向行动恰好就是一种意向的满足条件；之所以说这种说法不准确，乃出于两个理由：行动并不要求有在先意向，不过它们的确要求有行动中意向，行动中意向的满足条件不是这项行动，而是由这种行动中意向引起的行动主体的动作或状态。再说一遍，一项行动就是任意一种包含行动中意向发生的复合事件或状态。如果行动中意向引起了它的满足条件的其余部分，那么该事件或状态就是一种被成功做出的意向行动，如果不是这样，那它就不是一种被成功做出的意向行动了。一种无意向行动是一种意向行动，无论是否成功做出，它都会有不想要的方面，也就是那些没有被表达为行动中意向的满足条件的方面。然而，我无意中做出的许多行动，例如打喷嚏，却根本就不是什么行动，因为尽管它们是我引起的事情，但这些行动并不包含任何行动中意向。

其次，我们现在就有了针对下述观点的齐硕姆型反例的一种很简单的解释：由意向引起的行动是意向行动。在叔叔一例中，在先意向引起了杀死叔叔的行动，但这是无意向行动。为什么呢？按照我们的分析，我们看到存在着三个阶段：在先意向、行动中意向和身体动作。在先意向通过引起行动中意向而引起动作，而行动中意向则引起并表达这种动作作为其满足条件。但在叔叔一例中，中间这个阶段却被省略了。我们并没有把叔叔的死作为任何行动中意向的满足条件，而这就是为什么他是被无意杀死的原因所在了。

戴维森的例子在形式上与齐硕姆的十分相像：在所描述的情形中，攀登者放开他对绳子的控制的行为是无意向的，因为他没有任何松开绳索的行动中意向。什么时候他也不能说"我现在正松开绳索"，以此清晰地表明他的行动中意向的内容，也就是以此弄明白他的意向的满足条件，不过这种说法可以用来描述发生在他身上的事情。即使他以自己的信念和渴望为基础，形成了松开绳索的一种二级渴望，而这种渴望引起他松了手，但是，如果他没有松开绳索的行动中意向，那仍旧不会是一种意向行动。另一方面，在一种意向行动中，意向状态序列发挥其作用的标准方式是这样的：

　　　我想要（让我自己摆脱重量和危险）
　　　我相信（摆脱重量和危险的最佳方法是松手）

根据实践理性，这会导致一种二级渴望

　　　我想要（松手）。

无论是不是由于在先意向，这都会导致一种行动中意向：攀登者对自己说"就现在！"他的行动中意向的内容是

　　　我现在正在松手。

也就是说，

　　　这种行动中意向引起我的松开绳索。

　　整个结构既是意向性的又是因果性的；这个意向状态序列引起了身体的动作。本奈特的例子与其他两个有实质性的差异，因为未遂的杀人者的确具有杀死被害者的行动中意向，而该意向实际上也的确引起了被害者的死亡。可是，为什么我们还是不愿意说这个意向得到了满足呢？我想，理由是很显然的：我们假设这个杀人者有一种复杂意向，它包含一个特定系列的借助（by-means-of）关系。他想借助用枪向他射击来杀死受害者，等等，但这些条件没有得到满足。相反，受害者是被无意中惊跑的野猪杀死的。
　　有人认为，所有这些情形当中存在的问题都与上述因果序列的

奇特性有关，但因果序列的奇特性只有当它不是奇特的这一点作为行动中意向的内容的组成部分时才会变得重要。为了理解这一点，我们可以把上述例子改动如下：杀人者的助手提前就知道了野猪的事情，并告诉杀人者"朝那个方向开枪，你就能杀死他"。杀人者按照指示去做了，最终结果是受害者的死亡；在这种情形下，尽管我们也像本奈特最初的例子那样，具有相同的因果上奇特的序列，但杀人行动是有意的。

我们能否找到类似的反例，其中某种东西介于行动中意向和事件中间，以至于尽管我们可以说是行动中意向引起了物理事件，但行动却不是有意向的？一类可能的反例是这样的情形，其中其他某种行动中意向介入进来，从而引起了事件。于是，假设我还不知道我的手臂被装配了起来，以致当我试图举起手臂时，是另外某个人引它往上去了，这样看来，这个行动就是他的而不是我的了，尽管我具有举起我的手臂的行动中意向，而且在某种意义上说，正是这个意向引起我的手臂往上去了。[读者会把这看作偶因论者（occasionalist）对心-身问题的解决方案。上帝代替我们实施了所有的行动。]

但是，只需要通过把行动中意向与其满足条件的关系解释为排除其他行动主体或其他意向状态的介入，就可以消除这类潜在的反例。而且，这是解释行动中意向的正确方式，这一点至少可以通过下述事实来表明：当我的行动中意向明确参照其他行动主体的意向时，一般来说，这些行动就变成这些行动主体的行动了。假设我知道我的手臂是如何被装配起来的，而我想要让它往上去。此时，我的行动中意向就是让另外一个行动主体举起它，而不是我举起它。我的行动是让他举起我的手臂，他的行动是举起我的手臂。

但是，只要不存在介入进来的意向性，只要它的作用是有规律的和可靠的，那么，这些物质装备可能会有多么怪异，也就不重要了。即使我不知道我的手臂被装配成了一套完整的电子线路，它穿过莫斯科，然后经圣地亚哥回归，当我试图举起我的手臂时，它便激活了这整个装置，以致我的手臂往上去了，于是我仍旧举起了我的手臂。事实上，对于有些复杂的行动类型来说，我们甚至可以认可这一点：一个人可以通过让其他人做出一项行动来做出这项行动。例如，我们说："路易十四建造了凡尔赛宫"，但是实际的建造行动并不是由路易十四做出的。

　　至此，我们所讨论的反例容易通过意向和行动的意向性理论加以说明，特别是容易通过对行动中意向的说明给出解释。然而，这种解释仍旧是不完全的，因为还有一类可能的反例我没有讨论过，在其中，在先意向引起了某种另外的事情，而后者则引起了行动中意向。例如，假设比尔杀死叔叔的意向引起他的胃疼，而他的胃疼让他如此生气，以致他忘记了和他当初的意向有关的所有事情，于是在盛怒之下，他就杀死了他首先看到的他认为是自己叔叔的一个人。要想消除这些反例，以及某些其他和感知经验的意向性有关的反例，我们不得不等到第四章，在那里我们会就意向因果给出一种说明。

第四章　意向因果

一

在心灵哲学中，意向性和因果性之间存在一种不稳定的联系。因果性一般被看作世界上的事件之间的一种自然关系；而意向性则得到各种层面的考虑，但一般不被看作一种自然现象，也不与任何其他生物现象一样，被看作自然秩序的一部分。意向性经常被看作某种超验的东西，某种游离于外或无可企及的东西，而不是自然世界的组成部分。但是，意向性和因果性之间又是什么关系呢？意向状态可以因果地行动吗？又是什么引起了意向状态？我在本章要达成几个目标，但其中最主要的一个，是想办法把因果性加以意向化（intentionalize），进而想办法把意向性加以自然化。为达成这个目标，我首先要来考察因果性的现代观念的某些根源。

在一个被频繁使用的哲学例证（相同例证在哲学中的重复出现应该引起我们的怀疑）中，台球 A 要不可避免地穿过那张绿色桌子，它在那里撞击台球 B，而就在 B 开始运动的地方，A 停止了运动。这个小小的场景可以被不停地重复演习，它是因果的一个范例：A 撞击 B 这个事件引起了 B 的运动这个事件。按照传统观点，当我们见证这个场景时，我们实际上并没有看到或是观察到头一个事件和后一个事件之间的任何因果关联。我们实际观察到的，是一个事件跟随着另一个事件。然而，我们能够观察到类似的事件的重复出现，而这种恒常的重复使得我们有权说，这些事件中所含的两个元素因果地相关，即便我们观察不到任何因果关系。

一种形而上学理论深深植根于上述这个简单说明当中，尽管有关因果的理论在哲学家中间有很大的分歧，但某种形式上的特征被如此广泛地认定为因果关系的特征，以致构成了因果理论的核心；它的主要原理值得逐一加以陈述。

1. 因果关联本身不是可以观察到的。我们可以观察到因果的规律性（regularity），也就是说，我们可以观察到特定类型的按规律排列的事件，其中特定类型的事件之后跟随着另一种类型的事件，但除了规律性排列，我们不可能观察到事件之间的因果联系。虽然我能够真切地看到那只猫在那张垫子上，或者看到一事件跟随另一事件，但我不可能真切地看到一个事件引起另一事件。在上述台球的例子中，我看到的是那些实际上因果相关的事件，但除规律性之外我没有看到任何因果联系。

2. 只要存在一对被关联为原因和结果的事件，这个事件对（a pair of events）就必定会例示某种一般性的规律。在每一个一事件引起另一事件的单个场合，必定存在对于头一个事件的描述以及对于第二个事件的描述，这些描述使两个事件之间存在一个因果律，它把那些适合于第一个描述的事件和那些适合于第二个描述的事件关联起来。

每个特殊的因果关联都例示某个一般性的规律，我相信这个思想是现代因果规律理论的核心。当陈述这一思想时，区分它的形而上层面和语言层面是重要的。就其形而上层面而言，每一种特殊的因果关联实际上都是一种一般性规律的示例。而按其语言层面的版本，下面这一点是因果概念的组成部分，即每一个单称的因果陈述都可衍推出一种因果律的存在[1]，正是这种因果律把某种描述或其他描述下的两种类型的事件连接起来。这种语言上的断言要强于前述形而上层面的断言，因为它可以衍推出后者，但并不为后者所衍推。

当代关于规律性论题的各种版本并没有表明从一个单称因果陈述可以衍推任何特殊规律，而只是可以衍推出存在一个规律。当然，这个规律没必要用表达这个单称陈述的说法来陈述。例如，"萨莉所做的那件事引起了约翰看到的那种现象"这个陈述可能是真的，即使按照这些描述不存在任何与萨莉所做之事和约翰所见之物有关的因果规律。于是，假设萨莉点燃了装满水的水壶下面的炉子，而约翰看到水烧开了。上面的因果陈述可能是真的，并且能够例示一个因果律或一些因果律，但这个规律是根据空气中水分子的动能，而不是根据萨莉的所作所为和约翰的所见来陈述的。[2]

此外，就关于因果的规律性理论的某些版本而言，我们需要这些因果律去证成那些我们通常认为与因果陈述相关联的反事实断定。这种在一个特定场合其他情况相同的情况下，如果原因没有出现结果也就不会出现的断定，必须要由某种或其他描述之下的存在于头一类型事件和后一类型事件之间的一种一般性关联来证成。

---

[1]　按照有些说法，下面这一点也已经得到了断定：要知道 A 引起了 B，我们就必须**知道**存在一个规律。于是，戴维森写道："在任何情形下，要想知道一个单称因果陈述是真的，不是非要知道一条规律为真才行；唯一必须要知道的是，*存在某个涵盖了手头事件的规律*"，"Action, reasons, and causes", reprinted in A.R. White (ed.), *The Philosophy of Action* (Oxford: Oxford University Press, 1968), p.94.

[2]　比较 Davidson, *op. cit*。

3. 因果规律不同于逻辑规律。有许多的规律甚至都不是因果规律的可能候选者，因为所讨论的现象是逻辑相关的。因此，例如，是一个三角形就总是与有三条边相关联，但某种东西是一个三角形却决不能引起它有三条边，因为这种关联是由逻辑必然性建立起来的。一个事件引起另一个事件的那些方面，必定是在逻辑上独立的方面。此外，这个形而上学论题在形式上有一种语言上的关联。因果律必须使用逻辑上独立的描述去陈述规律性，因而所陈述的必定是一个偶然真理。[1]

这种对于因果的解释招致很多人的反对，其中有些反对意见尽人皆知。这里就来阐述其中的几种。第一，这种解释公然违背了我们的日常信念，即我们确实总是能够感知到因果关系。感知到一个事件跟随另一事件的经验，的确有别于感知到由第一个事件引起第二个事件的经验，麦考特（A.Michotte）[2] 和皮亚杰（J. Piaget）[3] 似乎就支持我们的常识性观点。第二，很难看出这种解释如何能够区分清楚因果规律和其他种类的偶然规律。举一个著名的例子，为什么我们不会说是夜晚引来了白昼呢？第三，这种解释很难与下述显然的事实相符合：我们似乎可以意识到人的行动对我们的环境具有因果的影响。有些哲学家对人的行动的特殊性留有如此深刻的印象，以至于他们假定了一种伴随行动主体的特殊因果性。按照他们的观点，实际上有两种不同的因果，一种是对行动主体来说的，另一种是对宇宙的其余部分来说的；于是，他们区分了"行动主体"因果和"事件"因果，或者说是"内在"（immanent）因果和"外在"

[1] 在反驳这种观点时，戴维森断言，事件是否在逻辑上相关仅仅依赖于它们如何被描述（Davidson, *op. cit.*）。随后我将证明这两种观点都有缺陷。

[2] A.Michotte, *La Perception de la causalité*（Louvain: Publications Universitaires de Louvain, 1954）.

[3] J. Piaget, *Understanding Causality*（New York: W.W. Norton & Co., 1974）.

（transeunt）因果。[1] 第四，这种说明在下述关键问题上模糊不清：原因是否真的处于外部世界当中呢？当然，有人想要说，正如事件殊型（token）的确能够在空间和时间中彼此联系起来，它们除了能够通过由它们所例示的普型（type）的其他殊型的有规律地共同出现连接起来以外，事件殊型还能作为原因和结果连接起来。但是，除了传统理论所讲的规律外，难以看到还如何可能存在任何这样的规律性关系。可以说是休谟发明了这种理论，他因此认为，我们不可能接受它，同时却在因果性问题上却仍旧坚持实在论。除了先验性、偶然性和恒常的联系，实在世界中没有与因果相关的任何其他东西，只有心灵当中的幻觉。康德甚至认为，这个问题没有什么意义，因为因果原理构成了知性的必要范畴，没有它们，关于世界的经验和知识根本就是不可能的。许多哲学家都认为，我们可以通过观察人的行动而得到因果概念，但对他们来说，仍然要回答一个严肃的问题，即我们如何能够把这个概念推广到那些并非人的行动的事物上去，而且我们如何能够把因果构想为世界上独立于我们的行动的一种真实存在的关系。例如，冯·赖特（Von Wright）就认为，我们会从"干预自然和避免干预自然进程时所做的观察"当中获得因果必然性的思想，他把这个问题阐述如下：

可以这样说，就休谟观点和当下采纳的观点而言，因果必然性不是"在自然中"发现的。自然界只存在有规律的事件序列。[2]

他继而宣称，这没有使我们就因果所作的讨论成为纯"主观"的东

---

[1] See R.M. Chisholm, "Freedom and action", in K. Lehrer (ed.), *Freedom and Determinism* (New York: Random House, 1966), pp.11—44.

[2] G.H. Von Wright, *Casuality and Determinism* (New York and London: Columbia University Press, 1974), pp.53ff.

西，因为的确存在某些属于自然界的特征，它们与我们对因果的讨论正相对应，这些特征就是普遍事态的具体实例的有规律重现，但是，冯·赖特给出的说明和休谟的一样，最终还是否认了下述常识观点：除了规律，因果关系的确"外在"于自然之中。

第五，这种说明未能区分引起（causings），例如某个事件引起另一事件或变化，和其他类型的因果关系，它们可能存在于永久性事态和对象的特征之间。台球 A 撞击台球 B 并引起它移动，这就是引起的一个例子。但并不是所有因果关系都是引起。例如，如果这两个台球在那张绿色桌子上保持不动，因果力，如重力始终都在对它们产生着作用。所有关于引起的陈述都是关于因果关系的陈述，但不是所有关于因果关系的陈述都是关于引起的陈述。"事件 x 引起了事件 y"是关于引起的典型的陈述形式，但绝不是因果关系陈述的唯一形式。"这个台球受到地心引力的吸引"就陈述了一种因果关系，但这个关系并不是事件之间的关系，该陈述也没有描述任何引起。我相信，正是因为我们混淆了因果关系和引起，以致传统观点的追随者都倾向于认为因果关系只在事件之间成立，但是，因果关系却存在于那些并非事件的事物之间，例如台球和行星之间。

再者，尽管区分那些构成因果解释的具有"x 引起 y"这种形式的陈述，与那些并非如此的陈述，是一种惯常的做法，但下面这一点——在我看来——还没有得到充分强调：具有 x 引起 y 这种形式的陈述的解释力，取决于对 x 和 y 的说明在何种程度上描述了它们的因果相关的方面。在前面的例子中，萨莉所做的事情引起了约翰看到的现象，但是，被萨莉做出和被约翰看到却不是这两个事件因果相关的方面。这个例子中的一些相关的因果方面是，水被烧热了而且还沸腾起来。下述说法几乎不具有解释力：萨莉所做的事情引起了约翰看到的现象，这是因为，被萨莉做出这一点并不是一个对有待解释的事件负责的因果方面，而且，被约翰看到这一点也不是这个事件的一个由引起它的事件的因果方面进行解释的方面。

自从弗莱斯达尔（D.Føllesdal）就这个主题发表论文[1]以来，某种形式的因果陈述是内涵性的这个观点已经被广为接受了。例如，尽管"x 引起 y"这种形式的陈述是外延性的，但那些具有"x 因果地解释 y"这种形式的陈述却是内涵性的。我相信，对这种语言事实的解释是，只有事件的某些特征才是因果相关的方面；因此，由于这个陈述声称具有解释力，所以真理就不能在那些没有详细说明 x 和 y 因果相关的方面的其他表达式的替换下得到保持。例如，如果琼斯吃了有毒的鱼因果地解释他的死亡，而琼斯吃了有毒的鱼这一事件等同于他有生以来第一次吃拌了卑尼士（béarnaise）汁的虹鳟鱼，由此并不能推出，他有生以来第一次吃拌了卑尼士汁的虹鳟鱼因果地解释他的死亡。因果相关的方面这个概念以及它与因果解释之间的关系，对于本章接下来的论证是至关重要的。

二

我想请大家注意这个事实：存在特定类型的普通的因果解释，它们和人的那些不能接受因果的正统解释的心智状态、经验和行动有关系。例如，假设我渴了并喝了杯水。如果有人问我为什么要喝水，那么，无需任何进一步观察我便知道答案：我渴了。再有，在这种情形中，情况似乎是这样：无需任何进一步的观察或诉诸一般

---

[1] D. Føllesdal, "Quantification into causal contexts", in L. Linsky（ed.）, *Reference and Modality*（Oxford: Oxford University Press, 1971）, pp.53—62.

性规律，我便知道反事实情形为真。我知道，如果那时那处我并不渴，我就不会去喝那杯水。之所以可以宣称我知道一个因果解释以及关于这种情形的因果反事实情形为真，是因为我知道存在着一种普遍规律，它连接着某种描述或其他描述之下的第一类"事件"（我渴了）和第二类事件（我喝水）？当我说我的口渴引起我喝那杯水时，我的一部分意思是不是说存在一个普遍规律呢？我是否借助我说这话的意思而承诺了一个规律的存在呢？就这些问题给出肯定答案的部分困难在于，我对最初给出的因果陈述及相应的因果反事实陈述为真的信心，要大于我对涵盖这种情形的普遍规律的存在的信心。在我看来，似乎很可能不存在任何相关的纯心理规律：假设所有心理要素都得到了准确的重复（不论这意味着什么）；假设我口渴程度相同，已知的水的可获取程度相同，等等。我最初的主张会促使我接受在完全相似的情形中我会有相似的行为这一观点吗？我对此有所怀疑。如果给我第二次机会，我可能会，也可能不会喝那杯水，这完全取决于我。或许在神经生理学乃至分子层次上，存在着描述这种情形的物理规律，但我当然不知道有事实可以说明存在这样的规律，更不用说知道这些规律可能会是什么了，而且，在提出最初的因果主张时，我也并没有承诺存在这样的规律。作为一个现时代的人，我相信存在各种各样的物理规律，既有已知的也有未知的，但这并不是当我说因为渴了所以喝了一杯水时我所表达的意思或者这种意思的一部分。那么，我又是什么意思呢？

我们来考虑一些其他的例子。在感知和行动的情形中，意向状态和它们的意向对象之间存在两种因果关系。就感知而言，我的视觉经验典型地是由与世界上的某个对象的遭遇而引起，例如，如果有人问我"什么东西引起你具有关于那朵花的视觉经验？"自然的回答肯定会是"我看到了那朵花"。就行动来说，我的意向状态引起了我身体的某个动作。例如，如果有人问我"是什么引起你的手臂往上去了？"自然的回答会是"是我举起了它"。请注意：如果我们试图把上述这种相当普通的因果解释整合成一种正式的理论，那么，它似乎也会具有喝水这个例子所具有的那些令人感到困惑的特征。无需更多观察我就可以知道下述问题的答案："是什么引起你手臂的动作，是什么引起你具有关于那朵花的视觉经验？"而且，无需进一步的观察我就可以知道相应的反事实陈述为真，进而知道这种因果陈述为真，并且知道，这些反事实情形似乎并不依赖于普遍性规律的存在。尽管我的确相信有可能存在一些关于感知和意向行动的普遍规律，但下面这一点却一点也不明显：在提出这些单称因果主张时，我承诺了这种普遍规律的存在，也就是说，存在这种规律乃是这些主张自身的意义的一部分。

稍微复杂的情形可能是下面这种类型的。我正在散步，这时突然一个从另一边过来的人不小心撞到了我，把我推进了排水沟。排除幻觉等可能情况，现在无需作更多观察我就能知道下述问题的答案："是什么引起你进了排水沟？"是那个人撞了我，并把我推进了排水沟。在这种情形下，我想要说"我之所以知道所有这些，是因为我感觉自己被推进了排水沟，而且我看到那个人推我了"。

所有这四种情形当中都包含某种形式的意向性，而所有我们所讨论的解释似乎都偏离了关于因果解释的传统理论。让我们称这些情形，以及其他与这些类似的情形为意向因果情形，并探讨意向因果的解释形式与关于因果的标准规律性理论所提供的解释形式究竟如何不同。

首先，在每一种情形当中，我不但知道因果问题的答案，而且无需进行任何不同于所讨论事件的经验的更进一步考察，便可知道相应反事实情形为真。当我说我不用做更进一步考察便可知道因果问题的答案时，我的意思并不是说这种知识性断言是不可修正的。当我说这种视觉经验是由看到一朵花引起时，我可能正处于一种幻觉当中，但对最初断言的证成却不依赖于更进一步的考察。

其次，这些因果断定并没有促使我承诺任何相关因果律的存在。另外，我的确相信有可能存在与这四种类型事件相对应的因果律，但这并不是当我在每一种情形中就这个因果问题给出回答时我所意指的东西。存在与这些事件相对应的因果律这一断定，并不是这些单称因果陈述的逻辑后承。要想证明这种独立性，需要坚持这些因果解释为真，同时否认相应因果律存在的信念，需要说明这在逻辑上并没有什么矛盾。例如，我知道是什么让我喝了那杯水：我口渴了；但是，当我说出这一点时，我并没有承诺任何因果律的存在，即使事实上我相信这样的规律是存在的。再者，在每种情形中，我关于反事实情形为真的知识，也不是从我关于任何相应规律的知识中，乃至从存在这样的规律这种知识中推导出来的。

如果你仔细考虑片刻就会发现，传统观点至少从其语言表达来看，似乎都提出了一个极强但却缺乏依据的主张，即任何下面这样的陈述：

> 我的口渴引起了我喝水的行动。

由它会推出如下形式的陈述：

> 存在某个规律 L，使得存在对我口渴的某种描述 φ 以及对我喝水的行动的某种描述 ψ，L 断定了类型 φ 的事件和类型 ψ 的

事件之间的一种普遍性关联。

这在直观上当然是不合理的，那么，关于这一点的论证会是什么样子的呢？我所见过的唯一的论证就是休谟的论证：因为除了规律性以外不存在任何可以解释因果的东西，于是对于每一个为真的因果陈述来说，必定都存在一种规律性。如果我们否认因果实在论，那么，除了规律性以外，就不存在任何东西可以解释因果陈述了。但是，假如我们是因果实在论者，那么，如果大家都像我一样，相信"引起"命名的是实在世界中的一种实在的关系，那么，从这种关系存在于一个特殊例子中这一陈述本身，并不能衍推出相似例证中存在着一种普遍性关联。

第三，在每一种情形中，好像都存在原因和结果之间的逻辑的或内在的关联。我的意思不只是说，在对原因的描述和对结果的描述之间存在一种逻辑关系，尽管这在我们的例子中也是成立的；我的意思是说，完全独立于任何描述的原因自身与完全独立于任何描述的结果自身在逻辑上是相关联的。这种事情是如何可能的呢？在每一种情形中，或者原因是对结果的表达或表征，或者结果是对原因的表达或表征。考察一下我们的例子：不用考虑口渴是被如何描述的，它都包含喝水的渴望，而这种渴望就把一个人喝水作为它的满足条件了；不用考虑如何描述抬起手臂的行动中意向，它都把一个人的手臂往上去作为其满足条件的组成部分；不用考虑如何描述了关于一朵花的视觉经验，它都把那里存在一朵花作为满足条件；不用考虑如何描述了被人推了一把这种触觉和视觉的经验，它都把一个人被那个人推了一把作为其满足条件的组成部分。之所以说在我们的例子中，对原因的描述和对结果的描述之间存在一种逻辑的或内在的关系，是因为在每一种情形中原因本身和结果本身之间都

存在着一种逻辑的或内在的关系，因为在每一情形中都存在一种与
其满足条件因果相关的意向内容。因为原因本身和结果本身逻辑地
相关，所以，对那些包含意向性及其满足条件的因果相关的方面的
原因和结果的详尽表述，才会为我们准确地提供对于原因和结果的
逻辑上相关的描述；并不是由于衍推而在逻辑上相关，而是由于意
向内容和满足条件而在逻辑上相关。我相信，如果我们假设事件只
可能在一种描述下逻辑地相关，它就会揭示出一种根本的混淆，因
为事件本身可能会具有把事件逻辑地联系起来的意向内容，而无需
考虑它们是如何被描述的。

　　我们要依据一个什么样的因果概念才能说明这些相当普通的
解释是可能的呢？由于这些形式的解释似乎并不符合标准的休谟式
条件，即一种因果解释看上去应该如何，所以，我们必须回答这种
形式的解释如何可能这一问题。简单的感知和行动情形的意向因果
现象的形式结构如下所述。在每一情形中都存在一种自我指称的意
向状态或事件，（就行动来说）这种自我指称的形式是指，下面这
一点是意向状态或事件内容的组成部分：意向状态或事件（需要意
义上的）的满足条件需要它引起其（所需之物意义上的）满足条
件的其余部分，或者，（就感知来说）要求其满足条件的其余部分
引起这种状态或事件本身。如果我抬起我的手臂，那么我的行动中
意向就把下面一点作为其满足条件：这种意向必定引起我的手臂往
上去了；如果我看到那里有一朵花，那么，那里有一朵花这一事实
必定引起了这种视觉经验，它的满足条件就是那里有一朵花。在每
种情形中，原因和结果是作为意向的表达和满足条件而相互关联
的。适应指向和因果指向是不对称的。当因果指向是从世界向心灵
时，就像在感知情形中那样，适应指向却是从心灵向世界的；而当
因果指向是从心灵向世界时，就像行动情形中那样，适应指向却是

从世界向心灵的。如我们在第三章所看到的，类似的观点适用于在先意向和对事件的记忆中关于因果自我指称的表征性情形，然而，并不是所有的意向因果情形都包含自我指称的意向内容：举例来说，做出一项行动的渴望可能会引起一项行动，但它应该引起该项行动并不是这种渴望的意向内容的组成部分。但是，在有关意向因果的每一种情形当中，至少都有一项是一种意向状态或事件，而这种状态或事件或者引起它的满足条件，或者被它的满足条件所引起。

更准确地说，如果 x 引起 y，那么，x 和 y 处于一种意向因果关系当中，当且仅当，

1. 要么（a）x 是一种意向状态或事件，y 是 x 的满足条件（或它的组成部分）；

2. 要么（b）y 是一种意向状态或事件，x 是 y 的满足条件（或它的组成部分）；

3. 如果是（a），那么，x 的意向内容就是 x 引起 y 的一个因果相关的方面；如果是（b），那么，y 的意向内容就是 y 引起 x 的一个因果相关的方面。

因为这种意向内容作为一个因果相关的方面而发挥作用，所以一般来说，关于意向因果的陈述将是内涵性的。

前述定义仍旧留给我们一个未经解释的概念，即引起的概念。当我说在意向因果中一种意向状态引起它的满足条件或者这些满足条件引起这种状态时，"引起"应该是什么意思呢？有关因果的基本概念，也就是那个在关于引起的陈述中出现并为关于"引起"的所有其他各种用法所依赖的概念，是关于使某事发生的概念：从最

原始的意义讲，当 C 引起 E 时，C 就使得 E 发生了。意向因果的特殊性在于，在许多我们使某事发生或某种别的事情使某事发生在我们身上的情形中，我们都直接经验到了这种关系。例如，当我抬起我的手臂时，我的经验的部分内容是，这种经验就是使我的手臂往上去的东西，当我看到一朵花时，这种经验的部分内容是，这种经验是由那里有一朵花这个事实引起的。在这样的情形中，我们直接经验到了这种因果关系，即一件事情使某件别的事情发生的关系。我并不需要一种概括性规律告诉我，当我举起我的手臂时我引起我的手臂往上去了，因为当我举起我的手臂时，我就直接经验到了这个引起的过程：我并没有观察到两个事件，即行动经验和手臂的动作，而是说，这种行动经验的意向内容的一个组成部分就是，这种经验正使我的手臂往上去。就像我能够通过观看一个红色的对象而直接经验到它，我也能够直接经验到一个事物使另一个事物发生这种关系，其方法，或者是通过使某事发生，如在行动的情形中那样，或者是通过某事使某事发生在我身上，如感知的情形中那样。

我们可以这样来讲解标准理论和我所主张的理论之间的一个差异：按照标准理论，我们从来就不会获得关于因果的经验，而按照我的理论，我们不但经常会获得关于因果的经验，而且事实上，每一种关于感知或行动的经验恰恰就是一种关于因果的经验。如果这个陈述表明的是因果就是这些经验的意向对象，那它就是引人误解的，相反，这种表达方式背后的思想是，只要我们感知了世界或对世界施加了作用，我们便会拥有我已描述过的那种自我指称的意向状态，因果关系则是这些经验的内容的组成部分，而不是这些经验的对象。如果这种因果关系就是使某事发生的关系，那么，它就是一种所有人在感知或行动过程中，也就是差不多在所有时刻都经验到的一种关系了。[1]

就我的说明而言，休谟的追随者们看问题的角度出了错。他们想把因果（力量、能量、能效等等）作为感知经验的对象，但却未能找到。而我所表明的是，它自始至终都在那里，作为感知经验和行动经验两者的内容的组成部分。当我看到一个红色对象，或者抬起我的手臂时，我并没有看到因果或者抬起因果，我只是看到了那花朵和抬起了我的手臂。花和手臂的动作都不是这种经验内容的组成部分，相反，它们每一个都是相关经验的对象。但在每一种情形中，因果都是关于这种对象的经验内容的组成部分。

我相信，如果我把这种观点和几位哲学家的观点进行对比，它就会变得更加清楚，从雷德（T.Reid）到冯·赖特，他们都认为因果是这样一种概念：当我们做出意向行动时，它是从我们自己所做的观察中派生出来的。我的观点至少在三个方面与这个观点不同。首先，我们不是从对行动的观察中意识到因果的，而是在做出行动时意识到它，因为当我做出意向行动时，行为经验的意向内容的一个部分，就是这种经验引起了身体的动作。请注意，这里我所论证的不只是因果概念进入到关于这项行动的描述中，而且还有，这项行动的实际现象的一个部分就是关于因果的经验。在这些情形当中，不存在我们如何从这种经验得到因果的问题，经验本身即做出了这种引起；在成功引起的地方，它便引起了它所指向的东西。这并不是说经验是不可错的，我可能具有这种经验并认为它就是引起我的

---

[1] 许多哲学家都愿意接受我的如下主张：因果是行动经验或触觉身体感知的一个组成部分，但他们并不承认这对于视觉仍旧存在。他们不把因果看作视觉经验的组成部分。也许下面这个思想实验有助于消除一些这样的疑问。假设我们有能力形成和我们当前的视觉经验同样生动的视觉图像。现在，设想这样两种情形之间的差异，一种情形是以形成关于一个人的房屋的前部的这样一种图像作为一种自愿的行动，另一种情形是实际上看到了这所房屋的前部。在这两种情形下，视觉上的内容是同样生动的，那要拿什么来解释它们之间的这种差异呢？我们会把自愿形成的图像理解为由我们引起，而这所房屋的视觉经验将被我们理解为由某种独立于我们的东西引起。这两种情形的差异表现在这两种经验的因果内容上。

手臂往上去的东西，但仍旧是错误的——不久我就会讨论这一观点。

第二，就我的说明而言，就像在行动中那样，我们直接意识到了感知中的因果。就关于因果的经验而言，行动没有任何特权。在行动中，我们的经验引起了身体的动作和其他物理事件；而在感知中，物理事件和状态引起了我们的经验。但在每一种情形中，我们都直接意识到了因果关系，因为在每一种情形中，这种经验的内容的一个组成部分都是，它是关于某种引起或被引起之物的经验。

休谟问题是指，我们的经验的内容如何可能告诉我们，在外部存在一种原因和结果的关系，他的回答是，这是不可能做到的。但是，如果一种经验的一个组成部分是它本身引起了某种事情，或者是它被某种东西引起，那么，关于一种经验如何可能为我们提供对于因果的意识，就不可能存在任何问题了，因为这样一种意识已经是这种经验的组成部分了。因果关系内在于这种经验而不是它的对象当中。

第三，我的观点不同于雷德和冯·赖特，因为他们没有告诉我们，对行动的观察究竟如何为我们提供关于因果的知识，而且，实际上也很难看到他们如何能够做到这一点，因为如果所讨论的行动就是事件，而且如果我通过观察这些事件得到了关于因果的知识，那么看上去好像所有反对有关必然关联的经验的可能性的休谟式论证就会生效，因为我能够观察到的就是两个事件：我的行动以及任何先于或后于我的行动的事件。就我的说明看，人们观察不到事件之间的什么"必然关联"，恰恰相反，一个事件，比如我的行动经验，是另一个事件如我手臂的动作的因果的意向表达，而这两个事件一起构成了我抬起我的手臂这个复合事件。

就对我在本章开始时谈到的传统理论的原理的至少一种解释而言，我已经挑战了全部三个原理。因为在意向因果的情况下：

1. 在感知和行动中，我们经验到了因果关系的存在。它不是从规律性中推导出来的。

2. 从每一个单称因果陈述并不是都能推出存在一个相应的普遍性因果律。例如，从我的口渴引起我喝水这个陈述就不能推出，存在一个连接某种或其他描述下的相关类型事件的普遍规律。此外，我们经常可以在不知道存在任何相应规律的情况下，知道一个单称因果陈述为真；最后，我们不需要把它的知识奠基在任何这样的规律之上，就可以知道相应的反事实情形为真。

3. 在意向因果的情况下，原因和结果之间存在一种较弱的逻辑关系（它比陈述之间的衍推关系还要弱），因为，例如在讨论在先意向和行动中意向时，原因就在它的满足条件中包含了对结果的表征或表达，而在感知和记忆中，结果则在其满足条件中包含了对原因的表征或表达。在每一种意向因果的情形下，也就是在意向内容得到满足的场合，都存在原因和结果之间在因果相关方面的一种内在关系。再重复一遍，我不只认为对原因的描述与对结果的描述内在地相关，而且还认为，原因和结果本身就通过这种方式内在地相关，因为这一个就是对那一个的表达或表征。

三

即便承认到目前为止我所说的都是对的，关于前述观点也仍旧存在几个严重的问题和几种反对意见。首先，从我的说明看，我们如何能够证成不同于我们的经验的实体可以作为原因和结果？其次，难道我的说明不会导出这个荒谬的结果：行动主体关于因果的经验总是可以自我证实的？最后，规律性对于我的说明起到了什么作用？毕竟，在某种我迄今还未加解释的意义上，规律性似乎一定是我们的因果概念的一个本质的组成部分。现在，我想展开前两个反对意见，并试图对它们做出回答；我会在下一部分讨论第三种反对意见。

第一种反对意见：为了进行论证，让我们假定，我们能够意识到作为我们经验的部分内容的因果关系；这只能为我们提供因果关系的知识，其中一个关系项是经验，但大多数关于因果的有意思的情形中却没有一项是经验。我的说明何以容许关于这种关系的知识有丝毫可能性，乃至容许这种知识存在呢？例如，就我的说明看，如何可能知道台球 A 撞击 B 这一事件引起了 B 的移动这一事件；事实上，按照我的说明，除了类似例证的规律性重现，如何可能再对这种关系做出别的解释？粗略地讲，难道我不是把因果看作心灵之中的感觉的属性，而不是将其看作心灵之外的实在世界的特征吗？

这似乎是一种有力的反对意见，为了应对这种反对意见，我必须扩充我的说明。但首先是对之予以否认。下文我将频繁使用个体发生学（ontogenetic）术语来讨论问题，但下文所述并不是要作为关于如何获得因果概念的经验假设。我认为，因果概念有可能通过这种方式获得，但是，认为它们不能如此与我的说明也能保持一致，尽管事实上我知道它们可能都是天生的思想。重要的不是我们如何相信原因是实在世界的一种实在关系，而是我们持有这个信念的做法如何得到证成，作为一个经验论者，我们如何可能合理地相信因果是实在世界中除规律性重现之外的另一个特征。我们已经看到，我们的下述信念可以合理地证成：我们作为行动主体可以因果地行动，而且，作为感知者，我们可以被因果地施以作用；但现在的问题是，我们的下述想法如何得到证成：某种缺乏意向性的东西可以具有那种在我们的意向状态和事件之间成立的关系？

　　皮亚杰实验似乎要证实的一个论题是：儿童在很早的时候就获得了一种关于借助（by-means-of）关系（皮亚杰称之为"传递性"）的知识。[1] 即便是婴儿也能够发现，借助他们的手拉动一个悬挂着的物体，他们就能把这个物体一前一后地移动。现在，从意向性的观点看，这个儿童究竟发现了什么呢？让我们看一个稍显复杂的例子。假设有一个大一些的孩子，他和大多数孩子一样，发现通过用石头击打一个花瓶，就能把它弄碎。这个孩子发现，他的行动中意向导致了手和胳膊的动作，这些动作导致了石头的移动，而这又导致了花瓶的粉碎。规律性在此处开始发挥作用，因为正是以重复的场合为基础这个孩子才能够发现，借助这种动作他就能够移动这块石头，而借助石头的移动他就能击碎这个花瓶。借助关系的这些不同步骤中的每一个都变成了行动中意向的满足条件的组成部分。这种意向就是借助做出其他这些事情来击碎这个花瓶。但是，我们已经发现，因果是这种行动中意向的内容的组成部分，因为如果这种行动中意向没有引起这些满足条件的其他部分，这种意向也就没有得到满足。这种行动中意向的因果性能够持续到最后一个步骤，也就是击碎这个花瓶，因为它经历了借助关系的每一个中间步骤。每一个步骤都是一个因果步骤，而借助关系的传递性则使这种行动中意向能够涵盖所有这些步骤。这种意向引起手臂的动作，这是这个孩子的行动中意向的内容的组成部分，但是，这块石头的动作引起了花瓶的粉碎，这也是其中的一个部分，因为这就是孩子试图去做的事情：通过用这块石头击打引起这个花瓶的破碎。这个孩子的意向不仅仅是要移动他的手臂，然后观察发生了什么事情；这根本就是完全不同的情形。当这个孩子做出击碎花瓶的行动时，石头的

---

[1]　In *Understanding Causality*.

移动引起花瓶的破碎就是他的经验的一部分，因为这种行动中意向的因果性延伸到了借助关系的每一步。经常有人说，因果性和操控（manipulation）概念密切相关；这是正确的，但操控概念需要进行分析。对事物进行操控恰恰就是在利用借助关系。

对因果的规律性说明和对因果的意向性说明达成一致的一个地方就是在操控概念上。它包含可以发现的因果规律，这是一个关于世界的事实。因果关系的规律性能够使我们发现它们的存在，因为通过试错，这个孩子可以发现它是如何对石块和花瓶起作用的；但是，它们是可操控的却能够使我们发现它们是因果性的，因为这个孩子在他的试错过程中用石块和花瓶发现了一种使得事情发生的方式。

一个孩子一旦获得了这种能力，即能把因果借助关系包含在他的行动中意向的内容之中，他便获得了这种能力，也就是能够发现，而不仅仅是反映那些在很大程度上独立于他自身而存在于自然界当中的因果关系，事实上，他已经发现了世界上存在的因果关系实例。当这个孩子发现他能够，比如通过用一个硬物击打一个花瓶把它弄碎时，他究竟发现了什么？他所发现的一部分内容是，一个击打花瓶的硬物会引起花瓶的破碎，但是，无论他是否在用那个硬物击打那个花瓶，还是例如这个硬物落在了这个花瓶上，这种关系始终保持不变。当我们拥有了一个其初始项是一种行动经验的因果借助关系序列时，意向内容就能够包括这些不同步骤的每一个了——例如，这种意向可以是借助一个硬物击打它而击碎那个花瓶，借助移动这个硬物击碎花瓶，借助移动拿着那个硬物的手击碎花瓶。但是，除了手的移动外，所有步骤都是因果步骤，而作为这种受操控经验的内容的组成部分的同一种因果关系，却可以在不存在任何操控的情形中观察到。行动主体看到那块石头由于落在其上而击碎这个花瓶时观察到的关系——就因果而言——也就是他用这块石头击碎这个花瓶时所经验到的那种关系。在那些他可以观察到独立于他的意志而存在的事件的因果情形中，他并没有像他在行动或感知的经验中经验到因果关系那样，经验到这种因果关系，而就这一方面看来，休谟正确地断定，独立于我们而存在的那些事件之间的因果性不像事件本身那样，是可以观察到的。但是，行动主体确实观察到这些事件是因果相关的，而不是观察到它们只是一个事件序列，他把因果性归于这样一个事件序列的做法之所以得到了证成或者可以得到证成，是因为他在观察中所把握到的东西，就是某种他在操控中经验到的东西。

世界上如何可能存在独立于我们的经验的原因这一问题，和下述问题具有相同的形式：世界上如何可能存在独立于我们对它们的观察而呈现方形的物体，而且，我们如何可能把事件看作因果相关的这个问题，和下述问题也具有相同的形式：我们如何可能把一座房子看作一座完整的房子，而不仅仅是它的一个正面，尽管我们能看到的只是这座房子的一面。我的意思并不是说，下面这些现象中的任何一个都没有问题——世界的特征在未被观察时的存在，以及除了在视觉上呈现出来的东西之外还能看到其他事物的东西的能力，但我的意思的确是，因果的实在论，也就是认为原因是实在世界中的真实关系的观点，并没有造成任何特殊问题。除了世界的特征在未被观察到时依然存在这个一般性问题外，关于那些未被经验到的因果关系的存在，不存在任何特殊的怀疑问题。

第二种反对意见：行动经验或感知经验不可能包含对于因果的经验，因为下述情况总是可能的：实际上是某种另外的东西引起了身体的动作，而我们却认为是这种经验引起了身体的动作。这一点总有可能：我可能会认为是自己抬起了我的手臂，而实际上是某个另外的原因抬起了它。所以，在行动经验中，实际上没有任何东西可以保证它是因果有效的。对这一点的回答是，它是真的但却是无关的。我可以从下述事实得到对于因果的一种直接经验：我的行动经验的部分意向内容是，它引起了身体动作，也就是说，只有当这种身体动作由它引起，它才能得到满足；而我从如下事实得到了对于因果的一种直接经验：我的感知经验的部分意向内容是由感知到的对象引起的，也就是说，只有当它由这个对象的存在和特征引起时，它才能得到满足。现在，可以算作我的意向事件的满足条件的东西，实际上是由意向事件决定的，但是，意向事件实际上得到了满足这一点本身却不是这种内容的组成部分。就我的说明看，行动和感知都是心灵与世界之间的因果的和意向性的交互作用，但是，这些交互作用的实际发生却不取决于心灵。实际上，这个事实是下述事实的一个推论：关于因果不存在任何主观的东西。它的确就在那里。下述反对意见，即我可能具有这种经验，而这种关系事实上却不是因果性的，和我通过看到红色物体得到红色的观念这种观点的下述反对意见恰好具有相同的形式：我在任何一种看到红色物体的情形中都可能具有一种幻觉：这是真的但却无关。一个红色物体引起我具有一种视觉经验，这是这种经验的满足条件的一个组成部分，而这足以为我提供一种关于某种红色物体的经验了。是否在任意给定场合在我面前确实都存在一个红色对象，这是一个单独的问题，这个问题独立于这一问题：我如何可能在我的经验基础上获得红色这个概念。一个完全类似的论证是指，我通过把因果经验为我的行动或感知经验的组成部分从而获得因果的思想。但是，我在任意给定情形中的经验是否在欺骗我，以及我实际上是否与作为我的经验的意向内容的意向对象具有因果关系，这些完全是无关的。

　　然而，尽管这种反对意见是无效的，但它的确强调了因果和其他感知内容之间存在的一种极为重要的不对称性。红色不是我的视觉经验的特征，而是其满足条件的一部分；这种经验是涉及某个红色事物的经验，但它本身并不是一种红色的经验。但因果却是我的经验内容的组成部分。这种经验被满足，仅当或者它本身（在行动的情形）引起了它的满足条件的其余部分，或者它（在感知的情形）被它的满足条件的其余部分所引起。当这种涉及某个红色事物的经验得到满足时，它本身并不真的就是红色的了，但它的确是被引起的。这个不对称性的悖论性方面是指：就我的说明看，实在这个概念是一个因果概念。我们关于世界实际上是什么样子的观念的一个部分是，它是它所是的这个样子引起我们感知到它是这个样子。原因是实在的一部分，但实在概念本身是一个因果概念。

这种反对意见存在一个变种，我们可以将其陈述如下。如果经验正如经验论或理智论传统告诉我们的那个样子，那就难以看到经验如何可能具有我所断言的那些特征了。如果经验如休谟所说，是一个"建立在同样基础上的"印象序列，那么看起来就没有人能够把一种印象和这种印象的内容的组成部分，同样经验为因果性的了。但是，如果康德和理智论者关于经验已经呈现给我们因果的观点是正确的，那只是因为我们已经把因果概念看作一种先验概念了。对于到目前为止都在跟随我的论证的读者来说，下面这一点是显然的：我正在拒斥这两种对于经验的说明。这两种说明均未能描述我们的行动经验和感知经验的意向性。它们都不能解释如下事实：满足条件是由这种经验决定的，而其满足条件的组成部分正是，这种经验是使它的意向对象得以发生的经验，或者是它的意向对象使它发生的经验。出于此原因，我们可以经验到因果，但是，我们不必为了经验到因果而具有一个先验的原因概念，正如我们不必为了经验到红而具有一个先验的红色概念。

四

现在，我们对因果的说明中至少包含两种成分：感知和行动中关于因果的初始经验，以及世界上所存在的规律，这些规律有些是因果的有些不是。我们可以扩充关于因果的初始经验，使之不局限于我们身体的范围，方法是通过揭示世界上可操控的因果规律。当我们揭示这样一种可操控的规律时，我们所发现的东西就是我们在关于因果的初始经验中经验到的东西，也就是一事件使另一事件发生的关系。下面这一点是这种说明的一个推论：不能够做出行动或进行感知的存在物不可能具有我们对于因果的经验。

但是，我们仍要面对的难题，也就是第三种反对意见是指：因果的初始经验和世界上的规律之间究竟是什么关系？有两种陈述，一种是关于一个事物引起另一个事物，也就是前者使后者发生的陈述，另一种是关于我们已经在行动和感知中经验到了这种使关系发生的陈述，从这两种陈述本身并不能衍推出任何规律性的存在。一个在其中某人使某事发生但事件序列并不例证任何一般性的共现关系的世界，是一个逻辑上可能的世界。然而，我们同时也感觉到，规律性的存在与我们关于因果的经验之间必定存在某种重要的关联。那会是什么呢？一种倾向是认为，除了对原因和结果的实际经验外，我们还假设了世界上存在着一般规律性。沿着这条线索，我们倾向于认为，这个假设受到那种否认一般决定论存在的物理学的挑战。按照这种观点，我们会持有这样一种理论，即因果关系例证一般规律，而这个理论大概和任何其他理论一样，是一种经验理论。

这种观念在哲学中有着悠久的历史，它是有些人，比如密尔

（Mill）试图去陈述那种"对归纳进行证成"的关于规律性的一般原理的基础。在我看来，这种观念好像错误地描述了关于规律性的假定在我们对因果性词汇的使用以及行动和感知活动当中发挥作用的方式。考虑下面的例子。假设当我抬起我的手臂时，我吃惊地发现房间对面的那扇窗户正在往上去。再假设当我放下我的手臂时，窗户往下来了。在这种情形中，我会怀疑我抬起和放下我的手臂是否在使那扇窗户往上去和往下来。为了查明是否如此，我会再试一次。假设第二次情况同样如此。我的意向内容在随后的场合会发生改变。我不再仅仅是抬起我的手臂；而是试着通过抬起和放下我的手臂来抬起和放下那扇窗户。手臂的移动和窗户的移动之间的因果关系现在就成为这种行动中意向的意向内容的组成部分了。但是，我能够辨别这种意向内容是否的确得到满足的唯一方式，也就是说，我能够辨别我的手臂的动作是否真的对那扇窗户产生了结果的唯一方法，就是通过试错。但是，试错只在有关一般规律性的背景假定下才有其作用。我并不坚持这个假设，即世界的存在就是让因果关系显示一般规律性的存在，而是说，我之所以可以应用使某事发生这一概念，其前提条件是说，我有能力就下面两种情形做某种区分：一种情形是某事真的使某事发生了，另一种情形是它只是好像使某事发生了；这种区分之所以可能的最起码条件是假定了某种程度的规律性是存在的。就像在任何研究中一样，在对因果关系的表面的和真实的情形进行研究时，我都采纳了某种立场。采取这种立场不仅仅在于坚持一套信念：这种立场部分看来是一个背景能力（Background capacities）的问题。在研究世界如何在实际上按照原因和结果的方式运行时，假定规律性的存在就是背景的一个组成部分。

如果我们考察一下似乎包含随机性元素的场合，就会出现一个相似的观点。当我试着从罚球点投篮时，有时候我会成功，有时则不能成功，尽管每次我都竭尽所能去做同样的事情。现在，对于这种情形来说，不同的结果来自不同的原因就不仅仅是一个假设，因为假如它真的只是一个假设，这项证据就会表明它是假的。就我所知，我做了同一件事情，但在不同的场合有不同的结果。假定规律性的存在是我做投篮尝试的基础或根据，而不是一个被用来解释这种尝试的成功和失败的假设。如果我的背景性能力不能表明可以假定至少某种程度的规律性是存在的，那我根本就不可能应用使某事发生这一思想——这和我使某事发生这一点正好相反。请注意，在当前的这个例子中，如果篮球的移动完全是随机的，那我就真的失去了对它的控制，尽管我具有使它进入篮筐的意向，而且它的确也进了篮筐，但我们就不会说我的行动中意向引起它进入了篮筐。

为了再把这些要点看清楚一些，我们需要区分两个东西，一是相信特殊因果律的存在，二是假定世界上存在某种一般程度的因果规律性。我具有许多和特殊因果律相关的信念，比如关于水的液体性质，关于汽车和打字机的性能，以及关于雪橇在侧向移动时发生转动的倾向。但是，除了相信特定规律，我没有或者也不需要具有假定一般规律性的存在。同样，为过冬而储备食物的部落也并不是必须要有一种归纳理论，但它的确需要有关营养条件的某种一般观念以及关于季节循环的某种思想。

于是，我对下述问题，也就是"行动和感知中关于因果的初始经验和世界上存在的规律之间的关系是什么"，作出的回答是这样的：断定存在关于因果的经验的陈述，以及断定因果例证的存在的陈述，都不能衍推出一般因果律的存在。不过，因果律的确存在，而且，之所以有可能在特定场合去应用因果概念，就是因为假定了世界上存在规律性。除非我假定了某种层次的规律性——它不一定是一种普遍的规律性——否则，我不可能区分下面这两种情况：其一，我的经验似乎处在作为它们满足条件的组成部分的因果关系当中；其二，它们的确处在这种因果关系当中。我只能应用某事使另外某事发生这一概念，这似乎和使它发生的实际情形相反，与假定因果规律存在相反，因为只有通过规律性的失败或成功我才能评判个别情形。

三个世纪以来，人们根据规律性对因果概念进行分析的尝试都失败了，现在，我们应该能够说出这样的尝试之所以会失败的原因是什么了。简短的回答是，使某事发生的概念不同于规律性的概念，因此任何根据后者来分析前者的尝试注定都是要失败的。即使我们赞同规律性对于因果概念的可应用性是必要的，但唯一重要的规律还是因果规律，任何根据以前被识别为因果性质的规律性来分析因果的尝试注定都会陷入循环。

我们关于意向因果和规律性之关系的讨论的一个更进一步的结论是：不存在两种因果，即规律因果和意向因果。只存在一种因果，那就是效用（efficient）因果；因果就是某事使另一个事情发生的问题。然而，在效用因果的一个特殊子类中，因果关系包含意向状态，而这些意向因果情形在几个方面表现出特殊性：我们能够直接意识到有些这样的情形中的因果关系，在原因和结果之间存在一种"逻辑"关联，而且，就我们的经验而言，这些情形就是因果的初始形式。单称因果陈述不能衍推出存在它们所例证的普遍因果规律，但是，对效用因果概念来说，无论它是不是意向性的，它只有在预设很高程度的因果规律性的情况下才能得到应用。

五

现在，我们对意向因果的前述讨论已经为我们检验行动和感知中的所谓变异因果链条准备好了方法，我们在第三章就已经开始检验它了，但那时并没有完成。不论我们把对感知和行动的意向分析中不同阶段之间的限定条件弄得多么严格，看上去我们也仍旧能够提出涉及"变异因果链条"的反例。在这些情形的每一个当中，意向因果自我指称的形式要求似乎都得到了满足，然而我们不会说，或者至少我们不愿意说，相关意向状态得到了满足。就感知而言，存在这样的情形，其中尽管视觉经验由对象引起，但行动主体并没有真的"看见"对象；就行动而言，尽管存在这样的情形，其中在先意向引起了行动中意向，也存在这样的情形，其中行动中意向引起了动作，但我们不会说在先意向得到了实施，或者这项行动是意向性的。让我们就每一种情形来考虑一些例子。

例 1.[1] 假设一个人不能举起他的手臂，因为他那里的神经被切断了。尽管他努力尝试，但仍旧不能把他的手臂从其身体侧面挪动。他一再尝试，但终究没有成功；然而有一次，他是如此努力地尝试，以至于他的努力使他够到了一个开关，而这个开关激活了天花板上的一块磁铁，磁铁又吸引了他手腕上的手表里面的金属，这样便举起了他的手臂。在这种情形当中，他的行动中意向引起他的手臂往上去，但并不是"通过适当的方式"引起它。在此情形中，我们不愿意说他有意地抬起了他的手臂，甚至都不愿意说他抬起了他的手臂。

例 2. 比尔想杀死他的叔叔。这种在先意向使他非常不安以致引起了他的胃疼，于是他忘记了关于在先意向的一切，但胃疼使他愤怒，而因为愤怒他便杀死了他看到的离他最近的那个人，而此人碰巧就是他的叔叔，而且比尔也认出了那就是他的叔叔。在这种情形中，在先意向引起了行动中意向，方法是通过引起胃疼，胃疼又引

---

[1]　我把这个例子归于怀特（Steve White）。

起愤怒，而行动中意向引起了它自己的满足条件。不过尽管这是一起有意的谋杀，但它并不是实施在先意向的例子。

例 3. 假设一个人在观看一张桌子，并假设他并不知道他实际上并没有看到真正那张桌子。但是，假设那张桌子释放出了某种味道，而这种味道引起了他的一种视觉上的幻觉，这种幻觉在性质上不能与他实际看到那张桌子时会有的那种视觉经验区分开。在这样一种情形当中，这张桌子引起了这种视觉经验，而在这种视觉经验当中表达的满足条件实际上得到了满足，也就是说，真的有一张桌子在那里，但那个人从来没有看到过它。

和我已经看到的关于变异因果的其他例子一样，上述所有这些例子都展示了某些共有的特征：它们或者涉及意向内容未能成为因果的方面，或者涉及意向状态的因果关系当中某种可计划的规律性的缺乏。消除这些例子的方法是要看到，意向因果必须在意向性方面起作用，为了使意向因果发挥作用，必须存在可计划的规律。

考虑例 1。假设那个人知道磁铁的事情，而且知道只要通过摁动按钮来激活磁铁他就可以抬起他的手臂。如果他在一种有规律性的基础之上这样做了，并知道所发生的事情，那我们会毫不犹豫地说他是有意地抬起了他的手臂，尽管这不可能是一项基本行动。他的行动中意向会是推动那个开关，而这会是导致手臂抬起来的借助关系的一个组成部分。此外，假设在这个例子的另一变种中，我们给这个人接上了电线，以至于他不知道，只要他想着抬起他的手臂，就会激活头上的磁铁，跟着他的手臂就会往上去。在这种情形中，我们会简单地说他抬起了他的手臂，尽管这个因果序列的形式和标准情形很不一样。实际在这种情形中，抬起他的手臂是一项基本行动。带来麻烦的最初那种情形的特征是它的偶然和无意的特征：当他的手臂往上去时，事情并没有按照计划发生。在这个例子中，那个人的手臂在那个特殊场合往上去了纯属偶然。但是，如果我们有了某种形式的一致的意向效用，那我们就会毫不犹豫地说这种意向状态得到了满足。

现在考虑例2。那个人完全忘记了他最初的意向，这对例2是最关键的。是他的愤怒而不是他的在先意向引起他杀死了他的叔叔。如果我们并不拥有被忘记的那个意向的特征，但如果他仍旧记得他的在先意向并依其行事，那么，即便他只是因为如此愤怒才依其行事，那也仍旧会是实施他的在先意向的情形。这个例子所缺的是意向状态在其意向性方面的因果作用。他的在先意向并没有因果地起作用，直至造成他的行动中意向，所以当这个行动主体做出行动时，他并不是通过施行他的在先意向而行动。满足一种在先意向的意向内容的一个必要条件是，这种意向内容必须在生成它的满足条件过程中因果地用作因果的方面，而在这个情形中却没有这个特征。最初的意向内容只是造成了胃疼。

现在来考虑例3。和例1一样，这是一个偶然的而不是可计划的有规律的因果序列，这就是为什么它并不是真的看到那张桌子的情形的原因。如果我们把这个例子改一下，以便使它显示一种可计划的规律性，上述观点就会变得更加明显。假设那个人关于那张桌子的"幻觉"不是一次性（one-time）事件，但假设他能够一致地从他的视觉神经末梢（这是从我们的视觉器件中获得的）获得关于桌子、椅子、山脉、彩虹等等的相同类型的视觉经验。那么，在这样一种情形中，我们只会说那个人看到了我们所看到的一切，但他不是通过常规方式看到的。简而言之，最初那个例子的问题就是缺乏可计划的一致性。

现在，我们可以就改进上述说明的必要条件进行陈述，以便我们可以消除我们考察过的所有这些变异的因果链条。第一个条件是指，应该存在意向内容在其意向性方面的连续性效用。这可以消除所有干扰性或者间断性的意向性的情形。第二个条件是，应该至少存在一种合理程度的可计划的一致性或规律性。当我使用像"一致性"和"规律性"这些表达式的时候，我并不是在统计学意义上使用它们的。例如，在普通的非变异性的例子中，我们并不总是具有统计学上的一致性。当我试着从罚球线投篮的时候，我只是偶然会取得成功。但重要的是，当我确实取得成功的时候，事情就是按照计划进行的。如果篮球是被偶然刮来的一阵风吹进去的，没有计划而且也没有被预见，那我们也就不会把任何成功归为我的意向了。

现在看来，在最初陈述的例 1 和例 3 当中，事情就不是按照计划发生的，在这两种情形当中，只是因为处在行动主体预期的背景和网络之外的某个偶然或并非有意的特征才发生了这样的事。只要我们修改这些特征以便那些奇怪的特征得到控制，使它能够变成计划的一部分，也就是变得可以被我们进行感知或行动时运作的网络所表征，那么，这些情形就不会再是反例了。这表明，我所考虑的实际上是这种情形：不存在什么东西，其本身就是变异的因果链条。一个因果链条只是相对于我们的期待以及相对于我们关于一般意义上的意向性的网络和背景才是变异的。

尽管这两个条件——意向因果必须处在意向性方面之下，以及意向因果必须显示出可计划的规律性——足以消除我们考察过的反例，但我仍旧不能完全满意。这些条件还是没有清晰地陈述出来，而我本能地认为，我们仍然可能想到其他类型的反例。某些事情可能仍旧在躲避着我们。但是，如果我们提出皮考克（C. Peacocke）的问题：[1] 为什么因果链条如何运作这一点对于我们很重要？我相信

[1] C. Peacocke, "Deviant causal chains", *Midwest Studies in Philosophy*, vol.4（1979），pp.123—155.

我们可以发现我到目前为止所给出的回答是有说服力的。如果我们获得了适当类型的身体动作或适当类型的视觉经验，那么，为什么我们会关心它们是否"通过适当的方式"被引起的呢？我所表明的是，要想回答这个问题，就必须遵循下面的路线。我们应对世界的最根本方式就是通过行动和感知，而这些方式本质地关涉意向因果。现在，当我们形成用来描述这些基本意向关系的概念，如看到一个物体，或者实施一项意向，或者尝试和成功这样的概念时，为了应用这样的概念，我们所需要的就不仅仅是在意向内容和由它引起或者引起它的那些事态之间存在正确的匹配，而是需要更多东西。我们提出一个更进一步的要求，关于这个要求，哲学家们已经通过说这种匹配必须"通过适当方式"进行明确表达过了。但我们为什么要提出这个要求，它究竟是什么呢？我们提出这个要求，是因为我们想让我们的概念来表达这个条件，即行动和感知当中的意向性必须真正发挥作用；于是我们坚持认为，这种意向性一定不是副现象性的东西（epiphenomenal）。我们坚持认为，意向性必须与充分的规律性和一致性协同运作，以便适应我们完整的计划和期待。我通过下述说法用这两个条件解释什么叫做"通过适当方式"：意向内容必须是一个因果相关的方面，而且它必须例证一种可计划的规律性。

第五章　背　景

　　带有适应指向的意向状态具有决定其满足条件的内容。但是，它们并不是以一种独立的或原子论的形式发挥作用，因为每一种意向状态都具有其内容，并且只有通过与无数其他意向状态建立关系才能决定其满足条件。[1]我们可以通过形成竞选美国总统这个意向的人的例子看到这一点。例如，一般情况下，他会相信美国是共和制的，要举行定期的选举，在这些定期选举中两个主要政党候选人竞争总统的位置，如此等等。而且在正常情况下，他的愿望是被他所在的政党提名，希望人们为他的候选资格而工作，希望选民能投他的票，如此等等。也许这些当中没有哪一个对于这个人的意向来说是本质性的，可以肯定，它们当中也没有哪一个的存在可由下述陈述衍推出来：这个人具有竞选美国总统的意向。不过，如果没有这些意向状态形成的网络，这个人也就不可能形成我们称作"竞选美国总统的意向"这样的东西了。我们可以说，他的意向"指称"

---

[1]　我正在讨论的是人的意向状态，如感知、信念、渴望和意向。也许存在着在生物学上更为初始的意向状态，它们不要求有网络，或者也许甚至都不要求有背景。

了这些其他的意向状态，也就是说，它只可能具有它所具有的满足条件，于是只能是它所是的那种意向，因为它已经被置于其他信念和渴望的网络当中了。此外，在任何现实生活情境中，这些信念和渴望只是其他心理状态构成的一个更大复合体的组成部分；将会存在附属性的意向以及希望和担忧、焦虑和期望、挫折感和满足感。为简单起见，一直以来我都把这个完整的整体性网络简单地称为"网络"（Network）。

我们完全理解一个人想要成为总统意味着什么，但是，我们根本就不知道一个人想要变成一只咖啡杯或一座山是什么意思，因为——在众多原因当中——我们不知道怎样把这样一种意向嵌入网络当中去。但是，现在我们设想，假如关于网络的假设能够成立，我们开始尝试把联结一种意向状态和另一种意向状态的各种线索查清楚；假设我们试图去除之前段落中的那些"如此等等"，方法是通过实际地阐释清楚网络当中的每一种意向状态。我们很快就会发现这个任务是不可能完成的，原因有很多：首先，网络中的许多，也许是大多数内容都潜存于无意识当中，而我们不是十分清楚怎样把它们梳理出来。其次，网络中的状态不能被个体化；例如，我们不知道如何一个一个地把信念数出来。最后，如果我们实际上试图去执行这一任务，我们将很快发现，我们正在陈述一个命题集，如果我们把它们添加进我们网络中的信念的清单，它们看上去会是可疑的；之所以说是"可疑的"，是因为它们在某种意义上太过基础以致没有资格作为信念，哪怕是作为无意识的信念。考虑下面这些命题：选举是在地球的表面或附近举行的；人们在其上面行走的东西一般来说是固体的；人们只在清醒时才投票；物体阻抗触碰和压力。作为信念的内容，这些命题不能与下面这样的信念和谐共处，如美国每四年举行一次选举，或者，大一些的州比小一些的州有更多的选票。一个人实际上可以无意识地相信（在这个例子里指的是他从来都不去思考他的信念），大一些的州比小一些的州有更多的选票，但是，如果在这种意义上说我也相信我正在其上伏案工作的桌子阻抗触碰，好像是错误的。如果它不阻抗触碰，我肯定会感到惊奇，而这至少会表明，我们具有某种像满足条件这样的东西。此外，一个人当然可能会具有桌子在被触碰时产生阻力的信念，但在本章讨论中我将论证，这并不是描述例如我现在看待这张桌子和其他固体对象的立场的正确方式。对我来说，桌子的硬性本身可以通过如下事实得到显示：我知道怎样坐在一张桌子前，我可以在桌上写字，我把几摞书放在桌子上，我把一张桌子做工作台用，如此等等。当我做其中任何一件事情时，我并没有额外无意识地心中暗想，"它会阻抗触碰"。

我相信，任何一个严肃地尝试查清楚网络中的线索的人，最终都会弄清楚那些本身并不存在于意向状态（表征）当中但却作为意向状态发挥作用在先条件的心智能力的底细。背景是"前意向性的"，也就是说，尽管它不是意向性的一种或多种形式，它却是意向性的一个在先条件或在先条件的集合。我不知道怎样才能决定性地论证这个假设，不过在这一章我将对它进行探讨，并试图提供一些支持它的论证。

一、"背景"究竟是什么意思？

背景是指能够使所有表征得以发生的一个由非表征性心智能力组成的集合。意向状态只在其本身并不是意向状态的能力的背景下才具有它们的确具有的满足条件，因而只在这样的背景下才是它们所是的状态。为了让我现在就能够具有我所具有的意向状态，我必须具有特定种类的专门知识（know-how）：我必须知道事物是怎么样的，而且我也必须知道如何去做事情，但是，这些情形中所讨论的"专门知识"的类型并不具有"知道……"（know that）的形式。

为了论证这一观点，我们来考虑另外一个例子。为了让我现在能够形成走到冰箱那里并拿出一瓶冰啤酒喝的意向，我要考虑什么条件是必要的，以及什么事情必须发生。那些我必须使之与这项任务，甚至是与形成执行这一任务的意向有关系的生物和文化上的资源（在特定条件下考虑）真是令人难以置信。但假如没有这些资源，我根本就不可能形成意向：站立，行走，开门和关门，拿杯子，开冰箱，打开瓶子，倾倒和饮用。正常情况下，激活这些能力要涉及表达和表征，例如，为了打开门我就必须看到门，但识别门的能力和打开门的能力本身并不是更进一步的表征。正是这些非表征性能力构成了背景。

关于背景的最小地图至少也要包括如下成分：我们需要区分我们可以称为"深层背景"（deep Background）的东西，与我们可以称为"局部背景"（local Background）或者"局部文化实践"的东西。前者将至少包括所有正常人由其作为人的生物构成而共有的背景能力——例如行走、吃、理解、感知、识别能力，以及考虑到事物的固体性质的前意向立场，还有对象和其他人的独立存在；后者将包括这些东西，如开门、喝瓶子里的啤酒，以及我们对于汽车、冰箱、金钱和鸡尾酒会这些东西所采取的前意向立场。

在深层背景和局部背景当中，我们都需要区分那些与"事物如何"相关的方面和那些与"如何做事"相关的方面，不过，强调下面这一点也是重要的：在"对我来说事物如何"和"我如何做事"之间不存在什么明确的分界线。例如，下面这些都是我对世界采取的前意向立场的一部分：我把事物的硬度视作"事物如何"的组成部分，我有大量身体技能作为"如何做事"的组成部分。但是，我不可能独立于我对事物硬度的前意向立场激活我的前意向技能，如剥开橙子的技能。例如，我可能想剥开一个橙子，但我不可能想通过同样的方式剥开一块石头或一辆汽车；这不是因为我无意识地相信"你可以剥开橙子，但你不可能剥开一块石头或一辆汽车"，而是因为我对橙子所采取的前意向立场（事物如何）所提供的可能性（如何做事）的范围不同于我对石头或汽车所采取的前意向立场所容许的范围。

二、如何论证背景假说？

令"背景假说"（hypothesis of the Background）是下述主张：意向状态通过我在上文所勾勒的方式，以非表征性的前意向能力作为基础。我们该如何证明这样一个主张是真的呢？这样一种主张到底有哪些经验上的重要性呢？我不知道有什么证实性的论证可以证明背景的存在。也许论证背景假说的最好方法是向读者们解释清楚我自己是如何确信它的存在的。我的这个确信是一系列多少有些独立的研究的结果，这种研究的累积性后果导致了一种对背景假说存在的信念。

（一）对字面意义的理解

对语句的字面意义的理解要求有一种前意向背景，从最简单的语句，如"那只猫在那张垫子上"到最复杂的物理科学语句，皆是如此。例如，"那只猫在那张垫子上"这个语句只有在假设其本身不是该语句字面意义的组成部分的前意向隐含假定存在的背景下才能决定一个明确的真值条件集。这一点可由下述事实表明：如果我们改变这种前意向背景，那么，具有相同字面意义的相同语句就将决定不同的真值条件，不同的满足条件，即使该语句的字面意义没有发生任何变化。这将会导致这样的后果：语句的字面意义不是一个与语境无关（context-free）的概念；它只有相对于一个由前意向背景假定和实践构成的集合才能获得应用。[1]

也许论证这一点的最好方法是去表明，相同的字面意义如何在给定不同背景的情况下决定不同的真值条件，而且，若给定某些背景，那些从古典的观点看在语义上没有问题的语句根本就是不可理解的，它们没有确定任何一个明确的真值条件集。考虑动词"打开"在下面五个英语语句当中的出现，它们都是语句"X 打开了 Y"（X opened Y）的替换实例：

汤姆打开了（opened）这扇门。

萨利睁开了（opened）她的眼睛。

那位木匠凿开了（opened）这堵墙。

萨姆打开了（opened）他的书，翻到了第 37 页。

那位医生切开了（opened）伤口。

"打开"这个词在上面五个语句当中都有相同的字面意义，这在我看来是显然的。谁否认这一点，谁就会被迫持有如下观点："打开"这个词具有含混性，也许甚至会无穷地含混下去，因为我们可以继续开列这样的例子；而意义的含混似乎是一个荒谬的结果。此外，我

---

[1]　对有关例子的详尽讨论，见"Literal meaning", in J.R. Searle, *Expression and Meaning* (Cambridge: Cambridge University Press, 1979)。

们至少可以论证这些例子和"打开"一词的其他出现形成鲜明对比，在其他语句中，这个词具有不同的含义或者意义。考虑下面这些例子：

> 主席召开了（opened）会议。
>
> 炮兵开了（opened）火。
>
> 比尔开了（opened）一家餐馆。

我现在想要提出的观点是：尽管在第一组例子中，"打开"这个词所贡献的语义内容都是相同的，但对于这种语义内容的理解方式在每一种情形中却是十分不同的。在每一种情形下，"打开"一词所标示的真值条件是不同的，尽管语义内容是相同的。切开伤口所意味的东西不同于打开书本所意味的东西，而这些语句的每一个在字面上则要求以不同的方式来理解，尽管"打开"在每一种情形中都具有相同的字面意思。你可以看到这些解释是不同的，方法是通过设想一个人如何实施包含"打开"一词的字面上的指令。假设为了回应"打开这扇门"这个命令，我开始用一把外科解剖刀在门上切开一个口子；我打开这扇门？也就是说，我在字面上"服从了""打开这扇门"这一字面指令了吗？我想没有。对"打开这扇门"一句的字面意义的理解，不仅要求理解作为其构成成分的表达式的语义内容，还要理解把这些成分组合成语句的规则。此外，"正确的"解释不是由我们用来替换"x"和"y"的表达式的语义内容所强加的，因为我们很容易设想这样的背景实践，在其中这些词保持它们意义不变，但我们却通过十分不同的方式理解了这些语句：如果眼皮进化成了安装有黄铜铰链、上着大铁挂锁的门，我们就会通过与我们现在十分不同的方式来理解"萨利睁开了她的眼睛"这个语句了。

第五章 背 景

至此，我尝试着说明了，对于理解意义来说，除了掌握意义还需要更多的东西，粗略地说，这是因为我们所理解的东西已经超出了意义本身。提出相同观点的另一种方法是去表明，有可能把握了一个语句所有构成成分的意义却仍旧不理解这个语句本身。考虑下面这三个同样包含"打开"（open）一词的语句：

比尔打开了（opened）这座山

萨利打开了（opened）草

山姆打开了（opened）太阳

这些语句中在语法上没有哪一个有错误。它们都是语法上极好的语句，而且，我们也容易理解这些语句当中的每一个词。但是，关于如何解释这些语句，我们却一点主意也没有。例如，我们知道"打开"是什么意思，也知道"山"是什么意思，但我们却不知道"打开山"是什么意思？如果有人命令我打开这座山，我几乎都不知道应该去做什么。当然，我可以为每一个语句都发明一种解释，但要这样做，我就必须在字面意义所起的作用之外，对理解提供更多的东西。

于是，我们需要对两组事实做出解释：首先，我们在第一组例子的每一个实例中都通过不同的方式理解了相同的字面意义；其次，在后面这组例子中，尽管我们毫无困难便把握了这些语句的构成部分的字面意义，但我们根本就没有理解这些语句本身。

我相信这种解释简单而且明确，但它对于意义和理解理论却有着深远的影响。第一组例子当中的每一个语句都是通过在一个意向状态网络当中，并在能力和社会实践的背景下来理解的。我们知道怎么样去打开门、书本、眼睛、伤口以及墙壁；网络和实践背景中的差异导致我们对同一个动词有着不同的理解。此外，我们根本就没有关于打开山脉、草或太阳的公共实践。很容易去发明一种背景，也就是设想一种实践，它能够为打开山脉、草和太阳的思想提供一种清晰的含义，但目前我们还没有这种公共的背景。

关于背景和字面意义之间的关系，我想再来考虑两个相关的问题。首先，即使背景的相关部分还没有成为语义内容的组成部分，可它们为什么不能经过授权而成为语义内容的组成部分呢？其次，如果背景就是表征（无论是语言上的表征还是其他形式的表征）的在先条件，为什么背景本身就不可能由无意识信念这样的意向状态来构成呢？

我们来回答第一个问题：如果我们试图把背景的相关部分都解释为一个表达更多语句内容的语句组成的集合，那么，要理解它们就需要更多的背景。例如，假设我们记下了所有有关门以及打开门的事实，并认为这些事实会把对"打开这扇门"这个句子的正确理解固定下来。这些事实将用一个语句集来陈述，其中的每一个都有自己的语义内容。但是现在，这些语句本身必须得到人们的理解，而要理解它们又要求有更多的背景。如果我们试图把背景解释为这种语义内容的组成部分，那我们就永远都不知道会在什么时候终止，而且为了让人们理解我们提出的每一种语义内容，都要求有更多的背景。关于第二个问题：如果表征预设了一种背景，那么，这种背景本身就不可能存在于表征当中而同时又不会造成无穷倒退。我们知道，这种无穷倒退在经验上是不可能的，因为人类的理智能力是有限的。语言理解当中的一系列认知步骤总会终结。就此处提出的观念而言，它并没有终结于对孤立存在的语义内容的把握，乃至终结于语义内容以及一个由被预设的信念组成的集合，而是说，这种语义内容只有在一种由文化和生物的专门知识构成的背景之下才能起作用，正是这种背景性专门知识才使得我们能够理解字面意义。

（二）对隐喻的理解

下面这种想法是具有诱惑力的：必定存在着某个由规则和原理构成的确定集合，它能够让语言的使用者生成和理解隐喻性的言说，而且，这些规则或原理必定具有类似算法特征一样的东西，以至于只要对这些规则进行严格应用，我们便可以获得对隐喻的正确解释。然而，一旦我们试图陈述这些解释的原理，就会发现一些有意思的事实。我们能够合理地提出来的规则决不是算法性的。事实上，存在着一些可以发现的原理，它们能够让语言使用者了解到，当一个说话者隐喻地说 X 是 Y 时，他的意思是说相对于某些特征 F，X 和 Y 相像。但是，这样的规则并不是以机械方式发挥作用的：不存在任何运算法则能够让我们发现什么时候一种言说要通过隐喻方式做出，而且也不存在任何计算法则可用来核算 F 的值，即使是在听话者已经了解到这种言说要隐喻地做出之后。此外，对当前情形来说，更有意思的一点是，存在着许多隐喻，对它们的解释并不依赖于对词项 Y 的外延和词项 X 的指称对象之间在字面上的相似性的任何感知。例如，让我们来考虑关于人格特征的味觉隐喻或者关于情感状态的温度隐喻。例如，我们谈到 "甜蜜$_Y$的人$_X$""酸$_Y$的脾气$_X$"，以及 "苦$_Y$的人格$_X$"。我们也谈论 "温暖$_Y$的欢迎$_X$""冷淡$_Y$的接待$_X$""冷漠$_X$的友谊$_X$""热烈$_X$的论证$_X$""火热$_X$的爱$_X$" 和 "性冷淡$_{XY}$"。但是，在味觉隐喻和温度隐喻中，在词项 Y 的外延和词项 X 的指称对象之间，都不存在足以说明隐喻性言说意义的任何字面上的类似之处。例如，表达式 "冷淡的接待" 的隐喻性言说的意义，就不依赖于冷淡的事物和被如此描述的接待的特征之间的任何字面上的相似。

实际上，存在某些隐喻据之而发挥作用的关于相似性的原理；但是，当前例子的要点是要表明，也存在着特定的隐喻，而且事实上还存在着完整的隐喻类，即便没有任何关于相似性的基础原理它们也能发挥作用。下面这一点似乎就是关于我们的心智能力的一个事实：即使不使用任何与做出特定联想的纯粹能力不同的基础性"规则"或"原理"，我们也能解释清楚特定类型的隐喻。除了说它们是非表征性的心智能力，我不知道还有什么更好的方法可以来描述这些能力。

这些规则的非算法性特征，以及有些联想根本就不是由规则决定的这个事实，都表明相关的非表征性能力是存在的，但是，假如有人认为由此可以推出，一个完整且具有算法性的规则集将会表明这样的背景是不存在的，那么，上述主张就是引人误解的了；因为正如我们将要看到的，即便是这样的规则，对它们的应用也需要有一种背景。

（三）身体技能

我们来考察一下学习滑雪是一种什么样的情形。初学滑雪的人会得到关于他应该做什么的口头指令："向前倾斜""踝关节弯曲""把重心放在下降滑雪板上"，等等。其中每一个都是一种明确的表征，只要滑雪者认真去学，其中每一个都将作为决定这项行为的意向内容的组成部分因果地发挥作用。初学者试图通过服从把重心放在下降滑雪板上这一指令，把重心维持在下降滑雪板上。这里我们就拥有一种标准的意向因果情形了：这些指令具有世界向语词的适应指向以及语词向世界的因果指向。滑雪是借助明确表征而学到的诸多技能之一。但一段时间后，学习者滑得越来越好；他不再需要提醒自己遵守这些指令，他只不过就是走出去并开始滑雪而已。

按照传统的认知主义观点，这些指令已经被内化了，并且正在当下无意识地发挥作用，但仍旧被看作表征。事实上，按照有些作者，如布兰尼（M.Polanyi）[1] 的看法，本质上，这些意向内容会无意识地发挥作用，因为如果一个人要是考虑了它们或者试图让它们变成有意识的，那它们就会起到妨碍作用，这样他反而就不会滑雪了。恰如格言里面所说的那条因为考虑接下来它应该移动哪条腿而变得瘫痪的蜈蚣一样，如果这位初学者也试图记住指导者的规则，他就会变得不能正常移动或至少不能前进了；他最好让它们无意识地发挥作用。

我发现上面这种关于学习者滑得更好时发生了什么事情的说明是不合理的，而我想提出一种替代假说。当学习者滑得越来越好时，他并没有更好地把那些规则加以内化，而是说那些规则变得逐渐不再相关。那些规则并没有被"编排"为无意识的意向内容，但是不断重复的经验却生成了身体上的能力，这种能力大概就像神经传导那样来实现，从而使规则变得完全不相关。"熟能生巧"，这并不是因为实践导致我们完美地记住了规则，而是因为不断重复的实践能够使身体得到凸显，而规则则退入背景当中。

如果我们没有必要认为每一种身体技能都以大量的无意识心智表征作为基础，而是说不断重复的实践和各种情境中的训练最终使表征的因果功能在运用这些技能时变得可有可无，那么，我们就能够用更经济的解释手段来解释这些资料了。熟练的滑雪者并不是因为更好地遵守了规则，而是以一种根本不同的方式去滑雪。他的动作流畅和谐，而初学滑雪的人，无论有意识还是无意识地关注规则，其动作都干涩、生硬和笨拙。专业滑雪者动作灵活，能根据不同的

---

[1] M. Polanyi, *Personal Knowledge: Toward a Post-Critical Philosophy*（Chicage: University of Chicago Press, 1958）.

地形和雪的状况做出不同的反应；初学滑雪者则不够灵活，当不同的和少见的情况突然出现时，他趋向于摔倒在地。赛道上的速降滑雪选手在一个粗糙且凹凸不平的区域上能以超过每小时60英里的速度快速移动。他的身体能针对地形上的诸多变化做上千次的快速调整。现在来看，更合理的是下面的哪一点：当他的身体做出这些调整时，只是因为他正在使用无意识的规则做着一系列快速的无意识计算？或者相反，速降滑雪选手的身体受到的训练使他自动应对地形上的变化？在我看来，他的身体的作用是主导的，滑雪者的意向性集中在赢得比赛上了。这并不是要否认在运用技能时存在着相关形式的意向性，也不是要否认有些意向性是无意识的。

这三组考虑没有哪一个是决定性的，当然也就没有人就背景假说提出过任何形式的论证。不过，一个特定的画面开始浮现：我们的确具有意向状态，有些是有意识的，多数则是无意识的；它们形成了一个复杂的网络。这个网络退隐到能力（包括各种不同的技能、能力、前意向假定和预设、立场以及非表征性态度）的背景当中去。背景不在意向性的外围，而是渗透于意向状态的整个网络之中；因为没有背景的话，这些状态就不可能发挥作用，它们就不可能决定满足条件。没有背景就不可能有感知、行动、记忆，也就是说，不可能存在这样的意向状态。假定这就是关于工作原理的画面，关于背景存在的证据就随处可见了。例如，做出言语行动的规则，或者解释间接言语行动的规则就具有一种应用，它们如同隐喻的"规则"那样，依赖于背景。

从根本上说，这些考虑提出了对于背景的一种更传统的试探性论证（不过我必须承认，我发现"考虑"比"论证"更有说服力）：假定背景假说的反命题是真的，也就是说，假定所有意向心智活动及所有认知能力都能完全地化归为表征：信念、渴望、内化的规则、关于如此这般是实际的知识，等等。所有这些表征都可以被表达为一种明确的语义内容（当然，它们中有许多都是无意识的，因而不能被行动主体加以反省），而心智过程就在于从这样一种语义内容进展到另一种语义内容。但是，这种说法存在某些困难。这种观念提供给我们的语义内容不是自我适用的。即便给出了这些语义内容，我们仍旧必须知道我们用它们去做什么、如何应用它们，而如果不产生无穷倒退，这种知识就不可能以更进一步的语义内容为主要元素。例如，假设我具有行走能力的确是由于我已经内化了一组行走的规则，那么，这些规则会是什么样子的呢？好了，假设我们试着把下面这些当作一种行走的规则："首先，向前移动左脚，然后移动右脚，接着移动左脚，以此方式继续下去。"但正如我们所见，刚刚表达过的这些语义内容都要进行各种不同的解释。究竟什么算作"脚"、什么算作"移动"、什么算作"向前"、什么算作"通过这种方式继续下去"？给定不同的背景假定，我们就能通过无穷多的方式来解释这条规则，尽管在目前看来，我们所有人都知道"正确的"解释是什么。现在，这种知识不可能被表征为一种更进一步的语义内容，因为如果这样做的话，同样的问题将会再次出现：我们需要另一种规则，使其对行走规则的解释规则进行正确的解释。解决这个悖论的出路是要看到，我们从一开始就不需要行走规则，我们不过就是行走罢了。[1] 在那些我们实际上的确是按照规则行事的情形中，我们遵守了规则，如同在言语行动情形中那样，我们只是依照规则行事罢了，我们不需要任何更进一步的规则去解释这些规则。的确存在着表征，其中有些在导致我们的行为过程中因果地发挥作用，但我们最终可以通过一系列的表征而获得基本的能力。正如维

---

[1] cf. Wittgenstein, *Philosophical Investigations* (Oxford: Basil Blackwell, 1953), Paras 198—202.

特根斯坦所表明，我们不过就是做出行动罢了。

假设你在一大卷纸上记下了你所相信的所有事情。假设其中包括所有这样的信念，它们实际上是能促使你产生更多信念的公理，而且你还记下了你可能需要的任意"推理原则"，以便能促使你从你的在先信念推导出更多的信念。于是，你不需要记下"7 + 1 = 8"和"8 + 1 = 9"；一个对皮亚诺（Peano）算术原理的陈述，将会解释你的算术信念为何会具有无穷推导能力。现在，假设你通过这种方式记下了你的每一个信念。关于你所列出的信念清单，我想说的是，如果我们所拥有的一切就是对你的信念内容的口头表达，那么到现在为止，我们就根本没有任何意向性。而这不是因为你所记下的是没有任何意义的"无生命"记号，而是因为，即使我们把它们解释为对弗雷格型语义实体的表达，也就是命题内容，这些命题也不是自我适用的。在它们能够发挥作用之前，你仍旧必须知道使用这些语义元素去做什么；你必须能够应用这些语义内容，以便它们能够决定满足条件。现在看来，这种应用或解释意向内容的能力就是背景特有的功能。

三、背景在什么意义上是心智性的？

有人可能会论证，而且我也已经看到有人在论证，我所谓的背景实际上是社会性的，它是社会互动的产物，或者它主要是生物性的，乃至论证它是由世界上的实际对象，如椅子和桌子、锤子和钉子——以海德格尔的口气说，就是"触手可及的器具的指称性全体"（the referential totality of ready-to-hand equipment）构成的。我想说的是，所有这些观念当中至少存在一种真理成分，但这并没有减损如下这种关键性意义：背景是由心智现象构成的。

我们每一个人都是由其他生物性和社会性存在物构成的世界当中的生物性和社会性存在物，周遭布满了人工物品和自然对象。现在，我一再称之为背景的东西实际上导源于由特定关系构成的完整的汇集，而每一个生物-社会性存在物都和围绕它的世界具有这种关系。假如没有我的生物性构造，没有我置身其中的社会关系集合，我就不可能具有我实际具有的背景。但是所有这些关系，生物的、社会的、身体的，所有我们置身其中的事物都只与背景的产生有关，因为背景对我产生了影响，特别是对我的心-脑产生了影响。世界和我的背景有关，这只是因为我与世界的相互作用；而我们能够诉诸通常所谓"缸中之脑"（brain-in-the-vat）的寓言来说明这一点。即使我是一个缸中之脑——也就是说，即使我在世界上的感知和行动都是幻觉，而且，我的所有外在指称性的意向状态的满足条件实际上都没有得到满足——我也的确会具有我所具有的意向内容，因而我必然会具有这种背景，它与假如我不是缸中之脑并且也具有那种特定意向内容我也可能会具有的背景完全相同。我具有一个特定的意向状态集合这一点，以及我具有一种背景这一点，在逻辑上并不要求我在实际上与周遭的世界具有特定的关系，尽管作为一个经验事实，我不可能具有下述情况下我的确具有的背景：我没有一种特殊的生物史，也并不与其他人有一组特殊的社会关系，而且不与自然对象和人工物品有任何身体上的关系。因此，背景并不是一个事物的集合，也不是我们自己和事物之间神秘莫测的关系构成的集合，相反，它只是一个包含技能、立场、前意向假定和预设、实践和习惯在内的集合。就我们所知，所有这些都会在人的大脑和身体当中实现。就我对背景一词的使用来看，关于它，没有任何"超验的"或"形而上的"意味。

四、研究背景的最好方法是什么？

我发现，在出问题的情形中去研究背景是最有用的，在这样的情形中，意向状态因为有关意向性的前意向背景条件集合的某种失败而未能获得它们的满足条件。考虑两种类型的例子。假设在我走进自己办公室的时候，突然发现门的另外一侧有一个大裂缝。我进入办公室的意图当然会受到妨碍，这就是未能获得一种意向状态的满足条件的情形。但是，这个失败的原因和我的背景预设当中出现的一个问题有关。并不是说我总会有这样一个信念——有意识的或无意识的，即在我的门的另一侧不会有裂缝，甚至我也不会总是相信我的地板是"正常的"；相反，当我有意试图进入办公室的时候，我的那些习惯、实践以及我就自己办公室做出的前意向假定在这种情形中均未能出现，而正是出于这个原因，我的意向才受到了妨碍。另一种类型的例子涉及身体技能的训练。假设当我试图游泳时，我突然发现自己不会游了。从小时候起我一直都会游泳，我突然发现我甚至都不能做出一个简单的划水动作。在这种情形中，我们可能会说有两种意向状态受到了妨碍。第一，我游泳的意向受到了妨碍，第二，我能够游泳这个信念被证明是假的。但是，实际的游泳能力既不是一种意向也不是一个信念。在这个情形中，我完全丧失了实际的游泳技能，也就是我做出某些身体动作的能力。我们可以说，在第一种情形中我在"事物如何"问题上失败了，而在第二种情形中则是在"如何做事"问题上失败了。在这两种情形中我们都出现了问题，而这个问题是通过未能获得某种意向状态的满足条件得到体现的；但是，每一种情形当中失败的原因并不在于意向性的更进一步的失败，而是作为所讨论意向状态之基础的前意向性能力在功能的发挥上出了问题。

五、为什么在描述背景，乃至在寻找一个描述背景的中立词汇时，会有这么多的麻烦？为什么事实上我们的用语看上去总像是"表征性的"？

到现在为止，读者已经注意到，在寻找日常词项来描述背景这个问题上，存在一个实实在在的困难：我们含糊地谈到"实践""能力"和"立场"，或者，我们提示性地但却误导地谈到"假定"和"预设"。后面这些词一定是错的，因为它们必须具备带有其命题内容、逻辑关系、真值、适应指向等等的表征工具；这就是为什么一般情况下我都要在"假定"和"设定"之前加上显然属于矛盾修饰词的"前意向的"，因为所讨论的"假定"和"预设"的含义并不是表征性的。我所中意的表达式是"能力"和"实践"，因为这些词能够取得成功或者失效，但这也只是在运用它们的时候才行；而且，它们能够在自身不是表征的情况下取得成功或失效。然而，就连它们甚至也是不完备的，因为它们未能传达一种恰当的含义，即这些现象显然是心智上的。我们应该会对下述事实产生兴趣，我们没有任何中立词汇来讨论所讨论的这些现象，我们往往会陷入一个意向性词汇表当中去。为什么会是这样呢？

心灵的主要功能，就我们关于该词的特殊含义而言，就是进行表征；毫不奇怪，像英语这样的语言为我们提供了描述这些表征的一个相当丰富的词汇表，这个表中包含了记忆和意向、信念和渴望、感知和行动等词汇。但是，正如语言被很好地设计出来不是为了讨论其自身，心灵被很好地设计出来也不是为了反思其自身：我们最熟悉的是一阶意向状态以及用来描述这些状态的一阶词汇，例如，我们相信天已经停止下雨，我们希望我们能有一瓶冰啤酒，我们对利率的下降感到遗憾。当真的需要对我们的一阶状态进行二阶研究时，除了一阶词汇表，我们手边没有任何其他词汇表。我们对一阶现象进行的二阶研究自然也要使用一阶词汇表，因此，我们可以被认为很自然地反思了我们的反思，或者具有关于信念的信念，乃至对预设作了预设。但是，在考察心灵发挥作用的可能性条件时，除了一阶意向状态的词汇表，我们几乎没有其他词汇。根本就不存在关于背景的任何一阶词汇，因为背景根本就没有意向性。作为意向性的在先条件，背景是意向性所见不到的，正如用来观看的眼睛不能被它自己看到一样。

再者，由于我们所能拥有的唯一的词汇表就是一阶心智状态的词汇表，于是，当我们反思背景时，我们想要做的就是通过其他心智现象的模型来表征它的元素，从而认为我们的表征就是关于表征的表征。它们还可能是什么别的东西呢？在餐馆吃午餐时，当我举起啤酒杯，我惊奇地发现杯子几乎没有重量。经过观察才发现，那个厚厚的杯子不是玻璃做的而是用塑料做的。我们会自然而然地说，我曾相信这个杯子是用玻璃做的，我曾以为它会很重。但是我错了。正如我真的相信利率会下降但却没有就这一点做出明确思考，以及我真的期望当前的热浪能够消退，关于这个杯子我却没有任何这样的期望和信念；我只不过就是做出了某种行动而已。日常用法促使我们这样来处理背景所含的元素，好像它们本身就是表征一样，我们可以这样做，也确实这样做了，但由此并不能推出：当这些元素发挥作用时，它们便用作了表征，而且这也不是实际情况。我们为故意违反日常语言习惯而付出的代价就是使用隐喻、矛盾修饰词以及彻底使用新词。

六、背景是如何运作的？

背景提供了一个起动（enabling）条件集，它们让特定形式的意向性发挥作用成为可能。正如美国宪法能够让某个潜在的候选人形成变成总统的意向，正如游戏规则能够让某些步骤在游戏过程中得以实施，背景也能够让我们具有特定形式的意向性。然而，当我们认识到游戏规则和美国宪法两者都是表征的集合，特别是它们都是构造性规则的集合时，这些类比就无效了。重申一下，背景不是一个表征的集合，但它却和游戏的结构或宪法的结构一样，提供了一个起动条件集。背景因果地发挥作用，但所讨论的因果并不是决定性的。按照传统说法，对于理解、相信、渴望、想要等等来说，背景所提供的是必要但不充分的条件，从这种意义上说，它是起动性的但不是决定性的。没有什么会迫使我正确理解"打开那扇门"的语义内容，但如果没有背景的话，我就不可能拥有这种理解，任何理解都要求具有某种背景或者其他。因此，下述看法是不正确的：背景搭建了意向内容和决定其满足条件这两者之间的桥梁，就好像意向内容本身不能获得满足条件似的。下述做法则是更加错误的：把背景看作一个函数集，它把意向内容处理为自变元并把满足条件判定为因变元。这两种想法都把背景解释成了获得主要意向内容的某种更进一步的意向内容。就我所提出的概念而言，背景更准确地说是由实践、技能、习惯和立场构成的集合，它们能够让意向内容通过它们所具有的各种方式来运作，正是在这种意义上，背景通过为意向状态的运作提供一个起动条件集而因果地发挥作用。

许多哲学问题的出现都是因为没有能够理解到背景的性质和运

作原理。我只想提到这些问题产生的一个根源：如我之前讲到的，取背景中的一个元素并把它处理为表征，这总是可能的，但从把背景的一个元素处理为表征是可能的这一事实，并不能推出：当这个元素发挥作用时它的功能就是进行表征。当前发生并且也是再次出现的关于"实在论"的哲学论争就是对这一点的最好证明。我想说的是，实在论并不是一种假设、信念或哲学论题；实在论是下述意义上的背景的组成部分。我对"实在论"的认可是通过下述事实来展示的：我以我的生活方式来生活，我开我的汽车、喝我的啤酒、写我的论文、做我的讲演以及滑我的雪。除了所有这些活动（它们每一个都证明了我的意向性的存在），不存在关于现实世界之存在的更进一步的"假设"。只要我做到了几乎所有的事情，那么，我对现实世界之存在的认同也就得到了证明。把这种认可看成是一个假说，似乎除了滑雪、喝水、吃饭等等，我还持有一种信念——存在一个独立于我对它的表征的现实世界，这是错误的。一旦我们通过这种方式错误地解释了背景的功能，也就是说，一旦我们把前意向性的东西看成一种意向性，它立刻就会变成有问题的。情况似乎是这样的：我从来就不能显示或论证，存在一个独立于我对它的表征的现实世界。但可以肯定，我之所以从来就不能显示或论证这一点，是因为任何显示或论证都预设了背景的存在，而背景就体现了我对实在论的认可。当前关于实在论的争论就大多数情况而言的确没有什么意义，因为这个问题的提出，或者说任何问题的提出，都预设了关于背景的前意向实在论。"存在一个独立于我对它的表征的实在世界吗？"，这个问题不可能具有完全的意义，因为这样一种表征只有在一种为表征提供了"表征某种东西"这一特征的背景下才能存在。这并不是说实在论是一种真正的假说，相反，它根本就不是什么假说，而是拥有假说的在先条件。

第六章　意　义

一、意义和意向性

本书处理意向性的方式绝对是自然主义的，我把意向状态、过程和事件看作我们的生物生命史的组成部分，就像消化、生长和胆汁分泌也是我们的生物生命史的组成部分那样。从进化论的观点看，正如在其他生物过程的发展中存在着优先序，意向现象的发展过程中也存在着优先序。在这种发展中，至少在人类具有语言和意义这种意义上，语言和意义出现得很晚。除人类之外的许多种群都具有感官感知和意向行动，而且，有几个种群，当然是灵长类，具有信念、渴望和意向，但几乎没有哪个种群，也许只有人类，具有这种特殊的但也是以生物性为基础的意向性形式，而我们把它和语言及意义关联了起来。

意向性不同于其他类型的生物现象，因为它具有一种逻辑结构，而正如存在进化论上的优先性，也存在逻辑上的优先性。本书所提倡的生物学方式的一个自然后果，是把意义（指的是说话者通过他们的言说来意指某种东西）看作更加初级的意向性形式的特殊发展。如此解释的话，说话者的意义应该完全可以根据更加初级的意向形式进行定义。而这种定义在下面这种意义上是十分重要的：我们根据那些并非本质就是语言上的意向性形式来定义说话者的意义。例如，如果我们能够根据意向来定义意义，我们就可以根据一个非语言概念来定义语言概念，尽管许多，也许是大多数人的意向实际上都是通过语言方式来实现的。

就这种方案而言，语言哲学是心灵哲学的一个分支。就其最一般的形式来看，它就相当于如下观点：某些基本的语义概念如意义，可以根据更加基本的心理概念如信念、渴望和意向加以分析。这样的观点在哲学中是相当常见的，但是，支持语言依赖于心灵这种观点的人在下述问题上存在非常大的分歧：对语义概念的分析看上去会是什么样子。这种观点最有影响的版本之一［得自格赖斯（H.P. Grice）[1]］是，一个说话者通过一种言说意指某种东西，就是说他具有指向一个实际或可能听者的意向的特定集合：说话者通过一种言说意指某种东西，就是说他带着对他的听者形成某些影响的意向来做出这种言说。需要特别指出的是，这种观点的拥护者把意向和行动这两个概念，以及其他心智概念，如信念和渴望都看作是不加分析的初始概念。

在这一章，我想根据说话者的意向继续讨论对于意义的分析。我使用的方法将有别于传统方法，也包括我自己先前著作所使用的方法，这种差别表现在两个重要的方面：第一，我将使用前面各章所提出的对行动和意向状态的说明，目的是将意义和言语行动概念建基于一种更具一般性的心灵和行动理论之上。意义是一种意向性；

---

[1] H.P. Grice, "Meaning", *The Philosophical Review*, vol.66（1957），no.3, pp.377—388.

是什么把它和其他类型的意向性区分开的呢？言语行动是一种行动；是什么把它和其他类型的行动区分开的呢？第二，我将拒斥下面这种思想，即对于意义产生影响的意向就是对听者造成影响的意向。我想要提出的主要问题不过就是指：说话者在做出使他通过言说而意指某种东西的有意义言说时的意向的特征是什么？当一个说话者做出一种言说时，他就制造了某个物理事件；粗略地讲，他的意向为这个物理事件增添了什么东西，正是这种东西使得这个物理事件成为一种说话者通过它而意指某种东西的情形？可以说，我们是如何由物理学进到语义学的？

"说话者意向的哪些特性使得这些意向能够意指赋予（conferring）？"这个问题必须和语言哲学当中我相信与之根本无关的其他几个问题区分开来。例如，说话者何以能够提出和理解潜在无穷多的语句，就是一个重要的问题，但它和意义问题没有任何特殊的关联。至少就我所提出的这种形式而言，意义问题，对于只承认有穷多个语句的语言的说话者同样是存在的。

另一个相关的问题是指：一个说话者要想被人认为知道一种语言，如法语或英语，他必须具备什么知识？例如，当一个说话者知道法语时，他知道些什么？这也是一个有意思的问题，但它和意义问题没有任何特殊的关联，至少就我对这个问题的解释来说就是这样。即使对于那些没有使用一种公共语言进行相互交流的人来说，意义问题同样也会出现。例如，有时我会在外国碰上这种情况，也就是我试图同那些和我没有任何公共语言的人进行交流。在这种情境当中，意义问题会以一种明显的形式出现，而我的问题是：在这样一种情境当中，是什么让我的意向成为特指的意义意向（meaning intentions）？在这种情境当中，我通过手势来意指某种东西，然而在另一种情境当中，当我做出相同手势时，我却可能不意指任何东西。

它在这些有意义的情形中是如何运作的呢?

在第三章讨论行动的结构时,我们曾把简单行动,如举起一个人的手臂分析为它们的相关成分:一种被成功做出的意向行动由一种行动中意向和一种身体动作构成。这种行动中意向既引起又表达这种身体动作。由于这种身体动作是由这种行动中意向引起的,所以身体动作就是后者的满足条件。在包含一种在先意向以及一种实施这种意向的行动的序列中,在先意向表征了整个意向,它引起了行动中意向,而行动中意向则反过来引起身体的动作,而且由于因果的传递性,我们可以说这种在先意向引起了整个行动。

然而,现实生活中很少会有如此简单的意向和行动。有一种复杂意向涉及因果的借助关系。例如,正如我们在第三章第五部分所看到的,有人可能想要扣动枪的扳机,为的是射杀他的对手。这个序列的每一步骤——扣动扳机、开枪、射杀他的对手——都是因果步骤,而其中的行动中意向涵盖了所有这三个步骤。杀人者想要借助开枪的方式射杀他的对手,而他想要借助扣动扳机的方式开枪。但是,并不是所有的复杂意向都具有这种形式的因果性。如果有人被命令举起他的手臂,他可能会因为服从这个命令的意向而举起手臂。于是,他就拥有了一种复杂意向:为了服从这个命令而举起他的手臂的意向。但是,举起手臂和服从命令之间的关系并不是一种因果关系,而扣动扳机和开枪之间的关系却是一种因果关系。在这种情形当中,存在着一些与这种身体动作相关的满足条件,这些条件不是要由这种身体动作引起或者要引起这种身体动作:他想通过服从命令的方式而举起他的手臂,但是,他并不希望他的手臂往上去会引起关于他服从这个命令的某种更进一步的现象。在这种语境下,举起他的手臂就是服从了这项命令,举起手臂是他有意为之。我们很快就会看到,这种非因果性的附加满足条件也是意义意向所特有的。

要想弄清楚意义意向到底是什么意思，我们必须搞清楚下面这些不同的概念：在先意向和行动中意向的区分、两者的因果特征和自我指称特征，以及复杂意向（无论是在先意向还是行动中意向）当中因果条件和非因果条件的存在。

二、意义意向的结构

让我们使用手头的工具，转向本章的主要问题：意义意向的结构是什么样子的？这个问题指的是，为言说提供语义特征的行动中意向的满足条件是什么？我通过我的嘴巴制造一种声音，或者在纸上做出一些记号。复杂行动中意向的什么本性使得所产生的这些记号或声音不仅仅是记号和声音？一个简短的回答是：我打算把记号和声音的产生视作对言语行动的实施。更长的回答则是要刻画这些意向的结构。

在正面批判这个问题之前，我想提到我们需要加以解释的一些别的特殊特征。我想借此进一步明确这种分析的充分性条件。

此前我已经说过，在做出以言行事行动时，存在两个层次的意向性，一个层次是做出言语行动时所表达出来的意向状态，另一个层次是做出该行动想要完成的意向。例如，当我做出天在下雨这个陈述时，我既表达了天在下雨这个信念，又做出了陈述天在下雨这一点的意向行动。此外，做出这种言语行动时所表达的心智状态的满足条件，与该言语行动本身的满足条件是相同的。一个陈述是真的，当且仅当其所表达的信念是真的；一个命令被服从，当且仅当其所表达的渴望得到了满足；一项承诺被信守，当且仅当被表达的意向得到实施。这些类似并不是偶然的，任何意义理论都必须对它们进行解释。

但与此同时，我们又必须弄清楚做出一个陈述和做出一个真陈述之间的区分、给出一个命令和给出一个被服从的命令之间的区分、做出一项承诺和做出一项被信守的承诺之间的区分。在每一种情形中，意义意向仅指做出前半部分的意向——做出陈述、给出命令、做出承诺——然而，从某种意义上说，这种意向已经和后一部分有了某种"内在"的关系，因为做出一个特殊陈述的意向必须确定什么算作这个陈述是真的，给出一条命令的意向必须确定什么算作服从了这个命令，如此等等。被表达的意向状态的满足条件和言语行动的满足条件是相同的，这个事实表明，意义问题的关键是要看到，在做出言语行动时，心灵有意地把相同的满足条件施加于被表达的心智状态的物理表达式之上，就好像心理状态本身就具有满足条件一样。心灵通过下述方法把意向性施加于声音、记号的产生过程：把心智状态的满足条件施加于物理现象的产生过程之上。

下面这些至少是我们的分析的充分条件：

1. 做出言语行动时存在两个层次的意向性，一个是做出言语行动时所表达的心智状态，另一个是做出言语行动时想要完成的、并使该行动实际发生的意向。让我们分别称它们为"真诚条件"和"意义意向"。就其最一般的形式来看，我们的任务就是要对这种意义意向进行描绘，而做好这种描绘的一个充分条件是，它应该对这两种层次的意向性做出解释。

2. 言语行动的满足条件和真诚条件的满足条件是相同的。尽管意义意向的满足条件既不同于言语行动的满足条件也不同于真诚条件的满足条件，但我们对意义意向的说明必须表明这是如何发生的。例如，做出陈述的意向不同于做出真陈述的意向，但做出陈述的意向必须让说话者承诺去做出真陈述，并通过他所做出的陈述为真表达其信念。简而言之，我们的第二个充分性条件是指，我们对意义意向的说明必须解释清楚下述情况是如何发生的：尽管意义意向的满足条件不同于言语行动的满足条件，或者所表达的心理状态的满足条件，但意义意向的内容必须既能决定言语行动和真诚条件具有它们所具有的满足条件，而且也能决定它们具有完全相同的满足条件。例如，为什么我想要陈述天在下雨的意向即使在天没有下雨的情况下也能得到满足，但它却决定了，我的言语行动将会得到满足当且仅当天在下雨，而且它也会表达一个当且仅当天在下雨时才能得到满足的信念？

3. 我们需要明确区分表征和交流（communication）。特别需要注意的是，一个做出陈述的人既想表征某个事实或事态，又想和他的听者交流这种表征。但是，他的表征意向不同于他的交流意向。交流是一个对听者造成某些影响的问题，但一个人可能想要表征某种东西，同时却毫不关心对其听者造成什么影响。一个人可以做出一个陈述但却不想让他的听者确信或相信什么，或者不想让他的听者相信他本人相信他所说的话，甚至根本就没想让他的听者理解他的陈述。因此，意义意向存在两个层面，即表征的意向和交流的意向。传统上关于这些问题的讨论，包括我本人的研究，都未能把这两个层面与下述假定区分开：对意义的完整说明可以根据交流意向给出。就当前的说明来看，表征先于交流，而且，表征意向先于交流意向。一个人所交流的部分内容就是他的表征的内容，但是，他可能想要表征某种东西却不想交流这种东西。而且，对于带有命题内容和适应指向的言语行动来说，也不能出现相反的情况。一个人可能想要进行表征但却不想去交流，但他却不可能想去交流同时却不想去表征。例如，我不可能想要告诉你天在下雨，同时却不想让我的言说正确或错误地表征有关天气的事态。[1]

---

[1] 有关这一观点的更多讨论，见 J.R. Searle, "Meaning, communication, and representation", in Grandy (ed.), Festschrift for H.P. Grice (forthcoming)。

4. 我已经在别处 [1] 论证过，存在五种而且只存在五种基本的以言行事行动范畴：断定式：我们（正确或错误地）告诉我们的听者事物是怎么样的；指令式：我们试图让听者去做事情；承诺式：我们有义务去做事情；宣告式：我们通过言说引起世界的变化；表情式：我们表达自己的情感和态度。现在，可以说我是"经验地"发现了这五种类型的以言行事要旨。我们做出和遇到的言语行动恰好展示了上面的这五种类型。但是，如果这些的确就是这五种基本的类型，那就必定存在关于这一点的某种更深层次的原因。如果语言表征世界的方式就是心灵表征世界方式的扩充和实现，那么，上述五种类型的以言行事行动必定导源于心灵的某些根本特征。

心灵的意向性不仅使意义成为可能，而且也限定了意义的形式。例如，为什么我们会有对道歉、陈述、命令、感谢和庆祝的述行语（performative utterance）——在所有这些情形中，我们都可以通过说我们正在这样做，也就是通过把我们自己表征为正在做这些事情，来做出一个行动——但是，我们没有也不可能会有关于例如煎鸡蛋的述行语？如果一个人说了"我道歉"，他就能够因此而道歉，但如果一个人说"我煎鸡蛋"，此时却没有鸡蛋被煎。也许上帝可以只通过说这样一个述行语句就能煎鸡蛋，但我们不能。为什么我们不能？对意义进行分析的另一个目标是要表明，意义的可能性和范围是如何导源于心智意向性的。

我们需要一个例子来说明问题，那就让我们给出这样一个例子：一个人通过做出某个简单的基本行动，如举起他的手臂做出一种言语行动。假设你和我已经提前商量好：只要我举起我的手臂，那就要算作一个信号，告诉你如此这般是事实。假设在一个军事背景之

---

[1] 见"A taxonomy of illocutionary acts", in *Expression and Meaning* (Cambridge: Cambridge University Pres, 1979), pp.1—29。

下，我向在一座山上的你发信号，告诉你敌人已经撤退，而与此同时我在另一座山上，根据事先的安排，我通过举起我的手臂给出了这个信号。这件事是如何运作的呢？就表征而言，这种复杂的行动中意向具有下述内容：

> 作为这种行动中意向的结果，我的手臂往上去了，而且，我的手臂往上去把敌人在撤退作为具有心灵（或言说）向世界的适应指向的满足条件。

听上去这可能让人觉得有些奇怪，但我认为它是正确的。意义问题指的就是：心灵如何将意向性加于并非本质上就具有意向性的实体之上？纯粹事物如何可能进行表征呢？对此我的回答是：言说行动是带着下面这种意向做出的：言说本身就具有满足条件。敌人要撤退这个信念的满足条件通过一种意向行动传递给了言说本身。于是，做出这种言语行动，也就是在这种情形中举起手臂，就可以算作表达了敌人要撤退这个信念的原因是：这个行动是带着下述意向做出的——它的满足条件恰恰就是这个信念的满足条件。事实上，使它在有意义行动的语言学意义上成为一种有意义行动的东西是，它具有那些被有意加于其上的满足条件。有关意义意向的分析的关键要素不过就是：对于多数言语行动来说，意义意向至少部分是表征的意向，而表征的意向就是这样一种意向：作为这种意向的（所需之物意义上的）满足条件的组成部分的物理事件，本身就具有（需要意义上的）满足条件。在这个例子中，我的意向的满足条件是我的手臂往上去，而它往上去也具有满足条件，也就是这种情形中的真值条件。第一组满足条件和这种意向因果地相关：该意向必须引起我的手臂往上去。在这个断定式言语行动中，第二组满足条件——敌人已经撤退——并不与该意向因果地相关。这种言说被认为具有心灵（或言说）向世界的适应指向。

如果到目前为止我的说明都是正确的，那么，从表征意向到交流意向的步骤就相当简单了。交流意向仅仅取决于下述意向：听者应该认识到做出这项行动就是想要完成表征意向。于是，当我举手给你发信号时，我的意向就是让你认出我正在用信号告诉你敌人已经撤退。用我一直在用的术语来表达，也就是下面这种说法：

> 这种行动中意向引起我的手臂往上去，我的手臂往上去以敌人要撤退作为具有心灵（或言说）向世界的适应指向的满足条件，而观看我的人既看到了我的手臂往上去，又认识到我的手臂往上去具有那些满足条件。

请注意：这种解释明确区分了意义的与表征相关的部分以及与交流相关的部分，如我所说，我相信前者是意义的核心。其次，这样做可以避免下述缺陷：我们混淆了做出陈述的意向和做出真陈述的意向，或者混淆了做出陈述的意向和对我们的听者造成某些影响，比如让他们相信或者确信的意向。特别是当我们的确做出了一个陈述时，我们想要做出一个真陈述，而且，我们的确想要给我们的听者造成某些信念，但是，做出陈述的意向不同于产生信念的意向或者说出真理的意向。对语言的任何说明都必须考虑如下事实，即说谎是可能的，一边说谎一边做出陈述是可能的。而且，对语言的任何一种说明都必须考虑如下事实：一个人完全可以成功地做出一个陈述，但却未能做出一个真陈述。此外，对语言的任何说明也必须考虑如下事实：一个人可以做出一个陈述，但却并不关心他的听者是不是相信他，甚至也不关心他的听者是否理解了他。当前这种说明之所以要考虑这些条件，是因为按照这种说明，做出陈述的本质就在于把某种东西表征为实际情形，而不是把一个人的表征拿来与他的听者进行交流。即使一个人相信那不是实际情形（一个谎言）；甚至当他相信那是事实的时候，它却不是（一个错误）；即使他对于使任何人相信那是事实不感兴趣，或者对于让他们认识到他正把它表征为事实不感兴趣，他仍然可以把某种东西表征为实际情形。表征意向独立于交流意向，表征意向指的是这样一个问题：把一种意向状态的满足条件施加于一个外显行动之上，并因此来表达这种意向状态。

还有另一种方式可以把这个观点讲清楚，那就是提出下面这个问题：说出某种事情并意指它和说出它但却不意指它这两种情形之间有什么区别？维特根斯坦经常问我们这种问题，为的是提醒我们，"意义"不是一个内省过程的名称；不过，在说出某种东西并意指它和说出这件事情但不意指它这两种情形之间的确存在差异。究竟是什么呢？至少有这样一些差异：当我说出某种事情并意指它时，我的言说具有满足条件，而如果我说出这种事情但却不意指它，我的言说就不具有任何这样的条件。如果我说出"Es regnet"（天在下雨），为的是练习德语发音，那么当我说出这个语句时，太阳当空照就是一个无关的事实。但是，如果我说出"天在下雨"并意指它，那么太阳当空照这个事实就是有关的了，它之所以会成为有关的，是因为说出某种事情并意指它指的是把满足条件有意地施加于这个言说之上。

我相信，如果我们能够表明它们是如何应用于其他类型的言语行动的，我们就会加深对这些观点的理解。当我们转向考察指令式和承诺式言语行动时，我们发现它们和陈述不一样，它们具有世界向语词的适应指向，对它们进行分析由于下述事实的存在而被进一步复杂化：它们具有另外一种形式的因果自我指称性。就命令来说，仅当听者被命令去做的行动通过服从这个命令的方式得到实施，这个命令才得到了服从；就承诺来说，仅当被许诺的行动通过履行这项诺言而做出，这项诺言才得到了信守。这些可以通过我们在第三章考虑过的例子（源自维特根斯坦）来证明。假设你命令我离开这个房间。我可以说："好，反正我正打算离开这个房间，但我不想因为是你命令我离开我才离开。"如果我离开了这个房间，我就服从了你的命令吗？我当然没有违背这个命令；但在完整的意义上，也不能说我服从了你的命令。例如，我们不会依据一系列这样的例子就把听者描绘成一个"顺从的"人。类似的观点适用于许诺。就当前的讨论而言，设计出这样的例子的目的是要表明，除了所有意向都具有的自我指称特征，做出承诺或命令的意向还必须把另外一个自我指称的满足条件加于相关言说之上。承诺和命令是自我指称的，因为它们的满足条件要诉诸承诺和命令本身。在完整的意义上说，仅当一个人通过信守一项承诺或服从一个命令的方式做了他所做的事情，他才信守了这项承诺或服从了这个命令。

把握这个相同特征的另一种方式是注意到，承诺和命令都通过一种与陈述很不相同的方式提供了满足条件的原因。做出一个陈述本身并没有为这个陈述为真提供证据。但是，做出一个承诺的确为做出所承诺之事提供了原因，请某人去做某事也为他做这件事提供了原因。

那么，在发布一项命令时，意义意向的结构是什么样的呢？假设在我们之前讨论的情形中，为了向你发信号，告诉你应该撤退，也就是说为了命令你撤退，我便举起了我的手臂。如果我想把举起手臂作为一种指令，那么我至少想要得到这样一些东西：

作为这种行动中意向的结果，我的手臂往上去了，而我的手臂往上去以你撤退作为具有世界向心灵（或言说）的适应指向的满足条件，而且，你之所以会撤退，是因为我的手臂往上去具备这些满足条件。

我所命令的是你的服从，但是，要你服从我的命令，你就必须去做我命令你去做的事情，而我的命令必须成为你做这件事的原因。仅当你通过服从这个命令的方式做了这项行动，我的命令才算得到了服从。

交流意向不过就是指这种意向：表征意向应该被听者识别出来。也就是说，到目前为止交流意向为我们所陈述的内容所做的全部添加物是：

> 观者看到我的手臂往上去了，而它往上去具备这些满足条件。

做出承诺式言语行动时的意向的形式结构与此十分相似，主要差别在于：说话者就是承诺或行动满足条件的主体，而听话者则是指令式行动满足条件的主体。

我们举一个相似的例子，假设我通过举起手臂向你暗示，我承诺向敌人进攻。这种表征意向具备下述满足条件：

> 我的手臂作为这种行动中意向的结果往上去了，而我的手臂往上去以我向敌人进攻作为具有世界向心灵（或言说）的适应指向的满足条件，而且，我这样做至少部分是因为我的手臂往上去具备这些满足条件。

我所承诺的是我对诺言的履行，但要履行我的诺言，我就必须去做我承诺过的事情，而我承诺去做这件事情必须作为做这件事的一个

原因。再说一遍，交流意向所添加的全部内容是

> 观者看到我的手臂往上去了，而它往上去具备这些满足条件。

宣告，如宣战、宣布男女结为夫妻、宣布会议延期或者宣布辞职，有两个不为其他类型的言语行动所共有的特征。首先，由于宣告的以言行事要旨仅仅是通过言说带来一些新的事态，所以宣告同时具有这两种适应指向。我们通过把它，即 p，表征为实际情况而带来 p。于是，"我现在宣布你们结为夫妻"使得你们是夫妻（世界向语词的适应指向）实际发生，方法是通过把它，即你们是夫妻这件事，表征为实际情况（语词向世界的适应指向）。要使这些奏效，言语行动必须要在某种语言之外的机制当中做出，在其中说话者被适当地赋以权利，以便仅仅通过适当地做出言语行动便能使新的机制性事实得以发生。除超自然的宣告外，所有宣告都会导致机制性事实，也就是这样的事实：它们仅仅存在于构造性规则体系之内，并因此由于人们的约定而成为事实。

于是，假设我们具有某种语言之外的机制，使得通过该机制当中的既定权威，通过举起我的手臂，我就能做出宣告。例如，假设通过举起我的手臂我就能宣布会议延期。那么，给定这种机制性权威，这种行动中意向的结构就是：

> 这种行动中意向引起我的手臂往上去，而我的手臂往上去以会议被推迟作为具有世界向心灵的适应指向的满足条件，会议延期这一事态是由下述事实引起的：我的手臂往上去以会议被推迟作为具有心灵向世界的适应指向的满足条件。

这种说法十分拗口，但作为其基础的思想却是非常简单的：一般来说，我们可以通过提问"行动主体正试图去做什么？"而了解一种意向的内容。那么，当他做出一个宣告时，他正试图做什么呢？他正试图通过把某事表征为实际情况而引起它成为实际情况。更准确地说，他正试图引起世界的变化，以便让一种命题内容能够获得世界向心灵的适应指向，其方法是通过把世界表征为已被如此改变过了，也就是通过表达具有心灵向世界的适应指向的相同的命题内容。他所做的不是具有两种独立适应指向的两种言语行动，而是具有双重适应指向的一种言语行动，这是因为如果他取得了成功，他将通过把世界表征为已被如此改变而改变这个世界，并因此用一种言语行动满足这两种适应指向。

上面这种分析会产生这样的结果：一项宣告既表达一个信念又表达一个渴望。一个真诚地宣布会议延期的人必定想要推迟会议，而且必定相信会议因此而被推迟。正如在其他类型的言语行动中那样，这里的交流意向不过就是指：

> 观者看到我的手臂往上去了，而我的手臂往上去具有这些满足条件。

在分析断定式、指令式、承诺式和宣告式言语行动的过程中，我已经把适应指向的概念用作不加分析的初始概念了。我认为这一点是可以证成的，因为适应指向的概念不能化归为他物。不过，就因果来说，不同的适应指向具有不同的后果。就断定式来说（自我指称情形除外），断定式被认为与独立存在的实在相匹配，因此，如果一种断定式言语行动引起了它所表征的事态，它将不会被满足。

但在指令式、承诺式和宣告式的情形当中，如果言说得到了满足，那么它就会以各种不同的方式因果地用于产生它所表征的事态。这种不对称源自适应指向上的差异。我在这种分析的更早版本中 [1] 就使用了这些因果上的差异，而不是把适应指向处理为分析方法的初始特征。

像道歉、感谢和祝贺这些表情式言语行动的以言行事要旨不过就是要表达一种意向状态，也就是言语行动的真诚条件，它是关于某种被预设了要去实现的事态的真诚条件。例如，当我因为踩了你的脚趾而致歉的时候，我因为踩到了你的脚趾而表达了我的懊悔。我们在第一章已经看到，我的懊悔包含着我踩到了你的脚趾、我对踩到你的脚趾负有责任这些信念，以及我对没有踩到你的脚趾的渴望。但是，这种言语行动的要旨不是要表达我的信念和渴望，而是要表达我的懊悔，它预设了我的信念为真。尽管这些信念具备带有适应指向的满足条件（真值条件），这种渴望具备带有适应指向的满足条件（实现条件），但就其以言行事要旨而言，这种言语行动却没有任何适应指向。我既不是在试图宣称你的脚趾已被踩到，也不是在试图让你的脚趾被我踩到。尽管这些预设具备真值条件，但这种言语行为严格说来却没有任何适应指向以及任何被加于其上的其他满足条件。但是，现在我们该如何对这种预设进行分析呢？哲学和语言学文献当中存在大量关于预设的处理方法，而我的确不能对我所看到的那些处理方法当中的任何一个感到满意。或许预设只是一个心理学上的初始概念，它不可能被分析为做出言语行动的恰当条件，或者被分析为一种类似于衍推但又与衍推不同的逻辑关系。不管怎样，为了完成本次讨论的目标，我只把它处理为一个初始概念。

---

[1] "Meaning, communication, and representation", forthcoming, in Grandy, *op. cit.*

由于在一般情况下，表情式言语行动当中不存在任何适应指向，所以除下面一点外不存在任何满足条件：这种言说应该是对相关心理状态的一种表达。如果我想让我的言说作为对如此这般的状态的表达，那么它就会是对这种状态的表达，不过我当然可能没有成功地交流这种表达，也就是说，我的听话者有可能识别出了我的意向，也有可能没有识别出来。

假设说话者和听话者有一个共同的约定，即当说者举起手臂，那就算是一种表情式言语行动，例如因为某事态 p 而表达歉意。于是，有关意义意向的满足条件就是简单且自明的了：

这种行动中意向引起我的手臂往上去了，在预设 p 的情况下，我的手臂往上去是对懊悔的表达。

再说一遍，交流意向不过就是指：意义意向应该被听者按照我们前面讲到的那些情形的模式识别出来，除非在这种情形中不存在任何表征意向，因而，关于识别那些施加于该言说之上的其他满足条件的听者，不存在任何问题。

现在，我们可以简要地陈述上面这种说明如何满足上面四个充分性条件。

1. 和 2. 在前面四种情形当中，我们都区分了言语行动的真诚条件和做出言语行动所要完成的意向，之所以这样来描绘意义意向，是为了确定：言说本身即已具备满足条件。但是，在每一种情形中，意义意向施加给言说的满足条件都等同于所表达的真诚条件的满足条件。例如，就断定式来说，一个人做出一种有意向的言说行动，同时他也想让他的言说具有某些满足条件。但这些满足条件等同于相应信念的满足条件。这样看来，他就做出了一项使他具有某种信念的行动。下面这种情况绝不可能存在：他做出了具有那些满足条件的言说但却不同时表达一个信念，因为对这种言说的承诺恰好就等同于承诺表达了信念。同样的观点也适用于指令式、承诺式和宣告式言语行动。就表情式来说，它的意义意向不过就是要表达意向状态，因此在解释他的言说如何表达其真诚条件这一问题上，不存在任何问题。在这五种情形当中，意义意向均不同于真诚条件（于是就有了两个层次的意向性），然而，只要存在适应指向，意义意向便可决定言语行动的满足条件，而这些满足条件就等同于真诚条件的满足条件。

3. 在所有情形当中，我们都明确区分了主要的意义意向和交流意向。

4. 由于语言意义是一种派生的意向性，所以，它的可能性和范围就是由意向性的可能性和范围设定的。显然，语言导源于意向性的主要功能就是它进行表征的能力。可以说，本质上不具有意向性的实体可以变成有意向性的，方法就是有意地规定它们就是这样。但是，语言的限定恰恰也是那些来源于意向性的限定。维特根斯坦经常这样谈论，就好像我们可以随意创制一种新的语言游戏一样，但是，如果你实际尝试过，你就会发现新的语言游戏所表达的是先已存在的意向性形式。这种分类从根本上说反映出表征获得适应指向的各种不同方式。心灵向世界的适应指向对应于断定式言语行动，而由于这种适应指向可以被明显地评判为真或为假，所以断定式言语行动的一种定义性特征就是，它们容许有真值。与世界向语词的适应指向相对应的是指令式和承诺式言语行动。之所以要把具有这种适应指向的言说分成两个言语行动范畴，是因为考虑到了作为言语行动主人公的说话者与听话者哪一个更突出。在承诺式当中，说话者负责去获得适应；在指令式中，则是听话者负有此项责任。两者也都包含派生的意向因果；也就是说，下面这一点是承诺式和指令式言语行动的满足条件的组成部分：它们应该用来因果地引起它们自身满足条件的其余部分。它们所派生的意向性在结构上类似于特定形式的内在意向性，因为它们也具有因果自我指称的特征。此外，正如存在着没有任何适应指向的意向状态，也存在着非表征性的言语行动，即表情式范畴。事实上，最简单的言语行动，也就是其以言行事要旨只是为了表达一种意向状态的言语行动。存在一些表情式言语行动，它们所表达的是具有一种适应指向的状态，例如，"但愿约翰能来"就表达一种渴望，但即使是在这些情形当中，获得适应也不是言语行动的以言行事要旨，其以言行事要旨只不过就是要表达这种状态而已。

最棘手的是宣告式言语行动。我们为什么不可以通过宣告"我就这样煎一个鸡蛋"，一个鸡蛋就这样被煎了呢？因为此处已经超出了表征能力的范围。一种超自然存在物之所以能够做到，是因为这样一种存在物能够只通过把事态表征为已经被引起而有意地引起事态。但我们不可能做到这一点。我们的确拥有一个自感低卑但仍旧具有与上帝相像的魔法语词形式：我们可以事先约定，某些类型的言语行动能够通过把事态表征为已被引起而引起事态。这种言语行动同时具有两种适应指向，但并不是分别地和独立地具有。我们不可能这样来煎鸡蛋，但是我们可以把会议推迟、辞职、宣布男女结为夫妻以及宣战。

三、意向性和语言的机制

至此，我们已经为拥有语言的人类描绘了意义意向的结构，而且我们也试图分离出意义意向特有的特征，我们的方法是设想整个言语行动都是通过做出某种简单的"言说"，如举起一个人的手臂的方式做出的。我们的问题是：为了让这样的物理事件成为一种通过有意做出这个物理事件而意指某种东西的情形，这种意向要为这个物理事件添加什么？假定语言是作为一种机制而存在，单个意义意向的结构是什么样的？

但是，这还是没有回答这种机制与意向性之间有什么关系这个问题。假定这些机制就是多个构造性规则的集合，那它们如何与意向性的语前形式关联起来呢？

假设有一类存在物，它们能够拥有信念、渴望和意向等意向状态，但它们却不拥有语言，那么，为了能够做出语言行动，它们还需要哪些东西呢？请注意：假设有什么东西处于这种状态，这里面没有任何幻想的成分，因为就我们所知，人这个种群以前就处于这种状态当中。也请注意：这是一个概念问题，而不是一个历史或起源问题。我并不是在问：还需要为他们的大脑补充什么东西，或者在人种的历史进程中语言是如何进化来的？

当我们把拥有意向状态的能力归于我们的这种存在物时，我们就已经把这些意向状态和世界上的对象和事态关联起来的能力归于它们了。之所以如此，原因在于：一个能够拥有意向状态的存在物必定能够意识到，在什么条件下它的意向状态得到了满足。例如，一个能够拥有渴望的存在物必定能够意识到其渴望的满足或受挫，一个能够有意向的存在物也必定能够认识到其意向的实现或受挫。这一点可以这样进行一般化表达：对于任何具有适应指向的意向状态来说，一个具有这种状态的存在物必定能够区分这种状态的满足和受挫。这一点可从下述事实推出：一种意向状态就是对其满足条件的表征。这并不意味着，这样的存在物总是，甚至在大多数时候都能准确地理解，也就是说，不意味着它们不会犯错；相反，它意味着它们必定有能力识别出什么叫做准确理解。

现在可以回到我们的问题：这样的存在物为了拥有语言还必须具备什么条件？我们需要把这个问题讲得更严密些，因为实际使用的语言的很多特征和我们当前的讨论是不相关的。也许这种存在物需要一种递归工具，以便能够生成无穷多的语句；它们可能需要量词、逻辑联结词、模态和道义算子、时态、颜色词，等等。这样，我提出的问题就会更加严密。为了从具有意向状态进到做出以言行事行动，它们需要什么条件？

为了做出以言行事行动，我们的这种存在物需要的第一件东西是一些外在化手段，以便让他人能够公开地识别出对其意向状态的表达。一个能够有意如此行动的存在物，也就是说，一个不仅表达其意向状态，而且为了让其他人知道其意向状态还要采取行动的存在物，就已经具备了一种初级形式的言语行动。但是，它仍旧没有任何东西可与我们的陈述、请求或承诺的丰富性相比。一个作出陈述的人所做的事情，不仅仅是让别人知道他相信什么；一个提出请求的人所做的，不仅仅是让人知道他想要什么；一个做出承诺的人所做的，也不仅仅是让人知道他打算做什么。但问题又出现了，还有什么呢？每一个言语行动范畴，即便是表情式范畴，其所服务的社会目标也不只是要表达真诚条件。例如，指令式言语行动在语言之外的主要目标是让人去做某事；断定式言语行动在语言之外的主要目标是传达信息；承诺式的主要目标则是要对人的行为始终抱有期待。

我认为，这些事实提供了一条线索，可以帮助我们来理解各种类型的言语行动和相应的各种类型的意向状态之间是什么关系。作为一种初步表述，我们可以说，当我们的存在物为了完成提供信息的目标而做出表达信念的行动时，他们就能够做出一种初级形式的断定；指令式（按照这种初级形式）将是对实现让人去做事这一目标的渴望的表达；承诺式（再次按照其初级形式）将是对这样一种意向的表达，其目标是让其他人就一个人自己的行为的未来进程抱有坚定的期待。

下一个步骤是引进约定程序来做每一件事情。然而，这些语言之外的目标绝不可能通过一种约定程序来实现。它们都与我们的行动对我们的听话者所造成的以言取效（perlocutionary）的效果有关，而且一种约定程序也绝不可能保证会取得这样的效果。我们的言说的以言取效的效果不可能包含在关于所说方法之用法的约定当中，因为通过约定获得的效果不可能包括我们的听话者随后的回应及行为表现。可以说，通过约定程序所能获得的，是这些不同的以言取效目标的以言行事的类似物。于是，例如，任何用来表明这种言说是要获得陈述力量（比如陈述语气）的约定手段都会是这样一种手段：根据约定，它让说话者承诺了命题内容所指事态的存在。因此，对它的言说为听话者提供了相信这个命题的理由，并由说话者通过这个命题表达了一个信念。任何表明该言说是要获得指令力量（比如指令语气）的约定手段都会是这样一种手段：根据约定，它可以算作说话者让听话者去做这种命题内容所指行动的一种尝试。因此，对它的言说为听话者提供了做出该行动的理由，并表达了说话者想要听话者去做这项行动的渴望。任何表明该言说是要获得承诺力量的约定手段，都可算作是说话者去做这种命题内容所指行动的一项保证。因此，对它的言说提供了说话者做出这项行动的理由，提供了听话者期待他去做这项行动的理由，并表达了说话者想要去做这个行动的意向。

这样看来，从拥有意向状态进到做出以约定方式实现的以言行事行动的必备步骤是：首先，审慎地表达意向状态，目的是让别人知道一个人具备了这些意向状态；其次，做出这些行动，目的是实现以言行事行动以标准方式为其服务的语言之外的目标；最后，引进约定程序，它们让那些对应于不同以言取效目标的以言行事要旨成为约定。

第七章　意向状态和言语行动的
内涵报道

在第一章，我区分了 t-意向性和 s-意向性。尽管意向性既是言语行动的特征又是心智状态的特征，而内涵性是某些心智状态和某些言语行动的特征，但两者之间存在明显的差异。我已经进一步论证，把对意向状态的报道的特征和意向状态本身的特征相混淆是错误的，而下面这种看法尤其是错误的，即认为既然对意向状态的报道是 s-意向性的，因而意向状态本身就是 s-意向性的。这种混淆乃是一种更普遍也更根本的混淆的一部分，也就是下面这个信念：我们可以仅仅通过分析对意向状态的报道的逻辑特征，就能够分析出意向性的特征。恰恰相反，我相信，如果我们试图通过分析内涵性来弄清楚意向性，那就暴露了一种根本的混淆。重要的是要记住这一点：关于意向状态以及关于在说出内涵语句时它们是如何被报道的，至少存在三组不同的问题：第一，意向状态的特征是什么（第一至第三章讨论的就是这个问题）？第二，这些特征如何在日常言语中表征出来（本章主要关心的就是这个问题）？第三，我们如何在一种形式化系统，如谓词演算中对这些特征进行最好的表征（如果你能弄清楚前两个问题的答案，回答第三个问题就非常容易了）？

这一章是关于内涵性的，因而只是偶尔会涉及意向性。它讨论的是"说……""相信……""担心……"等语境中跟在"that"后面的语词的状况；讨论跟在"怀疑是否……""问是否……"等语境中"是否"之后的语词的状况；讨论跟在"想要……""倾向于……""允诺……"等语境中的动词后面的语词的状况。在下面的讨论中，记住下面三者之间的区分是重要的：语句（我们通常把一种字面意义赋予这样的语法实体）和对语句的言说（它们是某种极小的言语行动，即言说行动），以及对语句的字面的和严肃的言说（当成功做出时，它们就是一种更为丰富的言语行动，也就是以言行事行动，其行事语力和命题内容取决于被言说语句的字面意义）。每一种以言行事行动都是一种言说行动，但反之则不然。通常的普型–殊型（type-token）的区分对于上述区分的三个词项中的每一个都是适用的。

下述报道中跟在"that"后面的语词究竟是怎样的状况：

1. 那位治安官相信，霍华德先生是一个诚实的人。(The sheriff believes that Mr. Howard is an honest man.)

把它们与下面这个陈述中的语词进行比较，其状况有什么不同：

2. 霍华德先生是一个诚实的人。(Mr. Howard is an honest man.)

有人可能会说：为什么非要认为这里存在问题呢？1 中跟在"that"

205

后面的语词和 2 中的语词恰恰意指相同的东西，这难道不是很显然的吗？关于这些情况之所以会存在一种特殊的问题，一方面是因为我们倾向于说，1 的从句中的语词必定会有并且也被用来意指它们通常具有的相同意思，而且在 2 中也用来表达相同的意思（否则，我们怎么去理解 1 呢？）；但另一方面，我们也倾向于说，在这种情形中，它们不可能用来表达日常的意思，因为 1 中跟在"that"后面的语词的逻辑特征和 2 中的语词似乎很不一样。按照我们的两个标准，2 是外延性的；1 是内涵性的。对于 2 来说，存在概括是一种有效的推理形式 [如果 2 是真的，那么 $(\exists x)(x$ 是一个诚实的人)]；使用指称同一对象的其他表达式进行的替换在 2 中将保持真值（例如，如果霍华德先生是一个诚实的人，而霍华德先生就是耶西·詹姆斯，那么耶西·詹姆斯就是一个诚实的人）。一般来说，这些条件没有哪一个对于具有 1 这种形式的语句成立。此外，当对 2 作严肃的字面言说时，霍华德是一个诚实的人这个命题就得到了断定，然而，当对 1 作严肃的字面言说时，这个命题并没有得到断定。简而言之，如果整体的意义就是部分的意义的函数，如果 1 和 2 的相关部分具有相同的意义，并且，如果一种字面的和严肃的言说的逻辑特征由被断定语句的意义来确定，那么，1 和 2 如何可能在事实上具有这样不同的逻辑特征呢？

这是一种哲学问题所特有的模式：一方面，强有力的语言直觉促使我们倾向于接受某种常识性观点，即在这种情形中，1 和 2 的相关部分之间存在完好的同义性；但另一方面，有力的论证似乎又能够推翻这个常识性观点。我相信，言语行动理论的应用能够让我们的语言直觉得到满足，同时也能就 1 和 2 的不同逻辑特征给出解释。

冒着陷入某种重复的风险，我现在想要说清楚的一点是：我把什么东西看作有关意向状态的内涵报道的任意说明的充分性条件。

为了展开当前的讨论，我将忽略模态语境中出现的内涵性问题，因为它们提出的某些特殊问题已经超出了本书的讨论范围。

A. 这种分析应该与下述事实保持一致：像 1 和 2 这样的语句对当中，共有的语词的意义是相同的，在对它们每一个做严肃的字面言说时，它们都被用来表示这些相同的意义。

B. 这种分析应该说明如下事实：内嵌在 1 中的语句并不具有它在 2 中具有的逻辑特征，也就是说，2 是外延性的，1 是内涵性的。

C. 这种分析应该与下述事实保持一致：在对 1 的严肃的字面言说中，霍华德先生是一个诚实的人这个命题并没有得到断定，而在 2 中它却得到了断定，这一点是 1 和 2 的意义的一部分。

（就一种自然的解释而言，弗雷格[1] 和他的追随者不接受条件 A，但接受条件 B 和 C；戴维森[2] 和他的追随者则接受条件 A 而拒斥 B 和 C。我要论证的是，我们可以全部接受这三个条件。）

D. 这种分析应该能够说明包含"that"的其他类型语句，包括那些保留了有些或所有逻辑特征的语句，例如：

3. 这是一个事实，即霍华德先生是一个诚实的人。（It is a fact that Mr. Howard is an honest man.）

（3 既容许进行存在概括，又容许进行同一替换）

4. 那位治安官知道，霍华德先生是一个诚实的人。（The

---

[1]　G. Frege, "On sense and reference", in P. Geach and M. Black (ed.), *Translations from the Philosophical Writings of Gottlob Frege* (Oxford: Basil Blackwell, 1952), pp. 56—78.

[2]　D. Davidson, "On saying that", in D. Davidson and G. Harman (eds.), *The Logic of Grammar* (Encinoand Belmont, California: Dickenson, 1975), pp. 143—152.

sheriff knows that Mr. Howard is an honest man. ）

（4 能够推出霍华德先生的存在，但不允许进行同一替换）

E. 这种分析应该适用于关于意向状态和言语行动的其他类型的报道，它们并不使用内嵌一个语句的"that"从句，但却使用不定式、疑问代词、虚拟语气、时态的变化，如此等等。此外，这种分析不应该仅对英语适用，还应该适用于包含关于意向状态和言语行动的报道的任何语言。举例如下：

5. 比尔想要霍华德先生成为一个诚实的人。（ Bill wants Mr. Howard to be an honest man. ）

6. 比尔吩咐萨莉去让霍华德先生做一个诚实的人。（ Bill told Sally to make Mr. Howard be an honest man. ）

7. 萨莉担心，霍华德先生是一个诚实的人。（ Sally fears that Mr. Howard is an honest man. ）

（在许多语言，如法语中，7 中的系动词必须要在虚拟语气当中）

8. 霍华德曾说，他将会变成一个诚实的人。（ Mr. Howard said he would become an honest man. ）

（此处的"将"在英语中处在虚拟语气当中）

作为分析间接引语的一个步骤，让我们首先来考虑一种更加简单的报道。

9. 那位治安官说出了这样的话，即"霍华德先生是一个诚实的人"。(The sheriff uttered the words, "Mr. Howard is an honest man".)

9 的引号里面的语词是什么样的状况呢？我已在别处 [1] 细致地反驳了下面这种（现在依然存在！）传统观点：一个词两边的引号用来生成一个全新的词，即被引用的一个词或多个词的专有名词。在我看来，9 的引号里面出现的语词和 2 中出现的语词是完全相同的。如果我想质疑这一点，那么简单的视觉观察就足以打消我的疑虑。然而，按照传统看法，2 中的词并不在 9 的引号里面出现，这是因为整个表达式，包括引号，都是一个新的专名，即在 2 中出现的那个语句的专名。按照这种看法，根本就没有任何语词会在 9 的引号内出现。对于普通人来说，由于没有受到过基础逻辑的细致训练，因而确实有几个词会在 9 的引号当中出现，例如"先生""霍华德""是"，如此等等；但按照这种传统的看法，这纯粹是一种拼写上的偶然事件，正如"cat"在"catastrophe"当中的出现似乎只是一个拼写上的偶然事件一样。按照这种传统看法，整个东西就是一个专名，它不包含任何作为其构成成分的语词，而且没有任何内部结构。

坦白说，我发现这种看法很是荒谬。很难设想会有什么样的推理链条能够让我们相信，9 的引号中的语词和 2 的"2"这个数字后面出现的语词不是相同的语词，或者，9 当中除"霍华德"这个专名外还有别的专名。然而，为了不至于让人觉得这就是我的纯粹摩尔（Moore）式的顽固，我想停下来考虑一下传统看法。促使我能够深入考虑传统看法的唯一动机是下面这个原则：如果我想讨论某

---

[1] 见 *Speech Acts* (Cambridge：Cambridge University Press，1969)，Chapter 4。

种东西，那我们就永远不能把这种东西本身置于一个语句当中，而
是必须把它的名称或指称它的其他表达式置入这个语句当中。但是，
这个原则——在我看来——显然是错误的。例如，如果有人问你：
你昨天看到的那只鸟发出的是什么声音，你可能会说："那只鸟发出
了这种声音——"，此处的空白要添上一种声音而不是这种声音的名
称。在这种情形中，这种声音的殊型本身就是这种殊型言说的一部
分，而对这种声音殊型的意识则是被说话者表达出来并被听话者理
解了的命题的一部分。当然，我们可以使用语词去指称其他语词。
我们可以说，"约翰说出的那些话构成本书第 11 页第 7 行的最后三
个字"，在这里，我们就用了一个限定摹状词来指称语词；但是，当
我们讨论语词时，几乎不必使用名称或限定摹状词，因为我们几乎
总是能够说出这些语词本身。就我所知，这个原则的唯一例外是
这样的情形：说出这样的语词本身，例如 "le mot de Cambronne"
（Cambronne 所说的话）*，会伤风败俗、亵渎神明或者属于禁忌。在
这样的情形中，我们就需要给它一个名称，但一般情况下，我们并
不需要名称，我们只是重复这样的语词而已。

存在针对下面这种观点的另外一种否证：当我们用引号把表达
式引起来，我们便创制了一个新的名称。被引段落的语法位置通常
都不容许插入名称或其他名词短语。于是，请注意"杰拉德说'我
将会考虑竞选总统'"和"杰拉德曾说他将会'考虑竞选总统'"
这两者之间的差异。在第二种形式中，如果我们认为里面的引号构
造了一个新的名称，一个名词短语，那么这个语句就变得不合语法

---

　　* 据说，Cambronne（其全名为 Count Etienne Cambronne）是拿破仑手下的一位将
军，统领拿破仑的贴身卫队。滑铁卢之战后，卫队被包围并被劝降。当时 Cambronne 作
了回应。有人认为当时他说的是 "La Garde muert, elle ne se rend pas!"（意思是：宁可去
死，也不投降）。但有人认为，他当时回应的是 "Merde!"（相当于汉语中的"他妈的!"）。
如果一个人不想重复他说过的粗话，便可以使用 "le mot de Gambronne" 这种迂回的说
法。——译者注

了，这是因为"杰拉德曾说他将会"这个语境不允许在"将会"后面插入名词短语。传统观点把一开始的语句转化成了一个具有下面这种语法形式的语句，例如：

> 杰拉德曾说他将会亨利，

而这是不合语法的。

重新回到我们的问题，9当中引用的语词是什么样的状况，它们和2当中出现的语词有什么关系？9中引用的语词和2中出现的语词之间是一种等同关系，9的引号中出现的语词和2中出现的语词是相同的语词。但它们的情况又有什么差异呢？在对2的严肃的字面言说中，说话者用这些语词做出了一个陈述。但在对9的这种言说中，这些语词是以索引形式提出并加以讨论的；它们并不是用来做出陈述或做出任何不同于言说行动的言语行动。在2当中，相关的语词用来作出一种言说行动、一种命题行动，以及一种以言行事行动。在对9的言说中，报道者重复了相同的言说行动，但他并没有重复相同的命题行动或以言行事行动。我相信，这会为我们提供一条线索，帮助我们来分析一般意义上的间接引语，因为它表明，要问的适当问题是：哪些是报道者所重复的最初说话者的最初言语行动，哪些纯粹属于被报道者报道的东西？考虑下述语句序列当中报道者所做的不同程度的承诺：

> 10. 那位治安官说了这样的话，"霍华德先生是一个诚实的人"。（The sheriff uttered the words, "Mr. Howard is an honest man".）
>
> 11. 那位治安官说过，霍华德先生是一个诚实的人。（The sheriff said that Mr. Howard is an honest man.）

12. 那位治安官说过，"霍华德先生是一个诚实的人"。（The sheriff said，"Mr. Howard is an honest man".）

13. 那位治安官那时曾说，而我现在也说，霍华德先生是一个诚实的人。（The sheriff said then，and I do now say，Mr. Howard is an honest man.）

使用一些约定性的词，我将称类型 10 的报道为语词（word）报道，称类型 11 的报道为内容（content）报道，称类型 12 的报道为逐字（verbatim）报道。我将称言说 10—13 这几种类型语句的人为报道者，被报道的人称为说话者。

现在来看，报道者对这些语句中每一个的严肃的字面言说，促使他重复了说话者最初的哪些行动呢？我认为，答案是相当明显的，因此我只是想简单地陈述它们，然后再来发展我本人关于它们的论证。

在 10 中，报道者所做的是重复说话者的言说行动，而不是他的命题或以言行事行动。

在 11 中，报道者所做的是重复说话者的命题行动，而不是他的言说或者以言行事行动。

在 12 中，报道者所做的是重复说话者的言说行动和命题行动，而不是他的以言行事行动。

在 13 中，报道者所做的是重复说话者的命题行动和以言行事行动，但不必然重复他的言说行动。我们甚至可以构造这样的情形，在其中报道者所做的是重复全部三种行动，也即言说行动、命题行动和以言行事行动：

14. 正如约翰所说，"霍华德先生是一个诚实的人"。（As

John said，"Mr. Howard is an honest man". ）

而有些时候，当把一种语言翻译为另一种语言时，我们会放宽逐字报道的下面这种要求，即报道者必须重复说话者相同的话；我们只要求他重复说话者的命题行动和言说行动，使得在翻译语言中具有的意义与在最初语言中相同。于是我们说：

15. 普鲁斯特曾说，"过去很长一段时间我都是很早就上床睡觉了"。（Proust said，"For a long time I used to go to bed early". ）

而实际上他说的是：

16. Longtemps je me suis couché de bonne heure. （过去很长一段时间我都是很早就上床睡觉了。）

于是，就这种说明来说，所形成的画面是，正如在语词报道中报道者重复了与说话者相同的言说行动，但不必然重复与说话者相同的以言行事行动或命题行动，同样，在内容报道中他重复的是与说话者相同的命题内容，而不必然是与说话者相同的言说行动或以言行事行动。为了彻底弄清楚这一思想，让我们提醒自己注意 2 的以言行事结构，以便我们能够把它和它在 11 中的报道的以言行事结构进行比较。为了理解报道而去理解被报道之物的以言行事结构，这样做是重要的；事实上，我相信许多哲学家之所以要对被报道言语做大量说明，是因为他们本来就不具有一种关于言语的融贯的说明，正如有那么多哲学家之所以要对关于意向状态的报道做大量的

213

说明，是因为他们本来就没有一种关于意向状态的融贯的说明。在对 2 的严肃的字面言说中，如果要做出一种以言行事行动，就要以某种行事语力表达出某种命题内容。我们可以使用弗雷格的断定符，通过下述形式表征这些事实：

      2′. ├霍华德先生是一个诚实的人。(Mr. Howard is an honest man.)

现在，就我的说明来看，例如在 11 中，报道者虽然重复了命题内容，但并没有重复附着在这种命题内容之上的行事语力，他只是报道了这种行事语力。他并没有通过与最初说话者相同的行事语力来表达这个命题，因而他并没有做出和最初说话者相同的断定。他的报道的结构可以通过 11 的如下变体来表示：

      11′. 那位治安官断定了下述命题：霍华德先生是一个诚实的人。(The sheriff asserted this proposition: Mr. Howard is an honest man.)

此处这个语句的其余成分让下面这一点显而易见：最初的命题得到了重复，并因此得到了明确的表达；但是，最初的行事语力却没有得到重复，它只是得到了报道。最初的命题被明确表达，其表达方式也就像我们可以在这种言说语境中明确表达任何别的东西一样。

    由于弗雷格拥有建构这种说明的必要元素，特别是，由于他拥有关于命题内容和行事语力两者之间的区分的一种基本理论，而且由于这种分析在精神上也是弗雷格式的，因此，他从来就没有考虑到这样一种说明，这似乎令人感到困惑。但是，他之所以不可能接

受我所提出的这种分析，原因在于他接受了作为使用和提及理论之
基础的原则，而我们已经看到了拒绝接受这个原则的理由：他认为，
你能够讨论某事的唯一方法，要么是命名它，要么是指称它。他认
为，如果说话者的命题在某种意义上是被报道者讨论的，那么在报
道者的言说中出现的必定就是该命题的名称，而不是对命题本身的
表达。事实上，弗雷格有关间接引语的论题恰恰就是指：所讨论的
表达式指称它们通常的含义，而整个内嵌其中的从句指称一个命题；
它是一个命题的专名。但是，一旦我们看到关于表达式的使用和提
及之间这种有效区分的传统说明是错误的，我们立即就会看到，把
同样的原则推广到间接引语也是错误的。对一个命题的提及不要求
我们命名或指称这个命题，我们可以只是表达这个命题本身。当我
们报道另外某个人的言语时，我们既不需要为他的命题命名，也不
需要为他的语词命名，我们只是在命题报道中重复他对这些命题的
表达，正如我们在语词报道中重复他的语词那样。当然，我们可以
命名或指称他的命题。例如，当我们说"霍华德先生断定了哥白尼
假说"时，"哥白尼假说"这个表达式的功能就是指称一个命题，而
不是去表达它。但是，除了像哥白尼假说这样一些著名的命题外，
一般命题既没有，也不需要有名称。

　　关于言语行动的报道的上述说明很容易推广到关于意向状态的
报道，如果我们在第一章所探讨的关于言语行动和意向状态之间的
深度类似能够成立，做到这样一点就毫不为奇了。在 11 这种形式的
言语行动的内容报道中，报道者重复了说话者所表达的命题；在 1
这种形式的信念的内容报道中，报道者表达了作为信念主体之信念
的表征内容的命题，但他不一定是在重复对信念的任何表达，因为
该信念主体可能从来就没有表达过他的信念。报道者表达了信念主
体所相信的命题，但这样做时他不一定是在重复信念主体做过的任

何事情（在现实生活中，我们经常会放宽如下要求：所表达内容必须和所相信内容必须完全等同。例如我们说，"那条狗相信它的主人就在门口"，但并不因此就认为这条狗掌握了所有权的概念）。正如 11 这种形式的内容报道表达了其中的命题，但却没有表达它的断定式行事语力，而是报道了这种行事语力，1 这种形式的信念内容报道也表达了其中的命题，但却没有表达信念的意向模式，而是报道了这种模式。因为意向状态的存在根本就不要求有任何言语，因此几乎不存在对意向状态的逐字报道。严格讲来，逐字报道只可能是对言语行动的报道（它可以是一种内部的言语行动），因此，对一种意向状态的逐字报道只可能是对在言语行动中表达出来的一种意向状态的报道。

如果我把上面这种说明和戴维森的观点进行一下比较，也许它会变得更加清楚。按照戴维森的看法，说出下述语句，即：

17. 伽利略曾说，地球是运动的。

的报道者，其所说内容等值于：

18.（a）地球是运动的。

（b）伽利略曾说出这一点。

18（a）完全是外延性的，而且，按照戴维森的看法，由于它在 17 中的出现等同于它在 18 中的出现，所以 17 中的从句也是外延性的。但 17 的真值在同一替换下发生的改变，与从句的内涵性没有任何关系，而是源出于如下事实：如果有共同指称的表达式在原初语句中被替换，那么 "that" 这个指示词的指称就有可能会发生改变。就戴维森的观点而言，如果我说出了17，那就会使我和伽利略成为"相同的言说者"(samesayers)。

在我看来，我们根本就不是相同的言说者，因为在对17的严肃和字面的言说中，我并没有说地球是运动的，我只是说伽利略说出了这一点。我们不是相同的言说者，但却是相同的命题表达者。另一方面，对18的严肃和字面的言说的确使伽利略和我成了相同的言说者，这是因为在对18这样一种言说中，我断定了地球是运动的。在18(a)中，断定的力量是其字面意义的一部分，但这种断定力量却由于内嵌在17中而被消除掉了，这就是为什么18(a)是外延性的，而17中的从句是内涵性的原因所在了。

我发现，本章所提出的说明在直观上是相当明显的，事实上，如果清除了关于使用和提及的错误，我真的就看不到对它还会有什么不同的意见。然而，到目前为止我只是提出来但并没有给出论证以表示对它的支持：我们如何可能通过一种能够说服怀疑论者的方式对之进行论证？应对这个挑战的最好办法也许是去表明：依照一种为"that"从句提供统一说明（无论是外延性的还是内涵性的），以及为意向状态和言语行动的报道提供统一说明（无论是在"that"从句中还是在其他形式的从句中）的方式，这种说明如何能够满足我们提出的所有充分性标准，即前文所述A到E。

应对这种挑战的第一个步骤，是表明我们如何能够解决导源于条件A、B和C的那个引起第一个难题的悖论。下面这一点如何可能发生：(A)像1和11这样报道的从句中的语词具有它们的通常意义，而(B)对2中的那些相同语词的严肃和字面的言说的逻辑特征却没有在对1和11的严肃和字面的言说中得到保留？此外，(C)如果这些语词保持了它们的通常意义，为什么在对2的严肃和字面的言说中所断定的命题没有在对1和11的这样的言说中得到断定呢？

我相信，对后一问题的回答也为前一问题提供了答案。在我看来，尽管语句中的语词保持了它们原有的意义，但 1、2 和 11 中的那些意义所确定的是命题内容而不是行事语力。在 2 中，行事语力并没有被这些语句的任何一个的意义所携带，而最初的行事语力则由于被内嵌为 1 和 11 的从句而被消除掉了。对 2 的字面和严肃的言说的行事语力是由语词的顺序、动词的语态、语句边界和调形决定的。现在，严格讲来，2 这个完整的语句之所以没有在 1 和 11 中重复，是因为它已经失去了自己的语句边界。在 1 和 11 中，"霍华德先生是一个诚实的人"这一语词序列本身并不是一个语句，尽管在这些语境中它足以表达一种命题内容。现代英语在这些情形中是部分引人误解的，因为它允许我们在报道中保持与原初语句相同的动词语态 [1]，但即使是在现代英语中，命题内容和行事语力的分离在关于指令式和疑问式语句的言说的报道中也是显而易见的，在这样的语句中，报道的结构并不允许我们在报道中保持原有的动词语态。于是，假设那位治安官问：

19. 霍华德是一个诚实的人吗？（Is Mr. Howard an honest man?）

而且，这个问题被下述语句所报道：

20. 那位治安官问，霍华德是不是一个诚实的人。（The sheriff *asked whether* Mr. Howard *was* an honest man.）

---

[1] 现代英语甚至总是要求在被报道的言语中要有时态的变换。尼克松曾说"我不是一个骗子"。但是，正确的内容报道是：尼克松曾说，他过去不是一个骗子。

这里很明显，作为 19 的字面意义的组成部分的那种疑问力量在 20 中得到了报道，但它并没有在 20 中出现。动词"问"明确报道了这种行事语力；而表达原初命题的语句通过一种不同的词序呈现出来，同时还有动词的最初疑问语态发生的变化，时态的（随意）变化，以及插入一个疑问代词"是否"。我认为，这些形式的表层结构中所发生的变化，对于了解其逻辑结构中发生了什么变化很有启发价值。19 的疑问力量在 20 中被消除了，其原因是：尽管在 19 和 20 当中出现的是相同的命题，但在 20 中它并没有被表达为一个问题，而是被表达为对一个问题的报道的一部分。同样的考虑适用于对指令性言语行动的报道。于是，那位治安官所说的 21，即：

21. 霍华德先生，做一个诚实的人！（Mr. Howard, be an honest man!）

被报道为：

22. 那位治安官命令霍华德先生去做一个诚实的人。（The sheriff ordered Mr. Howard to be an honest man.）

在上述两个语句中，21 的祈使语气在 22 中被消除掉了，它被不定式替换，并通过动词"命令"报道出来。

我们从 19/20 和 21/22 这两个语句对中看到，报道者重复了它们的命题内容，但报道了它们的行事语力。在这些情形中，存在多种语法上的手段，我们可以通过这些手段告知听者：这个命题在这项报道中具有一种不同于它在最初出现时所具有的以言行事的功能。

总之，我们针对与条件 C 有关的问题的回答是，在像 1 和 11 这样的内容报道中重复的语词和其他元素保持了它们原有的意义，但这些意义所确定的是命题内容，而不是行事语力。原有语句的行事语力没有被重复，而只是被报道了；而英语和其他语言也有多种语法上的手段，可用来告知听者：在报道中，原有语句的行事语力并没有附于命题之上。

由于断定式行事语力从 1 和 11 的命题内容中被消除掉了，而且由于它是包含在对该命题的断定当中的承诺，而不只是要说话者对其真值条件有所承诺的命题，所以，报道者可以使用与说话者相同的语词来表达同样的命题，但却不承诺这个命题的真值条件。这就是为什么报道者对该命题的表达是内涵性的，而说话者的表达却是外延性的原因所在了。为了表明其如何解决由于同时坚持条件 A 和条件 B 而导致的显而易见的悖论，让我们依次考虑存在概括和可替换性。

如果相关语词在 2 和 11 中具有相同的意义，2 中的命题在 11 中得到重复，那么，为什么存在概括对于 2 是一个有效的推理形式，而对 11 则不然呢？对 2 做出严肃和字面言说的说话者不只是表达了它的命题内容，而且也实际地断定了它。这种断定使他对这个命题的真值条件有所承诺，而这些真值条件包括据称是由对指称性表达式的言说所指称的对象的存在。如果 2 是真的，那就必定存在这样一个对象，而这就是为什么存在概括是一个有效推理形式的原因。但是，对 11 做出严肃和字面言说的报道者却只是要去表达与 2 的最初说话者所表达的相同命题，而不是要去断定它。他所承诺的真值条件包括下述条件：这则报道必须包含对与最初说话者所表达命题相同的命题的表达，但由于他不是在断定这个命题，因而他并没有对其真值条件有所承诺，所以 11 可以是真的，即使没有任何对象与指称性表达式相对应；而这就是为什么存在概括对 11 来说不是一个有效推理形式的原因所在了。

如果每一个当中的命题都相同，那为什么替换对 11 失效但对 2 有效？替换之所以会失效，是因为 11 这种形式使得报道者重复了与最初说话者相同的命题：严格地说，11 中的表达式"他说过……"使报道者重复了与最初由说话者所表达的命题相同的命题，所以，任何改变这个命题的替换都可能会改变这个报道的真值。如弗雷格所意识到的，一般而言，那些不但保持指称相同而且保持含义相同的替换，即便是在内涵语境中也将保持真值不变：只要命题内容通过替换得到保持，那么真值便会保持不变。但是，当两个词项用于指称相同对象而它们的含义却不同时，则一个词项对另一个词项的替换就可能会改变命题的内容，并因此改变报道的真值。另一方面，2 的真值不依赖于对象被识别的方式；对相同对象的其他识别方式将保持真值不变。

我们经常会有局部性的内容报道，即报道者没有表示出最初命题的全部。于是，我们谈到具有下述形式的东西：

23. 我不想告诉你他究竟说了什么，但那位治安官曾说，霍华德先生是某种类型的人。（I won't tell you exactly what he said, but the sheriff said that Mr. Howard was a certain sort of man. ）

在这里，报道的形式清晰地显示：这个报道者不是要重复整个最初命题。

我在这里提出的分析实际上只是对第一章所提观点的扩充。在有关意向状态的报道中，一个人要对表征进行表征。既然这种报道是关于初级表征，而不是关于由它表征的东西的，因而这种报道可能不涉及对初级表征的承诺；所以，对前者的本体论承诺对后者可能不存在。而且，由于这种报道是通过重复最初表征的命题内容进行的，所以任何改变这种命题内容的替换都可能会改变该报道的真值，因为有一种不同的表征会在该报道中得到呈现。

条件 D：假如我们对有关条件 A、B 和 C 的问题的回答是正确的，我们如何给出一种关于"that"从句等等的统一说明呢？也就是说，如果插入的"that"从句一般来说是对命题内容的指示性呈现，那我们如何说明有些是内涵性的，有些是外延性的这一事实呢？

内嵌的命题是外延性的还是内涵性的，这完全取决于该语句其余部分的语义内容。于是，下述两种形式的语句之间的差异，完全取决于"那位治安官相信……"和"这是一个事实，即……"之间在意义上的差异：

1. 那位治安官相信，霍华德先生是一个诚实的人。（The sheriff believes that Mr. Howard is an honest man.）

和

3. 这是一个事实，即霍华德先生是一个诚实的人。（It is a fact that Mr. Howard is an honest man.）

这两个语句都是用来在字面上做出断定的，但是，尽管"这是一个事实，即……"使说话者断定了内嵌其中的命题，但"司法长官相信……"却并非如此。所表达命题在这两种情形中在功能上的不同只取决于该语句的其余部分，而并不要求我们假定两种不同类型的"that"从句。关于上述从句具有相同功能的更进一步的证据是，这两个语句允许下述形式的合取归约："这是一个事实而且琼斯相信，霍华德先生是一个诚实的人。"

一种介于中间状况的情形是由 4 给出的。"知道……"和"证明……"及"看到……"一样，实际上也是一个意向动词，但是，除了标示被报道之人的状态或行动的意向性外，它们还都是"成效"（success）动词。对这些语境来说，得出从句中被指称对象的存在的推理是一种形式有效的推理；具有"X 知道 p，X 看到 p，X 证明 p"这些形式的陈述都可推出 p。然而，就这些语境来说，替换并不是保真的，因为被知道、被证明或者被看到的东西在内容上的同一，至少部分取决于指称对象被知道、被证明或被看到的是哪个方面。

一种对关涉条件 E 的问题的完整回答，实际上是对语言学家而不是对语言哲学家来说的：这种说明该如何涵纳英语以及其他语言中用来表明内涵性的各种手段呢？我已经考虑了一些方式，英语就是通过这些方式来报道陈述式、疑问式和祈使式的言语行动，而在每一种情形下，我们都看到了被报道的行事语力和被重复的命题内容之间存在的分别，不过对于疑问式和祈使式的报道来说，这一点是更加明显的。为了推广——并验证——本章给出的说明，我们可能想要知道，行事语力和命题内容是如何在其他语言中得到表示的，以及命题内容和行事语力之间的区分是如何在对这些语言的言说的报道中得到表征的。有一种特别有意思的语法形式存在于英语和其他几种语言当中，它在法语中被称为"自由间接引语"（style indirecte libre）。考虑：

她［露易莎］忍不住想到她高傲、圣洁的姐姐堕落成了这副模样。玛丽不道德、不道德、不道德：她并不是卓尔不群的，她有缺陷，不完美。

（D.H. Lawrence，*Daughters of the Vicar*）

第二个语句是对一种意向状态的报道；作者不是要告诉我们，玛丽不道德、不道德、不道德，而是要告诉我们，露易莎认为她不道德、不道德、不道德。这个例子的复杂性导源于三个特征：首先，尽管这个语句是对一种意向状态的报道，但它是独立的，而不是内嵌的（因此有"自由间接引语"的"自由"）；其次，它具有一些直接引语的特征——我们想把"不道德、不道德、不道德"看作露易莎正在用这些词自思自忖的东西；但是第三，它也具有一些间接引语的特征，如时态的转换——我们想把露易莎看作是在暗想"玛丽现在不道德、不道德、不道德"，但这被报道为"玛丽过去不道德、不道德、不道德"。

本章主要关注了有关意向状态和言语行动的内涵报道，即所谓从言（de dicto）报道。但从物（de re）报道，也就是出现于其中的有些表达式是外延表达式的报道的情况又如何呢？"布什相信，里根是总统"是从言的和内涵性的。即使最后证明里根从来就不曾存在，它也是真的。但下面的情况又如何呢：

里根被布什相信是总统，

或

里根是这样一个人，以至于布什相信他是总统。

这种报道就是从物报道，"里根"在其中的出现是外延性的。语言哲学历史上常见的错误，就是由从言报道是内涵性的这一事实，推出被报道的状态本身也必定是内涵性的。我在第一章中已经提出，这样一种观点是一种严重的混淆，而在本章，我已经尝试着去分析那些用来作出从言报道的语句。从物报道中与此类似的混淆是，由存在两种报道，即从言报道和从物报道这一事实，推出存在两种类型的被报道状态，而且这些状态本身或者是从物的或者是从言的。但是，由存在两种不同类型的报道这一事实，根本就推不出存在着两种不同类型的状态，而且这也不是实际情况。我们将在下一章转向研讨这种以及相关混淆。

第八章　意义在头脑当中吗？

　　语言哲学最根本问题历来都是：语言如何与实在相关联？我在《言语行动》中对这个问题给出的回答是：语言和实在由于下述事实而关联起来，即说话者通过做出语言行动而把它们联系起来。于是，最初的问题就转换成分析这些行动的性质和可能性条件的问题了。在本书中，我已尝试着把这种分析进一步奠基于心灵的意向性之上："语言如何与实在相关联"这一问题，只是"心灵如何与实在相关联"这一问题的特殊情形，而正如关于语言的问题被化归为关于各种类型的言语行动的问题，关于心灵的问题也可以化归为各种形式的意向性的问题，也就是关于仅仅作为派生意向性的一种特殊情形的言语行动的表征能力的问题。

　　就对弗雷格的一种阐释来说，我对意向性的一般性解决方案取决于对弗雷格"含义"概念进行修正，将其并扩充到一般意义上的意向性，包括感知和其他自我指称的形式；我对有关指称的特殊问题的解决方案，从某些方面说，在精神上是弗雷格型的，尽管在细节上肯定不是这样。需要特别指出的是，在弗雷格关于表达式和对象之间关系的说明中，至少可以辨别出两条独立的线索。首先，在他关于专名的含义和指称的说明中，一个表达式之所以能够指称一个对象，是因为这个对象符合或满足与这个表达式相关联的含义。其次，在反对心理主义的过程中，弗雷格感到有必要设定由抽象实体构成的"第三域"(third realm) 的存在，这些抽象实体包括含义、命题，等等。说出表达式时之所以能够进行交流，只是因为说话者和听话者双方都能够把握与这个表达式相关联的一种共同的抽象含义。因为我接受上述第一条线索，所以我本人给出的说明是弗雷格型的，但我拒绝接受第二条线索。语言指称是意向指称的特殊情形，而意向指称总要依赖于符合或满足关系。但是，没有必要为了说明交流和共有的意向性而设定任何特殊的形而上学领域。如果你借助"暮星"这种表达方式来考虑暮星，而且我通过相同的表达方式来考虑同一颗行星，那么，我们共有一种抽象实体的意义就是一种全然不足道的意义了，在这种意义上，如果我在伯克利的山上散步，你也恰恰在同一条路上散步，那我们就共有一种抽象实体，即同样的散步。有可能存在共有的意向内容以及有可能存在共有的散步，它们都不要求必须有厚重的形而上学装置。

关于意义的弗雷格型说明和当前我对意义的说明都是内在论的，正是由于说话者和听话者头脑当中的某种心智状态——掌握了一种抽象实体，或者简单地说，具有某种意向内容的心智状态——说话者和听话者才能理解语言上的指称。在我写本书的同时，关于指称和意义最有影响的理论拒绝接受弗雷格型或者内在论的分析。有各种不同的理由可以让这种反内在论立场变得时髦起来，而且，在反内在论者内部关于什么才是对于指称和意义的正确分析也存在相当大的争议。在本章及下一章，我将至少要考虑并回答针对内在论的、弗雷格型或意向性的传统提出的一些更有影响力的批判。因此，这些章节比之前的章节更有论证性：我的目标不只是要提出一种关于指称的意向性理论，而且还要通过下述问题实现这个目的：我所相信的存在于当代哲学中的一类错误信条是什么。下面是极力反对内在论的一些最有影响的论题，没有任何特殊的排列顺序。

1. 有人认为，在从物和从言信念以及其他类型的命题态度之间存在根本性区分。从物信念是主体和对象之间的关系，它们不可能仅仅根据它们的心智内容（从言）而被个体化，因为对象本身（从物）必须作为该信念个体化原则的组成部分。

2. 有人认为，限定摹状词的"指称性"使用和"归属性"用法之间存在根本性区分。只有在限定摹状词的归属性用法中，说话者才根据以下事实来"指称"对象，即他的意向内容设置了该对象所要满足的条件，但是，这些根本就不是真正的指称情形；在限定摹状词的指称性用法中，说话者并不需要使用一种要被指称对象满足的表达式。[1]

3. 索引表达式，如"我""你""这""那""这里""现在"，被认为是内在理论不能解释清楚的，因为对它们的言说缺乏一种"完整的弗雷格型含义"。

4. 所谓名称的因果理论和指称的因果理论的代表，被普遍认为已经驳倒了某种被称作名称和指称的"描述理论"的东西，并因而驳倒了所有内在论的或弗雷格型理论，并被普遍认为已经表明，指称是通过某种外在的因果关系获得的。

5. 指称的因果理论被认为可应用于一大类普通词项、自然种类词项，也许还有其他词项；对这些词项来说，有人认为存在着决定

---

[1] 我不想在本书中过多讨论这种观点，因为我已经在别处尝试着对这种观点进行了反驳；见 "Referential and attributive", in J. R. Searle, *Expression and Meaning* (Cambridge：Cambridge University Press, 1979), pp. 137—161。

性的论证可以表明，知道它们的意义不可能是因为处在任一类型的心智状态当中，而是必须涉及某些与世界的更直接的因果关系。他们认为，"意义不在头脑当中"这一点已经得到了证明。

我相信上述这些看法全部都是错误的。此外，它们共有一种家族类似；它们提供了一幅关于指称和意义的画面，在其中，说话者的内在意向内容不足以决定他在指称什么东西，无论是他的思想中的还是他的言说中的东西。他们都接受这种观点：为了说明语词和世界的关系，我们需要引入（对某些情形？对所有情形？）表达式的言说和该言说所关涉的世界特征之间的外部语境的、非概念性因果关系。如果这些看法是正确的，那么，我所给出的关于意向性的理论就必定是错误的。在这一点上，我没有找到别的办法，而只能去准备一系列有固定套路的哲学论证进行应对了。在我相信无论如何都为假的观点上如此小题大做，其道理与所涉问题的重要性是密切相关的。如果我们不能根据内在意向内容，或者单个说话者的意向内容或者以他为组成部分的语言共同体的意向内容，来说明指称关系的实质，那么，弗雷格以来的整个哲学传统，既包括分析哲学又包括现象学，就都是错误的了，我们首先需要专门关注和研讨关于指称的某种外在因果理论，进而研讨一般意义上所讲的语词与世界的关系。

一、头脑中的意义

我将首先来考察普特南（H. Putnam）关于"意义不在头脑当中"的论证。[1] 我认为，从相关意义上说，意义恰恰就在头脑当中——

---

[1]　H. Putnam, "The meaning of meaning", in *Philosophical Papers* vol. 2, *Mind, Language and Reality* (Cambridge：Cambridge University Press, 1975), pp. 215—271.

没有任何别的地方可以安置它们——而普特南的论证未能表明任何
与此相反的观点。

普特南考虑了两个观点：

（1）知道一个语词或表达式的意义就意味着处在某种心理状态
当中。

（2）意义（内涵）决定外延。

经过适当解释，这两种观点蕴涵第三个观点：

（3）心理状态决定外延。

普特南试图说明，我们不可能坚持（1）和（2）同时为真，又坚
持（3）为假。他建议，放弃（1）和（3），同时接受（2）的一种
修正版本。在下面的讨论中，指出这一点是很重要的：没有任何东
西必须依赖于接受传统上关于分析-综合的区分；为了实现本次讨
论的目标，普特南和我都接受整体论，我们的争论丝毫不涉及这个
问题。

普特南的策略是构造直观上合理的情形，在其中相同的心理状
态会决定不同的外延。如果相同类型的心理状态可以决定不同的外
延，那么对于决定外延来说，除心理状态外必定还存在其他因素，
因此传统看法是错误的。普特南提出了两种独立的论证，以其表明
相同的心理状态能够决定不同的外延。有时候，他的讨论让人们觉
得它们好像是同一个论证的不同部分，但实际上它们是十分独立的，
而我相信只有第二个论证才是真正重要的。因此，我将十分简略地
处理第一个论证。

第一个论证关涉的是他所谓的"语言的劳动分工"的原则，也
就是这个原则：在任何语言共同体中，有些人在应用特定词项方面
比其他人都更加专业。例如，在我们的共同体中，有些人比其他人
知道更多关于树的事情，因而能够区分比如哪些是山毛榉，哪些是

榆树。其他人，如我本人，就不太了解山毛榉和榆树之间的差别，所以，对我来说，只要存在一些附在"山毛榉"和"榆树"这两个词之上的概念，它们就几乎是相同的。在这两种情形当中，我都具有生长在美国东部的一种大的落叶型树木这一概念。因此，依照普特南的看法，在我的个人语言中，这个概念或"内涵"就是相同的，但它们的外延却明显不同。"山毛榉"指谓山毛榉树，而"榆树"则指谓榆树：相同的心理状态，不同的外延。

我真的不相信哪一位传统观点的捍卫者会因为这种论证而感到忧虑。意义决定指称这个论题几乎不可能通过考虑那些甚至都不了解意义是什么或者只是不完全了解它的说话者便被驳倒。或者换言之，内涵和外延的概念不是相对于个人语言来定义的。正如传统观点所设想：内涵，或者说弗雷格型含义是一种抽象实体，它可以被单个说话者或多或少不完全地把握到。但这并不能表明，内涵不决定外延，而是表明有些说话者本来可能没有掌握这种内涵，或者只是不完全地掌握了它；因为这样一个说话者也没有得到一种相关的外延。"我个人语言中的外延"这一概念并不适用于那些我们尚未知道语词意义的情形。

为了讲清楚这种情形是什么情况，普特南将不得不论证，说话者的全部意向状态，包括那些理想专家的意向状态，并不决定适当的外延。但是，如果要把这个论证建立在语言和事实上无知的基础之上，那么语言的劳动分工这一信条似乎从一开始就会驳倒这个论证，因为该信条指的是，当一个说话者无知之时，他就可以求助于专家：什么是榆树，什么不是榆树，将交由专家定夺。这也就是说，当他的内涵不充足时，他会让他们的内涵来决定外延。此外，如果我们假定普特南知道这个论证有效，那么，我们就会得到某种与不一致很类似的东西，如下所示：

1. 我的（普特南的）"榆树"概念＝我的"山毛榉"概念，

但是，

2. 我个人语言中的"榆树"的外延≠我个人语言中的"山毛榉"的外延。

我如何知道 2 会是真的呢？很显然，这是因为：

3. 我知道山毛榉不是榆树，榆树也不是山毛榉。

我是怎么知道这一点的呢？我之所以会知道这一点，是因为我知道榆树和山毛榉是两种不同种类的树。尽管我对相关概念的掌握还不够完备，但我至少拥有足够多的概念知识，足以知道它们两个属于不同的种类。但是，出于这个原因，

4. 3 陈述的是概念性知识。

如果这样的知识不是概念性知识，那也就没有什么东西是概念性知识了。因此，

5. 和 1 相反，我的"榆树"的概念 ≠ 我的"山毛榉"的概念。

在他更为重要，也是更有影响的第二个论证中，普特南试图说

明，即使是说话者的意向状态全体，也可能不足以决定外延，因为有可能存在两个社会共同体，它们虽然具有相同的公共内涵集，但却有着不同的外延。设想在遥远的星系中存在一个和我们的星球很相像的行星，那里的人和我们一样，说一种不能与英语区分开的语言。然而，设想在这个孪生地球上，他们称为"水"的东西在感知上不能和我们称为"水"的东西区分开，但事实上，它却有一种不同的化学构成。孪生地球上被称为"水"的东西是一种很复杂的化合物，其公式我们可以缩写为"XYZ"。按照普特南的直觉，1750 年，也就是有关水的化学成分的任何东西被知道之前，地球上"水"这一表达式指称 H_2O；而 1750 年孪生地球上的"水"却指称 XYZ。于是，尽管地球和孪生地球上的人相对于"水"这个词来说，处于相同的心理状态，但它们却有不同的外延，普特南因此断定，心理状态并不决定外延。

大多数批评普特南的论证的人所质疑的，是他关于我们会就孪生地球的例子说些什么的直觉。我本人的策略则是为了讨论的目的而全部接受这种直觉，然后论证它们未能表明意义并不在头脑当中。但是现在我想要离题片刻，来考虑传统理论家会对到目前为止所提出的例子说些什么。我认为，情况大概会是这样：直到 1750 年，在地球和孪生地球上，"水"都意指相同的东西，具有相同的外延。当人们发现存在两种不同的化学构成，一种是地球上的，另一种是孪生地球上的，我们可以做出选择。我们可以定义"水"为 H_2O，这也是我们实际上做过的事情；或者，我们可以只说存在着两种类型的水，孪生地球上的水在构成上不同于地球上的水。事实上，存在着对于这些直觉的某种支持。例如，假设地球和孪生地球之间本来就存在大量的往来，以至于说话者可能会碰到它们两者。于是，我们似乎可以像现在解释玉那样来解释水。正如存在两种类型的玉，

软玉和硬玉（普特南的例子），也将会存在两种类型的水，H_2O 和
XYZ。此外，看上去我们也为接受他的直觉而付出了高昂的代价。大
量的东西都以水作为其本质成分之一，所以，如果孪生地球上的那
种东西不是水，那么大概他们的泥浆也就不是泥浆，他们的啤酒也
不是啤酒，他们的雪也不是雪，他们的冰激凌也不是冰激凌，如此
等等。实际上，如果我们真正严肃地加以考虑，他们的化学似乎也
会有根本的不同。在我们的地球上，如果我们驾驶汽车，我们会有
H_2O、CO、CO_2 作为碳氢化合物燃烧的产物。从孪生地球上的汽车
里排放出来的是什么东西呢？我认为，传统观点的捍卫者也可能会
指出，下面这一点是奇怪的，即普特南假设"H_2O"是固定好了的
而"水"却是有疑问的。我们可以同样好地设想这样的情形：孪生
地球上的 H_2O 和地球上它所是的东西只是略有不同。然而，我不想
继续深究这些不同于普特南直觉的选择，我只想为了此番论证的目
的而暂且接受他的直觉，并继续讨论他关于外延如何被决定的正面
论证。

按照普特南的理论，像"水"这样的普遍词项的外延，进而言
之实际上是任意普遍词项的外延，都是通过如下方式被索引地决定
的。我们通过某些表面特征识别出一种物质，如水。这些特征包括
水是透明的、无味的、无色的液体，等等。关键的一点是："水"这
个词的外延就被判定为任何在结构上与这种东西相同的东西，而不
论这种结构是什么。于是，就他的说明来看，孪生地球上的"水"
之所以会具有一种不同于地球上的"水"的外延，是因为被索引地
识别出来的那种物质在孪生地球上具有的结构不同于它在地球上具
有的结构，而"水"就被定义为任何与这种物质具有"相同 *L*"关
系的东西。

现在，从传统理论家的观点看，这种论证究竟得出了什么结论

呢? 即便假定普特南的直觉是正确的, 他所做的一切难道就是要用一种意向内容替代另一种吗? 普特南使用一种索引性的意向内容取代了传统上的概念簇意向内容。在每一种情形中, 正是头脑当中的意义决定了外延。实际上, 普特南的提法是处理自然种类词项的一种相当传统的方法: 一个词被实指地定义为任何与最初实指的指谓对象具有正当关系的东西。"水"就被定义为任何在结构上与这种物质相同的东西, 而不论这种结构是什么。这不过就是处在头脑之中的内涵决定外延的诸多情形当中的一种。

按照传统洛克式的观点, 水是通过一列概念清单来定义的 (名义本质): 液体、无色、无味, 等等。按照普特南的提法, 水是被这样索引地定义的: 通过识别某种满足这种名义本质的东西 (实在本质), 然后宣布水即被定义为任何与被如此识别的物质具有相同实在本质的东西。这可以看作是对洛克的改进, 但它当然没有表明意义不在头脑当中。

我相信, 普特南不会把这看作一种完备的回答, 因为他有关这个主题的著述的整个基调就是要表明, 他认为自己不是要提出意义在头脑当中这一传统见解的一个变种, 而是要从根本上放弃这种传统。这种讨论对当前工作的好处, 只有当我们检验关于意向性的根本性假定时才会变得明显, 而正是这些假定致使普特南认为, 他所提出的对意义的不同的说明, 肯定与意义就在头脑当中这一观点有着根本的不一致。让我们尝试着把他的立场讲得再准确一些。我们可以区分出三个论题:

(1) 相关的概念簇不决定外延,

(2) 索引定义的确决定外延,

(3) 头脑当中的东西不决定外延。

现在, (3) 不能由 (1) 和 (2) 推出。而为了假定 (3) 能从其中推出，我们就必须假定索引定义不在头脑当中。普特南用（1）和（2）去论证（3），并因而假定索引定义不在头脑当中。那么，他为什么这样认为呢？他为什么会认为，在这些索引定义的情形下，头脑中的东西不决定外延呢？我相信，他做出这个错误推理乃出于两个原因。首先，他认为，由于我们不了解那种微观结构，而由于正是那种微观结构决定了外延，所以头脑当中的东西不足以决定外延。

但是，我认为这根本就是错误的；我们可以通过考虑下述例子来阐明为什么它是错误的。"布朗的谋杀者"这个表达式具有一种内涵，它决定了布朗的谋杀者作为其外延。[1] "布朗的谋杀者"这一内涵固定这一外延，尽管谁谋杀了布朗这一点是一个关于世界的事实。对于某个并不知道是谁谋杀了布朗的人来说，"布朗的谋杀者"这个表达式的外延仍旧是布朗的那个谋杀者，即使他并不知道那是谁。现在的情况与此类似，"与这种（索引地识别出来的）物质在结构上相同"这种意向内容，是一种能够决定外延的意向内容，尽管我们并不知道这种结构是什么。内涵决定外延的理论指的是这样一种理论：内涵规定了某些条件，任何东西要想成为相关内涵的外延的组成部分，就必须满足这些条件。但是，普特南的例子满足下面这个条件：水的索引定义具有一种意向内容，也就是说，它规定了某些条件，使得任何可能的样本要想成为"水"的外延的组成部分，就必须满足这些条件，在恰恰相同的意义上，"布朗的谋杀者"这个表达式规定了某些条件，任何可能的候选者，如果他或她要想成为"布朗的谋杀者"的外延就必须满足这些条件。但是，在这两种情形中，不论某些存在的实体是否满足这种意向内容，它都是一个关于

---

[1] 严格地说，它决定了那个构成它的唯一一元素是布朗的谋杀者的单元类，但为了本次论证的目的，我们可以忽略这种区分。

世界的事实问题。因此，认为由于我们根据一种未知微观结构来定义"水"因而内涵并不决定外延，恰恰就是一种错误的看法。

但是，还有另外一个并且也是更深层次的原因，可以解释普特南为什么会认为他的分析表明了意义不在头脑当中。他就意向内容的性质、索引表达式的性质，尤其是意向内容与索引表达式相关联的方式，提出了某些假定，这些是我们必须要加以研讨的。这些假定表现在他的下述说法当中：

> 没有谁曾就这些（索引）语词提出过"内涵决定外延"的传统理论。以我们的孪生地球为例：如果我在孪生地球上有一个对应体（Doppelgänger），那么当我认为"我头疼"时，他也认为"我头疼"。但是，在他用言辞表达的思想中，"我"的特定殊型的外延是他本人（或准确地说，是他的单元类），而在我用言辞表达的思想中，"我"的殊型的外延是我（或准确地说，是我的单元类）。因此，同样的语词，"我"，在两种不同的个人语言中有两种不同的外延；但由此不能推出，我所具有的关于我本人的概念，无论如何都不同于我的对应体所具有的关于他本人的概念。[1]

这段文字可以清晰地显示，普特南同时假定了两个观点：第一，头脑当中的东西决定外延这种传统观点不适用于索引词；第二，如果两个说话者，我和我的对应体，具有相同类型的心理状态，那我们的状态必定具有相同的满足条件。我相信，这两个假定都是错误的。首先我想论证，如果我们用"内涵"意指意向内容，那么对一种索

---

[1]　*Op. cit.* p. 234.

引表达式的言说的内涵恰恰可以决定外延；其次，在感知的情形中，两个人可能处于相同类型的心理状态当中，实际上我们甚至可以认为，一个人和他的对应体连最后一个微粒都可能是相同类型的，但他们的意向内容却仍旧可能不同；它们可能具有不同的满足条件。感知的意向性和索引性都是有关意向内容或语义内容的自我指称的情形。我们将在本章的后面探讨索引性命题的自我指称性质。就当前目标而言，提醒我们自己注意我们在第二章和第四章所探讨的关于感知经验的自我指称性，并表明它与孪生地球论证是如何相关的，这就已经足够了。

让我们假设 1750 年地球上的琼斯索引地识别出了某种东西，并第一次把它命名为"水"，孪生地球上的孪生琼斯也索引地识别出了某种东西，并第一次把它命名为"水"。我们再假设，当他们进行这种索引性识别时，他们具有相同类型的心智内容、相同类型的视觉及其他种类的经验。现在，由于他们给出了相同类型的定义，也就是说，"水"被定义为任何与这种物质具有相同结构的东西，而且，由于他们具有相同类型的经验，所以，普特南认为我们不可能根据他们的心智内容来说明，"水"如何可能在地球上有一种不同于其在孪生地球上的外延。如果他们的经验相同，他们的心智内容如何可能是不同的呢？就本书所提出的意向性说明而言，这个问题的答案很简单。尽管在"水"对于每一个人来说都是索引地加以识别的情境中，他们都具有相同类型的视觉经验，但他们并没有相同类型的意向内容。相反，他们的意向内容有可能不同，这是因为每一种意向内容在我之前解释的意义上都是因果自我指称的。地球上的琼斯给出的关于"水"的索引定义可分析如下："水"被索引地定义为任何在结构上与引起这种视觉经验的物质相同的东西，不论这种结构指的是什么。对孪生地球上的孪生琼斯的分析是："水"被索引地定义为任何在结构上与引起这种视觉经验的物质相同的东西,而不管这种结构是什么。这样,我们在每一种情形中就都具有相同类型的经验、相同类型的言说,但实际在每一种情形中,所意指的却是某种不同的东西。这就是说,在每一种情形中,由(头脑当中的)心智内容所确立的满足条件是不同的,因为感知经验具有因果的自我指称性。

从上面这种说明不会得出下面这个推论:地球上的不同说话者必定用"水"意指某种不同的东西。大多数人并不是要对自然种类进行初始命名;他们只是想使用语词去意味和指称社会共同体的大部分成员,包括专家使用这些语词去意味和指称的东西。即便真的存在这样的公共命名仪式,它们一般也会涉及我们在第二章讨论过的、为仪式参与者共有的视觉和其他种类的经验。但是,在提出索引定义时,这种说明的确会得出以下推论:不同的说话者可能意指某种不同的东西,因为他们的意向内容自我指称殊型的意向经验。于是我断定,即使我们接受他的所有直觉——我们当中的许多人都不会这样做——普特南的论证也不能说明意义不在头脑当中。正好相反,他所做的是要以索引性表达为基础,为我们提供另外一种关于某类普遍词项的意义的意向性说明。

二、存在不可化归的从物信念吗? [1]

关于把从言 / 从物(*de dicto/de re*)的区分应用于命题态度时会怎么样,我从没有看到过一种清晰而且准确的表述。在这个主题上,有多少个作者,也许就有多少种说法,可以肯定的是,这些概念已经远远超出了"关于语词"和"关于事物"在字面上的拉丁语意义。

---

[1] 和其他就这个论题进行写作的人一样,我也把信念看作整个命题态度类的一个例子。

假设一个人和我一样，相信所有意向状态完全是由它们的意向内容和心理模式（两者都在头脑当中）构成的。就这样一种说明而言，所有信念都是从言的。它们完全是通过它们的意向内容和心理模式被个体化的。然而，有些信念实际上也是关于实在世界中的实在对象的。我们可以说，这样的信念是从物信念，意思是说它们指称实际对象。这样看来，从物信念就是从言信念的一个子类，同样，真信念也是从言信念的一个子类，而"从言信念"这个词是多余的，因为它恰恰意指信念。

就这样一种观点而言，圣诞老人在圣诞前夕到来这个信念，以及戴高乐是法国总统这个信念就都是从言的，而第二个信念同时也是从物的，因为它是关于实在对象，即戴高乐和法国的。

对于从言／从物区分的这样一种说明，我没有任何异议。但自从蒯因（W. V. Quine）那篇独创性论文[1]发表以来，哲学文献当中有几种理论已经提出了一种更强的论题：这种直观思想指的是，除了完全由它们的内容和模式，也就是由头脑当中的东西加以个体化的从言信念类，还存在另外一类信念，头脑当中的东西不足以把这类信念个体化，因为这类信念包含信念主体和对象之间的关系作为信念同一性的组成部分。这种信念不是从言信念的子类，而是不可化归的从物信念。纯粹的从言信念可以被一个缸中之脑所持有；它们独立于世界的实际状况。但就这种看法而言，从物信念乃是信念主体和对象之间的关系；对它们来说，如果世界在某些方面有所不同，那么，即便头脑当中的东西保持不变，信念本身也会是不同的。

就我所能做出的区分来看，存在着三个考虑，它们会促使人们倾向于接受存在着不可化归的从物信念这个观点。首先，似乎确实

---

[1]　W. V. Quine, "Quantifiers and propositional attitudes", in *Ways of Paradox* (New York：Random House，1966)，pp. 183—194.

存在着一类信念，它们是关于对象的，而且不可化归，也就是说，这种信念把信念主体与对象而不只是与命题关联起来，在这种意义上，这种信念是从物的而非从言的，例如，假设乔治·布什相信罗纳德·里根是美国总统。这明显是一个关于布什的事实，但在这样的情形下，它难道不同样是一个有关里根的事实吗？难道布什相信里根是总统，不是关于里根的一个明摆着的事实吗？再者，绝不可能只根据有关布什的事实，包括把他和命题关联起来的事实，来说明这一事实。所说的这一事实可以通过下述形式的命题进行陈述：

关于里根，布什相信他就是美国总统。

或者，说得更明确一些，

里根是这样一个人，使得布什对他持有一个信念，即他是美国总统。

这种命题所描述的就是从物信念，它们允许对"信念语境"进行量化；也就是说，从它们每一个都允许推出：

$$(\exists x)\left[\text{关于}\, x，\text{布什相信}（x\text{是美国总统}）\right]$$

按照人们广为接受的看法，我们的逻辑理论和我们的心智理论都迫使我们接受这样一种分析。

第二，在指向特殊对象的命题态度和并不指向特殊对象的命题态度之间，显然存在着分别。在蒯因的例子中，我们需要区分一个人可能具有的对于得到一只帆船的渴望（对此任给一只旧帆船即可满足），以及一个人可能具有的指向一只特定帆船，也就是停泊在索萨利托（Sausalito）港的那只帆船"奈利"（Nellie）的渴望。就头一种或者说从言渴望看，这个人所寻求的——如蒯因所说——只是"解除无船之困境"（relief from slooplessness），就第二种或者说从物渴望来说，这个人的渴望把他和一个特定对象关联了起来。依照蒯因的看法，上述差别可以通过下面这两个语句来表达：[1]

从言信念：我希望（∃x）（x 是一只帆船 & 我拥有 x）

从物信念：［∃x（x 是一只帆船 & 我希望我拥有 x）］

第三，我相信这也是最重要的一点，就是说：应该存在着一类信念，它们包含一种"语境性""非概念性"要素，而出于这个原因，它们并不接受内在论或从言的说明。如伯奇（T. Burge）所写[2]，"从物信念就是这样的信念，它的正确归属把信念主体和该信念所关涉的对象置于一种适当的非概念性语境关系当中。最关键的一点是，这种关系不应该只是作为关于该对象的概念（指谓它或适用于它的概念）的概念的关系"（第一个不同字体是我加上的）。按照伯奇的看法，这样的信念不可能根据它们的意向内容而被完全或穷尽地描述，正如他所说，这是因为存在着语境性、非概念性要素，而它们对于信念的同一是关键性的。

我相信，针对所有这三个原因都可以相当快捷地给予回应，而所有这三个都体现了关于意向性的各种被混淆的概念。首先讨论第三个原因，并以此作为讨论前两个原因的准备；我将把我的评论限

[1] 见 Quine, *op. cit.*, p. 184。

[2] T. Burge, "Belief de re", *Journal of Philosophy*, vol. 74, no. 6 (June 1977), pp. 338—362.

定在伯奇身上,因为就我所知,他对从物论题的陈述是最有力的。

在伯奇的说明当中隐含着一种对照,那就是概念要素和语境要素的对照。一个完全概念性的信念是从言的,完全可以使用一般性语词做出分析。语境性信念部分由信念主体和世界上的对象之间的关系来个体化,因而是从物的。他的策略是使用例子来论证存在着并非完全概念性,而是具有语境性的信念。我也认同,存在着并非完全概念性的信念,也就是说,这些信念不取决于使用一般性语词给出的口头描述,但是,这并不表明它们就是语境性的,或者就是他所讲的从物信念。除了"概念性的"或"语境性的"这两个选择,还有第三种可能,即存在着并非一般而是特殊形式的意向性,然而它们完全处在头脑当中,完全是内在的。意向性可能既包含因果型自我指称要素,我们在对感知、记忆、意向和行动的讨论中曾考虑过它们,也包含索引型自我指称要素,我在讨论普特南的观点时曾简要地提到过它们,本章后面会就此多说几句。对于特定形式的意向性的自我指称性的正确理解,我相信,足以解释所有伯奇宣称属于从物信念的例子,因为在每一种情形中都可以表明,意向内容可以完整地解释信念的内容。而这恰恰就是另外一种方式,它可以促使我们说,信念在相关意义上就是从言信念。

他的第一个例子说的是人们看到从远处飘渺的雾气中走过来的一个人。关于这个例子,他说:"你可以合理地说,就这个人而言,我们相信他戴着一顶红色的帽子,但我们并没有把他看得很清楚,不能通过这样一种方式来描述或设想他,以便将他完全个体化。当然,可以借助我们可以使用的描述语来实指地将其个体化,但没有任何理由让人相信,我们总是可以描述我们在说明中所依赖的实体或时空位置,或者对它们进行概念化。"

我发现这一段话很有启发价值,因为它根本没有说到这个视觉经验本身的意向内容，而这种意向内容在这种情形中作为该信念内容的组成部分而存在。一旦你理解到这种视觉经验具有一种因果自我指称的命题内容，你就不再需要为了对这个人进行个体化而担心用语言来"描述"任何东西或对它们进行"概念化"了：视觉经验的意向内容已经做到了这一点。在我看来，视觉经验的（从言）意向内容把这个人个体化了，而这种内容也就是这种信念的（从言）内容的一部分。该信念的这种相关的从言意向内容可以表达如下：

　　　　那里有一个引起这种视觉经验的人，而这个人正戴着一顶红色的帽子。

　　在这种情形中，"语境"要素实际上是存在的，但它们完全被内化了，也就是说它们已经成了意向内容的组成部分。请注意：这个从言信念实际上足以将所谓从物意义上的类似物加以个体化，但同时，它也不会与那里根本就不存在任何人这一假设相矛盾。像这样一种信念可以被一种缸中之脑所持有。有人可能会反对说，这种分析会造成这样的后果：两个不同的人在原则上不可能具有相同的感知信念。但这个结论是推不出来的，因为这同一个人可以作为两个不同的感知信念的满足条件的组成部分；下面这一点甚至都可以作为两个感知信念的组成部分：它们恰好把这同一个人作为它们的满足条件的组成部分。这样，在共有的视觉经验的情形中，我可能不仅相信我正看着一个人，你正看着一个人，而且还相信我们两个都在看着同一个人。在这种情形中，这些满足条件不仅要求存在一个引起我的视觉经验的人，而且还要求这同一个人也引起了你的视觉经验。当然，我们的信念在下述不足道的意义上是不同的：任何自我指称的感知内容都会指称到一个特定的殊型，而不是性质上相似的多个殊型，但这正是我们想要得到的一个结果，因为当你和我共有一种视觉经验时，我们所共有的是一组共同的满足条件，而不是相同的殊型视觉经验。尽管你的经验和我的经验在性质上相似，但在数量上却是不同的。

伯奇考虑的下一类别是索引词。他给出的例子是关于一个人的，这个人相信自己当时所在的时刻是在20世纪。但是，这也要进行在形式上与我们在感知情形中给出的分析相似的意向性分析。这里所用的方法和以前一样，总是去问：为了使这种意向内容得到满足必须要有什么条件。在视觉感知情形中，视觉经验自身必须因果地出现在满足条件当中。在索引词情形中，也存在一种类似的自我指称，不过这次它不再是因果性的。"这个时刻是在20世纪"的满足条件是，这次言说的时刻是在20世纪。正如感知情形要自我指称到这种经验，索引词的情形也要自我指称这次言说。我要抓紧补充的一点是，这种对于这些满足条件的陈述并不是要作为原始语句的翻译：我并不是在说"这个时刻"恰好意指"这次言说的时刻"。相反，我所论证的是，这个语句中的索引算子显示，但不是表征或描述这种形式的自我指称。从这种意义上说，索引表达式的自我指称是被显示的，而不是被说出的，这种情况就像视觉经验的自我指称是被"显示"的而不是"被看到"的一样。就关于满足条件的陈述来说，我描述或表征或说出最初被暗示或被显示的内容。

于是我要断定，关于感知或索引信念，不存在任何不可化归的从物之物。它们服从一种意向或从言的分析，而关于必定存在多组不可化归的从物的感知或索引信念的错误看法，似乎依赖于下述假定：所有从言的意向性分析必定是通过使用纯粹普遍语词给出的。索引性和感知经验的自我指称形式一旦得到说明，就容易看到这种意向性形式是存在的，其中的意向内容足以决定所有的满足条件集，但它们不是通过规定纯粹一般性条件做到的，而是通过显示这些满足条件的其余部分必须与意向状态或事件本身所具有的关系来做到。

于是，我们对依赖于感知和索引信念的从物理论家所犯错误的诊断如下所述：他们正确地看到，存在一类不可能使用纯粹普遍语词进行说明的信念。他们也看到，这些信念依赖于语境特征，于是他们便错误地认为，这些语境特征本身不可能完整地表征为意向内容的组成部分。一旦把概念性要素（使用普遍语词）和语境性要素（涉及实在世界）进行对比，就会导致他们忽略就非概念性信念进行完全内在性说明的可能性。我所做的事情，就是要为那些并非概念性的但也不是从物的意向性形式进行辩护。

我确信，这里的困难一部分来自这样一个古老术语，它似乎迫使我们必须在下述两种观点之间做出选择：其一，所有信念都要使用语词（从言），其二，有些信念涉及事物（从物）。如果我们区分几个不同的问题，就能解决这个问题了。对"所有信念都是从言的？"这个问题所做的解释倾向于至少如下四种：

1. 所有信念都可以使用纯粹普遍语词来表达吗？

2. 我们会突然间就想到所有那些使用语词表达的信念，而这些语词足以穷尽这些信念的内容？

3. 我们所有的信念都完全存在于意向内容当中吗？

4. 有些信念能够直接把信念主体和对象联系起来，而无需一种足以将该对象个体化的意向内容做中介吗？它们是这种东西：即使头脑当中的东西保持不变，世界上发生的变化也将必然引起信念发生变化吗？

对前两个问题的回答是否定的：对第一个问题来说，这是因为许多信念都本质地包含单独词项，我们在讨论索引词时就会见到这种情况；对第二个问题来说，回答之所以是否定的，是因为许多信念包含比如一种感知内容,正如我们在下面这种已经考虑过的情形中所看到的:一个信念包含一种视觉经验作为其内容的组成部分。但是,对前两个问题的否定回答不能推出对第三个问题的回答也是否定的:一个信念可以被它的意向内容进行完全的描述,在这种意义上,它是一个从言信念,尽管它不能用普遍语词来描述,而且还包含非口头形式的意向性。如果我们所谓从言意指口头、使用语词,那就不能说所有信念都是从言的了,但这一点不能从存在不可化归的从物信念当中推出,因为对前两个问题的否定性回答不能推出对第四个问题的肯定性回答。如果对3的回答是肯定的,也就是说,如果正如我所相信的,所有信念都完全存在于其意向内容当中,那么,宣称对1、2、4的回答是否定的,并没有任何矛盾出现。就从言此前的含义来说,存在一些并非从言(使用语词)的信念,但这并不说明存在任何不可化归的从物信念,因为在从言的另一种意义(意向内容)上,所有信念都是从言的(先不说别的,光这一点就可以证明这个词是混乱的)。

我们现在可以使用上面这些结果转而讨论另外两种相信存在不可化归的从物态度的论证了。第一个论证准确地指出,下面这一点是一个关于里根的事实:布什相信他是总统。但是,这个事实存在于什么当中呢?就我的说明而言,它仅在于如下事实之中:布什相信这个从言命题,即里根是美国总统,而里根满足和布什对"里根"这个名称的使用相关联的意向内容。这种内容有些是感知的,有些是索引的,而大部分是因果性的;但所有内容都是从言的,因为它完全存在于一种意向内容当中。假如里根从来就不曾存在过,所有东西,感知以及全部都只是一种严重的幻觉,那么,布什也可能会有完全相同的信念。在这种情形,布什将会拥有大量感知的、索引的,以及因果的意向内容,但却没有任何东西可以满足它们。

我相信，蒯因的论证存在的问题在于，他把特殊命题态度和一般命题态度的区分与从物命题态度和从言命题态度的区分给弄混了。在那些诉诸特殊对象的意向状态和那些并非如此的意向状态之间的确存在一种区分。但在所有情形中这种状态都是从言的。就这种观点看来，蒯因所给出的、用来表达这种从物态度的语句不可能是正确的，因为表达对于一只特定帆船的渴望的语句是不完整的：如果不通过某种方式把一个特定对象表征给自己，认知主体就不可能会具有对这个对象的渴望，而蒯因的形式化却没有告诉我们这个对象是如何被表征的。在我们陈述过的例子中，认知主体将不得不具有关于一只特定帆船的存在的信念，以及想要得到这只船的渴望。使用量词符号表达关于一只特定帆船之存在的信念与得到这只船的渴望两者之间关系的唯一方法，是允许量词的辖域涵盖意向算子的辖域。这就是表征这些事实的正确方式，这一点至少可以通过下述事实表明：我们将使用自然语言如此这般地表达这个人的心智状态。假设这个想要得到一条特定帆船的人表达了他的完整心智状态，包括他对这只船的表征。他就可以说，

　　　　那个船港里存在这只很棒的帆船，而我确实希望得到它。

他在这里表达的心智状态，首先是关于一条特定帆船存在的信念，然后是想得到这条帆船的渴望。

　　　　我相信，那个船港里存在这条很棒的帆船，而我希望我能拥有它。

　　请注意：在这种表述中，信念内容中的量词的辖域延伸到了他

的渴望的内容，而这个渴望并不在信念的辖域之内。于是，我们使用方括号表示意向动词的辖域，用圆括号表示量词，用 F 表示识别所说的那条船的意向内容，我们得到：

$$相信 \, [(\exists x)((帆 \, 船 \, x \wedge Fx) \wedge (\forall y)(帆 \, 船 \, y \wedge Fy \rightarrow y{=}x)] \wedge 渴望 \, [我拥有 \, x])$$

这种从言的形式表征了指向一个特定对象的渴望的全部内容。

　　至此，我们考察并反驳了一些支持存在从物命题态度这一信念的论证。我想这样来结束我的讨论：对我相信可以作为存在不可化归的从物态度这一信念的最底层但却未经陈述的动机进行维特根斯坦式的诊断。之所以存在两种根本不同的命题态度，即从物的和从言的，乃是因为我们的语言提供了这样一种可能性，使得我们可以给出两种不同类型的命题态度报道，即从言报道和从物报道。例如，假设拉尔夫（Ralph）相信戴棕色帽子的那个人是一个间谍。[1] 现在，关于拉尔夫的信念我们也可以说，"关于戴棕色帽子的人，拉尔夫相信他是一个间谍"，或者，"拉尔夫相信，那个戴棕色帽子的人是一个间谍"。第一个报道让我们，也就是报道者，承诺了带棕色帽子的人的存在。第二个报道则只是让我们报道了拉尔夫的信念的内容。现在，由于和信念有关的语句可以有这样的差异，而且它们实际上可能会有不同的真值条件，因此我们倾向于认为，在被报道的现象方面必定会存在一种差异。但要注意：我们对拉尔夫信念的从物报道和从言报道的区分，并不是拉尔夫本人可以做出的区分。假设拉尔夫说，"关于那个戴棕色帽子的人，我相信他是一个间

---

[1]　当然，这个例子是蒯因的，"Quantifiers and prepositional attitude"。

谍"，或者他说，"我相信，那个戴棕色帽子的人是一个间谍"。从拉尔夫的观点看，它们实际上就是同一个信念。设想下面这段古怪的对话：

> 蒯因：关于那个戴棕色帽子的人，拉尔夫，你相信他是一个间谍？
>
> 拉尔夫：不是的，蒯因，你问我的是，我是否持有一个从物的信念，但下面这一点不是实情：关于那个戴棕色帽子的人，我相信，他是一个间谍。准确地说，我相信这样一个从言的信念，即我相信的是，那个戴棕色帽子的人是一个间谍。

之所以会相信 t- 的意向状态本质上就是 s- 意向实体，是因为混淆了有关意向状态的报道的逻辑特征和意向状态本身的逻辑特征，认为存在着两种不同类型的意向状态，即从物的意向状态和从言的意向状态，也是由于混淆了两种不同类型的意向状态报道，即从物报道和从言报道与意向状态自身的逻辑特征。于是我断定，存在一种真正的从物 / 从言区分，但那只是报道类型上的区分。如果从物命题态度被认为是这样的命题态度，其中意向内容不足以将心智状态个体化，那就不存在任何像从物命题态度这样的东西了；不过，存在着对于命题态度的从物报道，也就是这样的报道，它们让报道者承诺了命题态度所关涉对象的存在。

三、索引表达式

在讨论普特南针对语义学中的内在论的批判，以及讨论所谓不可化归的从物信念的存在时，我们已经就索引表达式提出了一种说明，而现在是把这种说明完全说清楚的时候了。

在从物态度问题和索引词问题之间至少存在这样一种很大的差异：不存在像不可化归的从物命题态度这样的东西，但确实存在着索引表达式和索引命题。因此，我在这一部分的论述策略将不同于之前部分。首先，我们需要发展一种关于索引词的理论；第二，我们这样来发展这种理论，为的是表明它如何可能与本书提出的关于意向性的一般性说明相适应；第三，在这样做的过程中去回应下面这些有关索引词的说明，它们宣称不可能让索引词遵从语言内在论的或者弗雷格型说明。我首先来考虑一些对于相反论题的论证。

很多学者，特别是佩里（J. Perry）[1] 和卡普兰（D. Kaplan）[2] 坚持认为，存在着本质上就具有索引性的思想内容。例如，考虑当我相信由于我无意间把糖从手推车里倒出来而制造了超市里的混乱时我可能会具有的信念。如果我相信我制造了混乱，那么，我的这个意向状态的内容似乎就包含了一种本质性的索引要素；而这一点可由下述事实来说明：不存在任何一种把我的信念解释为任何非索引词项的方法，能够准确地把握到当我相信自己制造了混乱时所具有的信念。如果我试图使用空间和时间坐标来说明这种信念，我将无法说明我的信念的内容是什么。例如，我拥有这一信念，即 p 这个人在地点 l 和时间 t 制造了混乱，但这并不能解释当我发现正是我制造了这场混乱时我的行为会如何发生改变，因为我本来可能会具有这样的信念，即某个满足特定空间–时间坐标的人制造了混乱，但却没有意识到这个人就是我。相似的观点也适用于限定摹状词和专

---

[1]　J. Perry, "The problem of the essential indexical", *NOUS*, vol. 13, no. 1 (March 1979), pp. 3—21.

[2]　D. Kaplan, "Demonstratives", mimeo, UCLA, 1977.

名：我在制造混乱这个信念和下面这个信念是不同的：伯克利分校哲学院那个唯一没留胡子的哲学家正在制造混乱，或者约翰·塞尔在制造混乱，因为我可能会拥有后面这些信念但却不知道我就是伯克利分校哲学院那个唯一没留胡子的哲学家，或者不知道我就是约翰·塞尔。于是，我的信念的内容似乎在本质上就是索引性的。

我确信，佩里和卡普兰都意识到，到目前为止，关于这一点没有任何东西是反弗雷格型的或反内在论的。实际上，它看上去更像是弗雷格关于含义和指称的区分的一个典型例证。正如暮星在地平线附近发光这个命题不同于晨星在地平线附近发光这个命题，我正在制造混乱这个命题也不同于约翰·塞尔正在制造混乱这个命题。到目前为止，这些都是弗雷格型的。

反弗雷格型观点接下来便出现了。按照佩里[1]和卡普兰[2]的看法，弗雷格型观点不可能说清楚这种本质上就具有索引性的意向内容，因为在这样的情形中，不存在任何"完整的弗雷格型含义"，其本身便足以决定意向内容的满足条件。为了论证和支持这个主张，佩里引入了下面这个例子。假设休谟相信"我是休谟"。假设黑姆森（Heimson）也相信"我是休谟"，只是为了提出最有力的例证，让我们假设黑姆森就是休谟在孪生地球上的对应体，而且他具有和休谟相同类型的心智状态，事实上我们甚至可以假定直到最后一个微粒他都和休谟属于相同的类型。现在，休谟和黑姆森都说出的"我是休谟"这个句子，在两种场合就具有相同的弗雷格型含义，黑姆森和休谟处于相同类型的心智状态当中。但是，所表达的命题必定不同，因为它们具有不同的真值。休谟的命题是真的，黑姆森的命题是假的。"我

[1] J. Perry, "Frege on demonstratives", *The Philosophical Review*, vol. 86, no. 4 (October 1977), pp. 474—497.

[2] *Op. cit.*

是休谟"这个语句存在一种弗雷格型含义，但它不足以决定它表达了哪一个命题。卡普兰和佩里根据这样的例子断定，关于含义和指称的弗雷格型观点，以及关于命题的弗雷格型理论，一定不足以解释索引词的意义。由于在这种言说中所表达的东西本质上就是索引性的，而且由于不存在任何完整的弗雷格型含义，所以我们需要另外一种命题理论，至少对上面这样的情形来说需要这样的理论。

在这一点上，我相信他们采纳的只是一种孤注一掷的权宜之计，即"直接指称"理论和"单称命题"理论。按照他们的看法，在这样的情形中，命题并不是说话者心灵当中的意向内容，而是相反，命题必须包含被指称的实际对象。休谟的命题包含的是休谟这个现实的人，而不是某种对他的表征，而黑姆森的命题则包含黑姆森这个现实的人，而不是某种对他的表征。那些把对象自身引入命题之中的表达式（像罗素的逻辑专名）被说成是"直接指称的"，而所讨论的命题被（误导地）说成是"单称命题"。

坦白说，我搞不清楚直接指称理论和单称命题理论到底是什么意思，但为本次实现论证的目标起见，我并不是在批判它对于说明这些材料所具有的可理解性，而是要批判它的必要性：我认为，对它的这些论证是不充分的，这些论证依赖于一种对意向性的本性以及索引词功能的本性的错误看法。

（一）索引表达式是如何运作的?

我们需要发展一种对于索引词的说明，它将表明对一种索引表达式的言说如何可能具有一种"完整的弗雷格型含义"：[1] 也就是说，我们需要表明，说话者在说出一个索引表达式时，他如何能够表达

---

[1] 不过请记住，从假定抽象实体的第三域这个角度看，这种说明不是弗雷格型的。普通的意向内容就能做到这一点。当我说"完整的弗雷格型含义"时，我并不打算要由此推出这样的含义就是抽象实体，而是说，它们足以提供充分的"表达方式"(mode of presentation)。

一种意向内容，而这种意向内容足以识别他正通过一个对象满足或适合这种意向内容这一事实而指称的对象。

下面，我将把讨论限定在索引性的指称表达式上，如"我""你""这""那""这里""现在""他""她"，等等。但值得强调的是，索引现象——根据事物所具有的与意向内容本身的实现之间的关系来确定满足条件的现象——是非常普遍的，它不仅仅包括指称表达式，实际上甚至都不仅仅局限在索引表达式。各种不同形式的索引性都是非表征性背景的组成部分。例如，我现在相信富兰克林（B. Fanklin）是双光眼镜的发明者。假设后来发现，在早于富兰克林的发明的8亿年前的一个遥远星系中，住着和人有些相像的生物有机体，某种外表上像人的东西发明了与双光眼镜功能相同的东西。我会认为我关于富兰克林发明了双光眼镜的看法不成立吗？我想不会。当我说富兰克林发明了双光眼镜时，背景当中便隐藏了一个索引词：背景在这种情形当中的作用就在于把一种索引性的解释指派给了这个语句。相对于我们的地球和我们的历史，富兰克林发明了双光眼镜；因此，富兰克林发明了双光眼镜这个陈述和大多数陈述一样，也是索引性的；尽管在这个用来做出该陈述的语句本身中，不存在任何索引表达式（除了动词的时态）。

让我们首先提问：什么东西是索引性指称表达式所共有、并使它们具有了索引性？索引性的本质是什么？索引性指称表达式的定义性特征不过就是指：当说出索引性指称表达式时，说话者通过显示被指称对象与该表达式本身的言说之间的关系而进行指称。"我"指称说出这个表达式的人，"你"指称向其说出这个表达式的人，"这里"指称说出这个表达式的地方，"现在"指称说出这个表达式的时间，如此等等。请注意：在每一种情形中，说话者都会指称一个特定的实体，因为他的言说表达了一种意向内容，这种意向内容显示了他所指称的对象与这种言说本身之间所具有的关系。因此，索引表达式的言说具有一种自我指称的形式，它类似于某些意向状态和事件的自我指称性，而我们需要就它进行更详细的讨论。但在这里，我们只需注意：这种自我指称特征足以说明对一个索引表达式的言说如何可能具有一种完整的弗雷格型含义。关于指称的弗雷格型（内在的或意向性的）说明的问题是要表明，在每一种情形中，我们是如何根据这种言说规定了满足条件这个事实而成功进行指称的，以及一个对象是如何根据它满足这些条件这一事实而被指称的。一个对象是由于满足一种意向内容而被指称的，而这种意向内容一般情况下是在说话者说出一个表达式时由说话者来表达的。这就是弗雷格的"专名"的"含义"概念的基本思想。他最喜欢的例子是"晨星"这样的例子，这样的表达式的词典意义被认为足以决定所指称的是哪个对象。索引表达式的特殊之处在于，表达式的词典意义本身并不决定它可能被用来指称哪个对象，而是说，这种词典意义提供了一条规则，用来决定相对于对该表达式的每一次言说来说指称的是什么。于是，用来表达相同词典意义的同一个无歧义的表达式，可以用来指称不同的对象，因为这种词典意义决定了：由对该表达式的言说所规定的条件，也就是说出它时由说话者所表达的完整含义，总是自我指称该言说自身。于是，例如"我"在由你或我说出时具有相同的词典意义，但在每种情形中的指称却是不同的，因为我的言说所表达的含义自我指称我的言说，而你的言说所表达的含义则自我指称你的言说：在任何一种言说中，"我"都指称说出它的那个人。

这样看来，说话者在说出一个索引表达式时所表达的弗雷格型含义就包含三个成分：作为索引性之定义性特征或其本质的自我指称特征；可以使用普遍词项来表达的词典意义的其余部分；以及对于许多索引性言说而言，说话者和听话者对于实际言说语境，例如对于感知指示词如"那边那个人"的语境当中相关特征的意识。我们需要依次探讨它们当中的每一个。

自我指称。 它是如何运作的？请回忆一下前文所说，对于视觉经验来说，对其满足条件的说明需要诉诸视觉经验本身。如果我看到我的手在我脸的前面，那么，这种视觉经验的满足条件就是：

> 视觉经验（那里有一只手，而那里有一只手这个事实引起这种视觉经验）。

与此类似，索引性命题的满足条件的形式也是自我指称的；不过，也存在着差异，索引情形的自我指称不是因果性的。索引情形就像意向的自我指称情形一样，也是自我指称的，但由这层意义不能推出，说话者在做出一种言说时也做出了指称这种言说的言语行动，这种言说也没有在自身中明确表征出来。相反，对于满足条件，如真值条件的详细描述，则要求诉诸言说本身。考虑对语句"我现在饿了"的任一言说。这种言说做出了一个真陈述，当且仅当说出该语句的人在说出这个语句的时候饿了。因此，其满足条件可以表征如下：

> 做出"我"这种言说的人在说出"现在"的时候饿了。

由这种分析并不能推出，"我"与"做出这种言说的人"同义，也不能推出，"现在"与"做出这种言说的时刻"同义。它们不可能是同义词，因为最初言说的自我指称只是被显示而不是被陈述的，而在对真值条件的陈述中我们陈述了而不是显示了它。正如我们没有看到视觉经验，但视觉经验却是其自身满足条件的组成部分，并且在这种意义上是自我指称的，我们也不指称（在言语行动的意义上）对索引表达式的言说，而这种言说实际上却是其自身真值条件的组成部分，并且在这种意义上也是自我指称的。视觉经验的自我指称性是被显示而不是被看到的；索引言说的自我指称是被显示而不是被陈述的。如果我们想引入一个显示这种索引性的同义词，我们可以引入任意一种工具，如星号（*），来表示这种索引性，也就是说，去表达而不是去陈述下面这个事实：该表达式正被用于通过表示被指称对象和对该表达式本身的言说之间的关系而进行指称。这样一种形式的表达式将提供一种典范性符号，以便区分索引表达式的自我指称：

　　　　我＝*言说的人
　　　　你＝*听讲的人
　　　这里＝*共同的空间（cospatial）
　　　现在＝*共同的时间（cotemporal）

如此等等。所有这些等价式为我们展示了表达式的意义，从而展示了包含这些表达式的语句的意义。例如，"我饿了"这句话的意义就由下述形式给出：

　　　*言说的人在*共同的时间饿了。

　　　非索引性描述内容。　　如果我们能够看出索引表达式的自我指称特征怎样把握了索引表达式的词典意义的其余部分，也就是这些表达式的非索引性的描述内容，将会加深我们对这种特征的理解。

我曾说过，所有索引性的指称表达式都是通过表示被指称对象与对该表达式的言说具有什么关系来进行指称的。这自然会提出这样的问题：有多少种关系是通过这种途径来表示的？在英语和其他我所知道的语言中，肯定是有四种，也许是五种关系是由索引表达式的字面意义来表示的。这四种是：

（1）时间：这种表达式的例子有"现在""昨天""明天"和"后来"；

（2）地点：例如"这里"和"那里"；

（3）言说的指向性："你"指称在言说中对之进行言说的人，"我"指称进行言说的人；

（4）交谈关系：回指（anaphoric）介词以及像"在前的"和"在后的"这样的表达式，它们通过其与索引性言说被置于其中的交谈的其余部分的关系来指称某物。

请注意：在这些例子的每一个当中，非索引的描述性词典意义都包含两个要素：一个是表达被表示的可判定关系的特殊确定形式的意义，另一个是表达被指称实体所属类型的意义。于是，"昨天"便表达了确定的时间标志"在前的一天"，被指称实体的类型就是一天。于是，由"昨天"所表达的完整的满足条件集就是：作为做出这种言说的那天之前的一天。并不是所有索引词都具有这样完整的词典意义，例如，指示词"这"和"那"通常就要求有另外一个表达式（"这个人"或"那棵树"）以及对于语境的意识，为的是在给出的言说中表达一种完整的弗雷格型含义。后文将会就此做更多讨论。

上述这四种肯定就是在英语的索引表达式的字面意义中所表达的索引关系的形式。有人已经论证，另一种关系是由像"现实的"和"实在的"这样的语词来表示的，这个思想是指："现实的"这个词通过指称在其中说出它的那个世界而索引地表达它的含义；这样，在可能世界当中，现实世界就是被索引地挑选出来的。我认为，这个主张完全是错误的；然而，由于它涉及模态问题，这超出了本书的范围，所以我不想在这里更多地讨论它。[1]

尽管只有四种（或许可以论证有五种）形式的索引关系在英语这种现实语言的表达式的索引意义当中得到表示，但在引入新的索引形式问题上，原则上并不存在任何限制。例如，我们可能具有一种表达式，当以某种音调说出它时，它将表示一种更高或更低音调的声音或者是相同音调的声音。也就是说，我们能够设想一类索引表达式，它们可以用来指称音调的性质，其方法是通过表示这些音调的性质与该言说的音调的性质之间的关系，这就类似于"今天""昨天"和"明天"通过表示它们与说出该表达式本身的那一天之间的关系来指称这些天。

对言说语境的意识。　通常来说，对一种索引表达式的字面言说自身并不携带一种完整的弗雷格型含义，但是这种完整的弗雷格型含义是由这种索引性言说的意向内容，连同说话者和听话者对这种言说语境的意识的意向内容来提供的。我们可以在对指示词"这"和"那"的言说的情形中十分清楚地看到这一点。假设当我一看到一个人在聚会上的怪异行为时，就会说"这个人喝醉了"。在这种情形中，"人"的描述内容连同索引成分并没有提供完整的弗雷格型含义，因为该言说只有在伴有一种对被意指之人的视觉感知的语境下才能被意指和理解，而所表达的命题则必须包含伴随该言说的感知经验的意向内容。对这一点的论证就是这样：某个不具有相关感知经验的人，例如因为他正在同我通电话或者是盲人或者从隔壁偷听我，便不可能完全把握我所表达的命题；如果没有这种感知经

---

[1]　对于这种观点的一种批评，见 P. van Inwagen, "Indexicality and actuality", *The Philosophical Review*, vol. 89, no. 3 (July 1980), pp. 403—426。

验，他就不能算是真正理解了这整个命题，尽管他理解了所有说出来的词。

在这样的情形中，对于使得完整的弗雷格型含义变得完全清楚的命题的分析，将必须既包括这种言说的意向内容又包括这种视觉经验的意向内容，而且它也必须表明后者是如何被置入前者当中去的。这就是它的运作原理。索引表达式通过表明对象与对表达式本身的言说所具有的关系而进行指称。于是，在这种情形当中就存在某种关系 R，它使得这种言说的真值条件可以表达为：

  那个与这种言说具有 R 关系的人喝醉了。

在所描述的情形当中，R 是感知性的和时间性的；被指称的人就是我们在做出这种言说的时刻看到的人。但是，如果我们要在做出这种言说时看到某人，那我们每个人也将会具有一种带有其自身现在时态命题内容的视觉经验：

  视觉经验（那里有一个人，而且那里有一个人这个事实引起这个视觉经验）。

这种意向内容只是插入到这种言说的其余部分的意向内容当中去，为的是给我们提供完整的弗雷格型含义，它通过这种言说的自我指称性和这种视觉经验的自我指称性唯一地识别出那个人。整个命题的全部满足条件（自我指称部分用不同字体表示）可表达如下：

  [（那里有一个人，x，x 在那里，这个事实引起这个视觉经

验), 而 x 就是那个在这种言说的时刻在视觉上经验到的人, x 喝醉了]。

这看上去可能会让人感觉有些奇怪, 但是我认为, 读者如果打算承认这种视觉经验的意向性、它在由这种言说所表达的命题的意向性当中的作用、视觉经验的自我指称性以及索引性言说的自我指称性, 那么他将会看到, 某种与此表述相类似的东西必定也是正确的。我们希望它能把握到的, 既有该命题的索引和感知内容, 又包括它们两者之间的关系。在有关指示词的感知用法中, 索引表达式的含义和包含在伴随这种言说的感知经验当中的意向内容, 均会对这种言说中所表达的命题内容有所贡献。请注意: 在这些场合中, 我们具有一种足以识别出对象的完整的弗雷格型含义。再请注意: 这些情形中不存在任何孪生地球问题。地球上的我和孪生地球上我的对应体在使用指示词"那个人"时表达了不同的弗雷格型含义, 尽管我们的言说以及我们的经验在性质上是相同的。他的感知以及他的言说和我的一样, 都是自我指称的。

现在让我们总结一下我们所给出的说明。我们需要区分索引表达式的字面意义, 也就是对一个索引表达式的字面言说, 和说话者在对该表达式的字面言说中所表达的含义。类似地, 我们需要区分索引语句 (也就是任意包含索引表达式或像动词的时态这样的词素的语句) 的字面意义, 也就是对索引语句的字面言说, 和说话者在对一个索引语句的字面言说中所表达的命题。索引表达式的意义自身并不足以提供完整的弗雷格型含义, 因为存在着相同意义的相同表达式可被用来指称不同的对象, 例如, 不同的人通过说出"我"来指称他们自己。但是, 字面的索引意义让人们可以确定, 当一个说话者对该表达式进行言说时, 他所表达的含义是相对于这种言说而言的。因此，表达式的含义相对于一种言说可能会变成一种完整的弗雷格型含义，因为词典含义决定了任何言说都是自我指称这一言说的。而这可以解释两个不同的说话者如何可能说出具有相同意义的相同语句，例如"我饿了"，但却仍旧表达不同的弗雷格型命题：所表达的每一个命题都自我指称它在其中得到表达的那种言说。正是这种被表达出来的完整的弗雷格型含义决定了指称，正是这种弗雷格型含义，而不是指称，是这个命题的构成部分。关于这种对索引性的说明，不存在任何化归性或消解性的东西，这一点无论怎么强调都不过分。我并不是要表明索引性实际上是某种别的东西，而是相反，我要说明它是什么，以及它如何在言说中表达意向内容。

（二）这种理论如何应对有关索引词的内在说明的反对意见

在发展一种关于索引词的有独立动机的理论的过程中，我们顺便回答了来自佩里和卡普兰的反对意见，即关于索引词的任何弗雷格型说明都不能提供一种完整的弗雷格型含义。休谟和黑姆森说出了具有相同字面意义的相同语句，但每一种言说都表达了不同的意向内容；因此，它们每一个都具有一种不同的但都完整的弗雷格型含义，因为每一个被表达的命题都自我指称表达该命题的言说。我们在所有情形中都已经表明，这种索引性言说的自我指称性（它是由使用这种索引表达式的规则决定的）如何规定了一个对象要想成为这种言说的指称对象就必须满足的条件。佩里正确地论证，存在着本质上就是索引性的思想内容（我的意义上的命题），但他又论证，对于本质上是索引性的思想内容来说，不存在任何完整的弗雷格型含义，这在我看来是不准确的。从这两个前提出发，他断定这种情形中所表达的命题只能通过一种直接指称理论加以说明。我接受他的第一个前提，但拒绝第二个前提和他的结论。索引表达式并不构成意向性理论的下述主张的反例:对象仅仅是依靠言说的含义,即仅仅是由于言说规定了被指称对象必须要满足的满足条件这一事实,通过言说进行指称。

下面是两个结语式的评论:首先,我称自己对索引词所做的说明在精神上是"弗雷格型"的,但它与弗雷格有关索引词的极少评论形成很大的反差。弗雷格说的几句话似乎不但是错误的,而且还不能与他对含义和指称的一般性说明保持一致。关于"我",他说,由于我们每个人都以一种特殊、私人的方式意识到自己,于是"我"就既具有一种公共含义又具有一种私人含义。关于"昨天"和"今天",他说,如果我们想在今天表达由包含"今天"的一个言说在昨天表达的相同命题,我们就必须使用"昨天"这个词[1],看起来,他似乎采纳了有关索引命题的一种从物说明。我们会就这些做出什么评论呢?表达式的含义不可交流的思想,从根本上说是反弗雷格的,因为引入含义这个概念的部分目的,恰恰就是要提供一种可由说话者和听话者共同把握的内容。"昨天"和"今天"的例子看上去像是不同含义可以决定相同指称的一个普通例证。正如"暮星"和"晨星"可以具有不同的含义和相同的指称,因为指称对象在每一种情形都是通过不同的"表达方式"来表达的,昨天说的"今天"及今天说的"昨天"也具有不同的含义,因而是不同的弗雷格型命题的表达式的组成部分,尽管它们都用来指称同一天。我相信,弗雷格没能看到为索引词提供一种弗雷格型说明是可能的,因为他没能看到它们的自我指称特性,而这种失败是他未能看到意向性的本性这一更大失败的组成部分。

第二,像这样的讨论可能倾向于沦为一种琐碎的经院哲学,经

---

[1] G. Frege, "The thought: a logical inquiry", reprinted in P. F. Strawson (ed.), *Philosophical Logic* (Oxford: Oxford University Press, 1967), pp. 17—38.

院哲学总是尽可能地掩盖正在讨论的基本"形而上学"假定，而我相信，我们应允许这些假定浮出水面。我的基本假定不过就是说：与实在世界的因果的以及其他类型的自然关系，就其对大脑（以及中枢神经系统的其余部分）产生的影响而言，只是相对于语言和其他类型的意向性来说才是存在的，而唯一重要的影响就是那些产生意向性的影响，包括网络和背景。某种形式的内在论必定是正确的，因为没有什么别的东西有此作用。大脑是我们所具有的、用来完成把世界表征给我们自己这个任务的唯一的东西，我们所能使用的每一样东西必定都在大脑当中。我们的每一个信念对于一个缸中之脑必定都是可能的，因为我们每一个人恰恰就是缸中之脑；这个缸就是脑壳，进入其中的"信息"是通过对神经系统的影响而进入的。这种内在论的必然性由于采用了第三人称的观点而在这许多讨论中被遮蔽了。通过采纳上帝之眼的观点，我们认为，我们能够看到拉尔夫的真实信念是什么，尽管他本人不能看到。但是当我们试图建构一个并非完全处在拉尔夫头脑当中的信念时，我们忘记了，我们只是在自己头脑中建构了它。或者换一种表达方式，即便存在一个外在的语义概念集，它们也必定寄生于并且完全可以化归为一个内在概念集。

奇怪的是，我由之出发以捍卫关于指称的"弗雷格型"说明的观点，在弗雷格看来会是完全陌生的，这是一种生物学上的自然主义。意向性是一种生物现象，它和任何其他生物现象一样，都是自然界的组成部分。

第九章　专名和意向性

一、问题的实质

专名问题应该是容易解决的，从某个层面讲，我认为专名问题就是指：我们需要反复谈到相同的对象，即便当该对象不存在时也是如此，于是我们就给了该对象一个名称。后来，这个名称就被用来指称该对象。然而，当我们反思下面这种类型的考虑时，问题就出现了：对象并不是先于我们的表征系统给予我们的；把什么算作一个对象或者算作相同的对象，这是我们如何划分世界的一种功能。语词在被我们想到时，往往并没有与对象形成对应；于是，我们不得不对语词进行划分；而我们如何对它们进行划分，则取决于我们的表征系统，这也就是说，取决于我们，尽管这种系统已经经过了生物、文化和语言的塑造。此外，某个人为了能够给某个对象提供一个名称，或者知道一个名称就是该对象的名称，他就必须拥有对于该对象的某种其他的表征，而不仅仅是拥有这个名称。

为了完成本项研究的目标，我们需要解释清楚专名的用法如何可能与我们关于意向性的一般性说明相契合。限定摹状词和索引词都至少用来表达某种数量的意向内容。这些表达式本身可能还不足以识别被指称的对象，但在成功进行指称的场合，必定存在足够多的其他意向内容，说话者可以通过对它们的把握来明确指称。这个观点即便是对于限定摹状词的"指称性"用法也是成立的，按照这种用法，言说当中实际表达的意向内容对于被指称对象甚至都有可能是不成立的。[1] 但是，专名的情况又如何呢？它们显然缺乏明确的意向内容，但是，它们要被用来通过某种方式聚焦说话者和听话者的意向性吗？或者，它们只是指称对象，而不包含任何中介性的意向内容吗？就我给出的说明来看，答案是显然的。由于语言指称总是依赖于心智指称，或者它就是心智指称的一种形式，并且由于心智指称总要依靠包括背景和网络在内的意向内容 [2]，所以专名必定以某种方式依赖于意向内容，而现在就是把这种方式——或这些方式——完全讲清楚的时候了。

有关专名的问题过去曾通过这种形式来讲述："专名有含义吗？"据说当代哲学对这个问题给出了两种回答："描述"理论给出的是肯定性回答，按照这种理论，名称由于和一个摹状词或者一簇摹状词相关联而进行指称，另一种是由"因果"理论给出的否定性回答，按照这种理论，名称之所以能够指称对象是因为有一根"因果链条"，它把对一个名称的言说与这个名称的载体，或者至少和这个名称的载体获得这个名称的命名仪式关联起来。我相信，没有哪一方会欣然接受这些称号。因果理论如果被描述为外在因果交流链条理

---

[1] J. R. Searle, "Referential and attributive", in *Expression and Meaning* (Cambridge：Cambridge University Press，1979)，pp.137—161.

[2] 在本章的后面部分，我将广义地使用"意向内容"，以便将网络和背景的相关要素包括进来。

论会更合适[1]，而描述理论如果被描述为意向理论或内在理论则是更好的选择，其原因将在后面的讨论中给出。

先撇开称号问题不谈，重要的是在一开始时就搞清楚这两种理论究竟在争论些什么。几乎没有什么例外的是，我所看到的有关描述理论的说明或多或少都是对它的粗略歪曲，有鉴于此，我想搞清楚有关这些争论的四种最为常见的误解，这样做的目的在于把它们放在一边，以便我们能够发现真正的争议所在。

首先，最需要强调的是，它们的争议并不在于专名是否必须要通过使用完全普遍的词项而被穷尽地做出分析。我不知道描述论者当中有谁曾经坚持过这种看法，尽管弗雷格有时谈起，好像他有可能会对此表示同情。但无论如何，这从来就不是我的观点，我相信它也从来都不是斯特劳森或罗素的观点。

第二，就我来说，争议根本就不在于使用语词对专名进行分析。在我早期关于这个主题的著述中[2]我曾指出，在某些情形中，一个说话者所拥有的、他将其与该专名进行关联的唯一的"识别性摹状"只是他识别出该对象的能力。

第三，有人[3]认为，描述论者所坚持的观点是，专名与说话者心灵当中的一套"档案"相关联，而所谓争议就发生在这种档案的观念与将专名用作类似于指向（pointing）之物这种观念之间。但这也是对描述理论的一种误解。就描述理论的说明看，指向恰好就是切合指向者观点的一个例子，因为指向只是依靠指向者的意向才取

---

[1] 唐纳兰就承认用这个称号去表示他的观点是不适当的。比较 "Speaking of nothing"，*The Philosophical Review*, vol. 83 (January 1974), pp. 3—32; reprinted in S. P. Schwartz (ed.), *Naming, Necessity and Natural Kinds* (Ithaca and London: Cornell University Press, 1977), pp.216—244。

[2] In e.g. *Speech Act* (Cambridge: Cambridge University Press, 1969), p. 90.

[3] 我相信这个词首先是由格赖斯（H.P.Grice）在《空名》（"Vacuous names"）当中使用的，载 D. Davidson and Hintikka (eds.), *Words and Objections* (Dordrecht: Reidel, 1969), pp.118—145。

得成功的。

第四，克里普克宣称，按照描述理论勾勒的画面，"某个人实际上通过进入他自己房间的私人密室，并通过说指称对象就是具有某些识别性特征的唯一的事物这种方法就可以给出一个名称"。[1] 但据我所知，没有哪一位描述论者会认可这种观点，因此克里普克没有给出这种奇怪观点的出处，也就不奇怪了。

但是，如果上述四种说明都错误表达了描述理论，以及描述理论和因果理论之间的争议，那么这些观点和它们之间的争端到底是什么呢？争议不过就是这样的：专名通过一种和我所提出的有关意向性的一般性说明相一致的方式，通过规定内在的满足条件而进行指称，还是依靠某种外在的因果关系进行指称？让我们试着把这种争议陈述得更准确一些。描述理论坚持的是这种观点：为了说明一个专名如何指称一个对象，我们需要说明这个对象如何满足或适合说话者心灵当中与这个名称相关联的"描述性"意向内容；这种意向性的有些内容通常情况下将通过语词来表达，或者至少可以通过语词来表达。因果论者则坚持如下观点：任何这样的意向性分析都不可能达成这样的目的，为了说明对一个名称的言说和被指称对象之间的成功指称的关系，我们需要表明对这个名称的言说和这个对象之间的某种外在的因果关联。这两种理论都试图回答这个问题："当说出一个名称时，说话者如何成功地指称一个对象"？描述论者给出的回答是，说话者指称该对象，因为且仅仅因为该对象满足与该名称相关联的意向内容。因果论者的回答是，说话者指称一个对象，因为且仅仅因为存在一根因果的交流链条，它把说话者的言说与该对象，或者至少是与该对象的最初命名仪式——我们将在后面

[1] S. Kripke, *Naming and Necessity*, in G. Harman and D. Davidson (eds.), *Semantics of Natural Language* (Dordrecht：Reidel, 1972), p.300.

谈到的一个重要限定条件——联系起来。

二、因果理论

因果理论存在不同的版本，但我并不想讨论所有的版本。最有影响的版本出自克里普克和唐纳兰，我将把大部分讨论限定在他们的观点之上。它们也不是完全相同的，但我只在有必要避免混淆时，才提请读者注意它们之间的差异。

我先从克里普克的版本谈起。

> 对一种理论的粗略陈述可以是下面这样的。一个最初命名仪式发生了。在那里，对象可以通过实指（ostension）来命名，或者该名称的指称可以通过摹状词来确定。当名称"一环接一环传递时"，名称的接收者在听到这个名称时，我认为，必定想要使用它去指称他由之听到这个名称的人相同的指称。[1]

关于这段话，有几个需要注意的方面。首先，对于命名仪式上名称的引入的说明完全是描述理论的。这种命名仪式或者以口头形式，即限定摹状词（克里普克给出的例子是引入"海王星"这个名称去命名一个那时还未被观察到的行星）为我们提供意向内容，或者，当一个对象以实指方式命名时，它就给出了关于一种感知的意向内容。在感知情形中，的确存在一种因果的关联，但由于它是意向因果，内在于感知内容，所以，因果论者试图就名称与对象的关系给出一种外在因果性说明是没有用处的。当然，在这样的情形

---

[1] Kripke, *op. cit.*, p.302.

下，也将存在一种根据对象对神经系统的影响而给出的外在因果性
说明，但是，这些外在因果现象自身并不能就这个名称提供一种实
指定义。为了得到实指定义，感知者必须感知到这个对象，而不仅
仅是考虑这个对象对其神经系统所产生的物理影响。因此，下面这
一点是克里普克因果理论的一个奇特的特征：这根外在因果链条实
际上并没有延伸到该对象，它只是延伸到了该对象的命名仪式，也
就是名称的引入仪式，而从这一点开始，确定指称的东西就是一种
意向内容，它与这个对象之间可能有，也可能没有外在的因果关联。
许多，也许是大多数哲学家都认为名称的因果理论断定了名称的指
称性用法和它们所命名的对象之间存在一种因果关联，但至少在克
里普克那里这不是实际情况。这一点很有意思，我们会在后面讨
论它。

有些人，如戴维特（M. Devitt）[1] 对克里普克思想的这个方面表
示失望，他想把真正的"指谓性"（designational）名称的概念留给那
些与该对象自身因果相关的东西。但是，这似乎又太过武断了。没
有什么东西会妨碍我们使用摹状词引入名称，并使用它们去进行指
称，甚至把它用作一个"严格指示词"（rigid designator）；而无论如
何，存在许多关于抽象实体的专名，比如数字就是数的名称，但抽
象实体不能引发物理的因果链条。

有关克里普克版本的另一个需要注意的特征是，因果链条可
以说并不是纯粹的。除因果性和命名仪式以外，还容许有另外一种
意向性要素潜入其中：每一个说话者都必定想要和他由之习得这个
名称的人指称相同的对象。因此，这确实为我们提供了某种和名称
"N"在这根因果链条上的每一次使用相关联的意向内容，也就是说，

[1] M. Devitt, *Desigantion* (Chicago：University of Chicago Press, 1981)，esp. chapter 2, 25—64.

"N 就是那个我由之得到这个名称的人所指称的对象"。现在看来，这是一个奇怪的要求，因为：如果这根链条上的每一个人实际上都具有这种明确限定的意向，并且，如果这种意向内容实际上得到了满足，也就是说，如果每一个说话者都的确成功地指称了相同对象，那就会不足道地推出，指称将准确地回溯到最初命名仪式的目标，这样的话，关于因果性的讨论就成多余的了。但这大概不是克里普克的思想，因为它没有任何解释力，实际上还会导致循环。我们将根据一根成功进行指称的链条来解释成功的指称是如何发生的。克里普克的思想显然是这样的：你应该说明这种意向内容是如何得到满足的，也就是说，指称是如何根据外在因果性加上它会取得成功这一意向而取得成功的。因此，克里普克规定了三个条件，来说明每一次殊型的言说是如何指称最初目标的：最初命名仪式、因果链条、明确限定的意向内容。而这种解释在下述意义上仍是外在性的：尽管这根交流链条的每一个环节都既为说话者又为听话者所觉察，但"关键不在于说话者认为他是怎样获得指称的，而是那根相关的实际的交流链条"。[1]

在批判克里普克的理论之前，让我们转到唐纳兰的因果理论。

> 主要的思想是指，当一个说话者想要使用一个名称去指称一个个体，并谓述关于该个体的某种事情时，成功的指称会在这种时候发生：存在一个个体，它是关于说话者意欲对之谓述某种事情的人的从历史角度看的正确解释的组成部分。于是这个个体就会是指称对象，而所作陈述为真或为假，将取决于它是否具有谓词所指谓的性质。[2]

---

[1] Kripke, *op. cit.*, p.300.
[2] Donnellan, *op. cit.*, p.229.

这一段包含两个关键要素：(a)"从历史角度看的正确解释"，(b)"说话者意欲对之加以谓述的人"。为了帮助我们理解（a）是什么意思，唐纳兰引入了"无所不知的历史观察者"的思想。这位无所不知的观察者会看到我们意指的是谁以及意指什么东西，尽管我们不能提供适合我们意指的人和物的任何意向内容。但是，我们拿什么来满足（b）呢？关于我们的什么事实会让下面这一点发生：当我们说，例如"苏格拉底鼻子扁平"时，我们"想要对之谓述某种东西的"正是苏格拉底？显然，从唐纳兰的想法看，根本就不存在任何有关我们的事实——除了连接我们的言说和苏格拉底的那根因果链条。但是，这根链条的实质又是什么呢；这位无所不知的观察者想要寻找的是什么，为什么？罗蒂（R. Rorty）促使我们确信，因果理论只需要"普通的物理因果"，就像对象与对象之间的碰撞这样的东西。我认为，唐纳兰所说的观察者打算寻找的必定是意向因果和意向内容。后面我将会重新讨论这一点。

　　克里普克坚持认为，而且我也认为唐纳兰会认同这样一点：因果理论并不是要作为一种完整理论出现，而只是要作为一幅关于专名如何运作的"画面"出现。然而，我们仍旧想知道，它是否是一种准确的描绘，回答这个问题的一种方法是试着提出反例，也就是给出并不依照这幅画面进行运作的名称的例子。例如，如上所述的克里普克因果理论（或画面）为我们提供了使用专名进行成功指称的充分条件吗？我认为，回答显然是否定的。文献当中存在许多反例，其中最生动的反例也许来自埃文斯（G. Evans）。[1]"马达加斯加"最初是非洲大陆一个组成部分的名称。然而，马可·波罗却用

---

[1]　G. Evans, "The causal theory of names", *Proceedings of Aristotelian Society*, suppl. Vol. 47, pp. 187—208；reprinted Schwartz（ed.）, *op. cit.*, pp. 192—215.

它指称远离非洲海岸的一个岛屿，这个岛屿现在就是我们用"马达加斯加"所意指的东西，不过，他大概能满足克里普克关于想要使用这个名称去指称"他由之听到这个名称的人"的相同指称这个条件。因此，"马达加斯加"这个名称的这种用法满足了把它和非洲大陆关联起来的因果条件，但是，这并不足以使它指称非洲大陆。我们需要回过头来讨论的问题是：假如这根因果链条延伸到了非洲大陆，那么它如何能够指称马达加斯加，而不是非洲大陆，为什么？

如果克里普克的因果链条理论没有为我们提供一种充分条件，那它至少也该为我们提供了一种必要条件吧？这里，答案在我看来显然又是否定的。一般来说，这是一个好主意：把那些提出来用于反对一种观点的例子作为实际上支持这种观点的例子，于是就让我们考察采自卡普兰的如下例证。[1] 他写道，描述理论不可能是正确的，因为例如《简明传记词典》(Concise Biographical Dictionary) 中写道，"拉美西斯八世"(Rameses Ⅷ) 是"世人对其一无所知的众多古代法老之一"。但可以肯定，即使我们没有满足使用其名称的描述理论的要求，我们也能够指称他。实际上，这个例子所表明的是，我们知道关于拉美西斯八世的许多事情，而事实上即便是对描述理论的最素朴的版本来说，这也是一个相当理想的案例，因为我们似乎具有一个完美的识别性摹状词。拉美西斯八世就是那位被命名为"拉美西斯"的法老，他在名叫"拉美西斯七世"的法老之后统治埃及。[2] 也就是说，我完全可以设想，我们至少拥有关于古代法老的一些历史知识，其中包括相同名称的法老以数字来排序。为论证起见，假设我们知道有关拉美西斯七世和拉美西斯九世的相当多的事

[1] D. Kaplan, "Bob and Carol and Ted and Alice", in K. J. Hintikka, et al. (eds.), *Approach to Natural Language* (Dordrecht and Boston: Reidel, 1973), pp. 490—518.
[2] 出于我们很快就要加以研究的理由，这个摹状词是寄生于其他说话者的，但它足以识别出我们正在讨论谁。

情，于是，我们就可以毫不犹豫地使用"拉美西斯八世"这个名称去指称介于拉美西斯七世和拉美西斯九世之间的那位拉美西斯，即使从我们回溯到古埃及的各种因果链条都错过了拉美西斯八世。在这种情形下，我们所具有的例子所例证的是发挥作用的网络。在这种情形中，它是那个包含着关于过去的知识的网络的一个部分。

一般情况下，我们可以这样说：整个意向性网络经由意向因果被因果地确定到实在世界的不同的点上，但下述想法将是一种严重的错误：网络必须通过任意种类的因果在每一个单独的点上都明确指称是通过使用专名而进行的。[1] 我相信，因果论者之所以会犯这个错误，是因为他们夸大了由唐纳兰明确提出的、指称和感知之间的类似。[2] 感知的确通过这种方式确定到世界的每一个点上，因为每一种感知经验都具有我们之前讨论过的意向内容的因果自我指称性。但是，专名却不携带这种类型的因果，更不携带意向因果。即使在名称的言说与被指称对象之间不存在任何因果关联，不论是意向性的还是外在的，也都可能满足成功使用专名的那些条件。事实上，对任意名称系统来说，这都会是真实情形，在任意名称系统中，我们都能根据一个名称在该系统当中所处的位置来识别它的承担者。例如，我可以指称华盛顿的 M 街，这只是因为我知道这个城市的街道名称是以字母表形式排序的，"A""B""C"，等等。我不需要为了指称 M 街而与 M 街有任何因果关联。[3] 如果我们考虑抽象实体的名称，这一点就会变得更加明显：如果我数到 387，这个数字就命名了这个数，这里不存在任何因果链条，正是依靠它才把我和对这个数字的任何所谓命名仪式关联起来。

---

[1] 我要感谢斯通（Jim Stone）对这一点的讨论。
[2] In Schwartz (ed.) *op. cit.*, p. 232.
[3] Evans, *op. cit.*, 他在其中提供了几个这种类型的例子。

下述主张存在许多公认的反例：因果理论为我们提供了使用专名去指称其承担者的必要的或充分的条件。为什么这些理论的作者们没有注意到这些例子呢？顺便说一句，关于反例在这些讨论中所起的作用，存在一种奇怪的不对称：描述理论的所谓反例在一般情况下被认为对该理论具有毁灭性；而因果理论的反例却被人们愉快地接受，好像它们没有一点用处似的。因果论者之所以会对它们没有印象，我怀疑是因为他们感觉到，正如克里普克明确言明的，因果理论提供了一幅关于名称工作原理的更加充分的画面，尽管它不可能解释清楚每一种情形。毕竟，那些反例可能仅仅属于奇怪的和边缘性的情形，而我们真正想要知道的，是对于专名机制的运作具有核心性和本质性的东西。此外，这些反例从理论上对我们来说并不是真的很重要，除非它们得到某种具有独立动机的理论，即关于为什么它们构成反例的某种说明的支持。我同情这两种冲动，我相信我们应该寻找这种机制的本质特征，而不是对那些奇怪的例子留意过多，而我也相信，这些反例只在得到对它们进行解释的一种理论的支持的情况下才是有意思的。事实上，我更愿意看到因果理论和描述理论的反例能够得到相同态度的对待。困难在于，我提出的反例好像的确对因果理论（或画面）构成了严重的困难，而且它们得到了一种意向性理论的支持。在马达加斯加一例中，附在这个名称上的意向性把指称从因果链条的末端转移到了满足相关意向内容的对象上去了，而当我们在名称的体系中为名称定位时，作为网络当中一个要素的名称的位置提供了获得这个名称的指称的充分的意向性，而此时却不存在任何因果链条。

让我们转向下面这个更为重要的问题：因果理论或画面提供了专名之机制的本质特征吗？我想答案显然是否定的。为了看清楚这一点，我们设想一个使用一种包含专名在内的语言的原始的狩猎-采集社会（设想一种被原始社会使用的语言，这一点并不是从根本上就令人难以置信的；据我们所知，人类的语言正是在这样的社会中才开始进化了）。设想这个部落的每一个成员都知道其他所有的人，而且该部落的新生成员都要在部落全体成员出席的仪式上进行最初命名。再来设想，当孩子们慢慢长大，他们通过实指学会了人们的名字以及当地的山脉、湖泊、街道、房屋等等的名称。我们也假设该部落有一个严格的禁忌，即不许谈论过世的人，以至于没有一个人的名字在其死后会被提起。这种构想的要旨很简单：如我所描述的，这个部落具有一种使用专名进行指称的机制，其方式和使用我们的名称进行指称的方式恰好相同，但是，在这个部落中并不存在名称的一种单独的用法，它可以满足因果的交流链条理论。正如我所描述的，不存在为克里普克、唐纳兰以及其他人所支持的那种类型的一根单独的交流链条。名称在这个部落中的每一次使用，正如我所描述的那样，满足描述理论的下述主张：存在着将名称和对象关联起来的一种意向内容。在这种情形中，我们将会认为，人们是通过实指方式而被教授给这些名称的，而且他们学会了怎样去识别他们的同部落成员、山脉、房屋，等等。这种教授方式提供了对象所要满足的意向内容。[1]

在我看来，因果论者可能就此做出如下回应：因果理论的基本精神在本例当中也得到了坚持，因为尽管不存在任何交流链条，但在名称的获得和被命名对象之间却存在一种因果联系，因为该对象就是通过实指方式给出的。对这一点的回答分为两个方面。首先，教授人们名称的这种用法的那种因果联系坦率地说就是意向因果；它根本就不是外在论的。也就是说，在这些情形中提出的那种因果

---

[1]　当然，我并没有提出一种定义，其原因我已在《专名》（"Proper names"）一文中给出了，见 *Mind*, vol. 67 (1958), pp. 166—173。

联系是一种描述理论的因果联系。当我说"巴克斯特"时，我所意指的就是那个我能够识别为巴克斯特的人，或者是以巴克斯特的名义介绍给我的那个人，或者是我看到被首次命名为巴克斯特的那个人，而在这些情形当中，不同字体的词所蕴含的因果要素都是意向因果要素。在每个情形中，因果条件都是与名称相关联的意向内容的一部分。请注意：重要的不是我给出了一种口头描述这个事实，而是存在着一种意向内容。

　　如果因果理论想要取代描述理论，那么所讨论的因果就一定不能是描述论的，必定不是内在的，否则，因果理论就不过是描述理论的一个变种了。而这恰恰相当于下面这个主张：描述理论将一些要素，比如感知要素包含在与名称的使用相关联的意向内容当中。但是其次，我们甚至都不需要认为社会共同体中的所有名称都是通过实指方式引入的。克里普克也承认，社会共同体中可能存在一些名称，它们纯粹是通过摹状词引入的。假设社会共同体中的天文学家和气象学家们能够预测未来将会发生的风暴和天文事件，而且他们能把专名赋予这些未来的事件和现象。这些名称就纯粹是通过摹状词教授给社会共同体全体成员的，这里不存在任何有关引起这些名称的事件的问题，因为这些事件属于未来。在我看来，此时此处就是一个这样的社会共同体，它满足所有对于获得专名，以及对于获得按照我们的专名发挥指称功能的方式来发挥指称功能的专名的机制来说具有本质性的条件，但却不存在一种关于专名的单独的用法，可以满足因果论者给出的故事、画面或理论。

　　如果我们如此轻易地描述了一个完整的社会共同体的例子，它满足使用专名的条件但却不满足因果理论规定的条件，那么，我们该如何解释因果理论在这么多的哲学家看来似乎都合理这一事实呢？我们该如何处理这种争议呢？请注意：在唐纳兰和克里普克那里，因果理论都不是作为关于名称用法的有独立动机的说明的结果而提出的，而是作为描述理论的一种简要勾勒出来的替代品而提出来的。这两种论证的主要推动力是试图驳倒描述理论，而我们如果想要理解在这场争论中发生了什么，我们现在就必须转而讨论这种理论。

三、专名的描述论说明

如果你不理解描述理论最初所要反对的观点是什么，那么你也就不能理解这种理论本身了。1955 年我在撰写《专名》[1]一文时，哲学文献当中存在三种关于名称的标准观点：密尔的观点是：名称只有指示意义（denotation）而根本没有内涵意义（connotation）；弗雷格的观点是：一个名称的意义是由单独一个相关的限定摹状词给出的；另一种可以被称为标准的逻辑教科书观点，即名称"N"的意义不过就是"被称为 N"。如今看来，第一种和第三种观点显然是不完备的。如果有关专名理论的问题是要回答这个问题，即"说话者在说出一个名称时，他根据什么来成功地指称一个特定对象？"那么，密尔的理论不过就是拒绝回答这个问题；它所说的不过就是，这个名称指称这个对象，而这就是事情的全部了。但是，第三种回答也是有缺陷的，如我在《言语行动》中所说，

"被称作 X 的那个人"这个摹状词不可能，或者无论如何其自身都不可能单独满足识别原则。因为如果你问我"你用 X 指谁"？而我回答"那个被称作 X 的人"，那么，即使真的只有一个人被称作 X，我也不过是在说，他是其他人用名称"X"指称的

[1] *Op. cit.*

那个人。但是，如果他们用"X"来指称他，那他们必定也会准备用一个识别性摹状词来替换"X"，而且，如果他们反过来替换了"那个被称作 X 的人"，那么这个问题也只是被向前推进了一个阶段，而不可能无穷尽地推进同时却不导致循环或无穷倒退。我对一个个体的指称可能寄生在另外某个人身上，但如果还要有任何指称存在的话，那么这种寄生就不可能无穷尽地推进下去。

出于这个原因，说专名"X"的含义或其含义的组成部分就是"被称作 X"，根本就不是对专名"X"的含义（如果有的话）是什么这一问题的回答。人们本可以说，"马"的意义的组成部分是"被称作一匹马"。这种错误如此常见，的确很令人感到惊讶。[1]

也许同样令人感到惊讶的是，克里普克也提出了同样的观点[2]，他甚至也使用了关于"马"的相同例子，好像这就是拒绝接受描述理论的一个理由或者它是该理论的一个困难，而实际上，它是该理论的最基本论题之一，至少就其近来的表述看就是这样。然而请注意，由上述段落并不能推出，当一个人所拥有的关于一个对象的唯一识别摹状词是"被称作 N"时，他不能用名称"N"来指称这个对象，相反，它所说的是，这一点本身不可能是对专名如何进行指称这一点的完整说明，因为这样的识别性摹状词依赖于存在另外某个完全属于不同类型的识别性摹状词。这一段争辩的目标是为了批判标准教科书的观点，不是因为它提供一种关于如何获得指称的错误说明，而是因为它提供一种不完全并且缺乏解释力的说明。实际上，我们的确经常使用专名来进行我所谓的寄生性指称（parasitic reference）：一个人将其与一个名称"N"关联起来的唯一识别性摹

---

[1] *Op. cit.*, pp.170—171.
[2] Kripke, *op. cit.*, pp.283—284.

状词，通常不过就是"在我所在的社会共同体中或被我的对话者称为 N 的对象"。在这种情形下，我对这个名称的使用寄生于其他说话者对该名称的使用之上，也就是说，当我使用一个我只能将"被称为 N"这一意向内容附于其上的名称时，我的指称只在下述情况下才是成功的：现在有或者已经有其他人使用或者已经使用了这个名称"N"，并为它赋予了一种完全属于不同类型的语义或意向内容（请记住："识别性摹状"并不意味着"使用语词"，它仅仅意指：意向内容，包括网络和背景，足以识别对象，而且这种内容可以使用也可以不使用语词）。例如，如果我们关于普罗提诺*（Plotinus）所知道的一切，就是我听到过其他人使用"普罗提诺"这个名称来讨论某个人，那么，我仍旧可以使用"普罗提诺"来指称普罗提诺，但是，我这样做的能力却寄生在其他说话者身上。

这样看来，弗雷格的说明是最有前途的，这也正是我想要加以发展的理论。它的主要优点在于，弗雷格看到，对于专名来说，它们就像任何能够进行指称的词项一样，必定存在着某种根据它而进行指称的意向内容。其主要的不足是，弗雷格似乎认为，语义内容总是要使用语词来表示，特别是要使用限定摹状词，而这种摹状词便给出了名称的定义或者含义。弗雷格型理论的另外一个优点，也是我想要加以发展的，是它们能够让我们回答有关专名在同一性陈述、存在陈述以及在关于意向状态的 s- 意向性陈述当中出现时引发的某些令人感到困惑的问题。而就我所见，迄今还没有哪一个因果理论家就这些问题给出过令人满意的回答。

现在，就让我们根据上述对描述理论之动机的简要刻画来重新审视因果理论。从描述理论的观点看，因果型分析相当于下面这一

---

* 普罗提诺（204/5—270），古罗马时期的哲学家，被认为是新柏拉图主义哲学的奠基人。——译者注

点："因果交流链条"所刻画的不过就是一种从外部观点看的寄生情
形。让我们试着把这一点讲清楚。克里普克说，在这根交流链条的
每一个环节上，说话者都必定会具有这种意向："当我说出'N'时，
我想要指称与我由之获得'N'这个名称的人所指称的相同对象"。
描述论者说，我们可以赋予名称"N"的一种识别性摹状词是"被
我所在的语言共同体的其他人指称为'N'的那个人"。双方都认可，
这一点本身就是不充分的：克里普克坚持认为，这根链条必定终止
于一个最初命名仪式；描述理论则允许它通过多种方式终止，最初
命名仪式只是这多种方式当中的一种。差别何在？就描述理论和因
果理论之间的争议而言，不存在任何差异：克里普克理论只是描述
理论的一种变化形式。但这根因果链条又是怎样的情况呢？难道因
果理论不需要一根保证成功进行指称的外部因果链条吗？稍后我就
会解释：这根外部因果链条无论是在克里普克的说明当中还是在唐
纳兰的说明中都没有起到任何解释性作用。唯一重要的链条，是意
向内容从表达式的一次使用转移到下一次使用之上，而在每一种情
形当中，指称都是根据使用这个表达式的说话者心灵当中的描述性
意向内容而获得的。当我们转向那些所谓的反例时，这一点会变得
更加清楚，但是，你可以在克里普克的描绘中看到它：假设存在关
于一座山的一个最初命名仪式，将其命名为"N"，然后有一根包含
十个环节的链条，其中每一个说出"N"的人都想使用这个名称去
指称他由之得到这个名称的人使用该名称去指称的东西。假设不存
在任何关于 N 的中介意向性，不存在关于它的任何其他信念，等等，
那么，这一点本身就足以保证，每一个人仅仅根据存在一个且仅存
在唯一一个满足或适合他的或她的意向内容的对象这一事实，便可
以指称到这个命名仪式的最初目标。在说话者做出最初命名仪式之
后，后面的意向内容便寄生于在前的意向内容之上，以便获得指称。

当然，其中将会存在一种对于这个链条的外部因果性描述，而且一个无所不知的观察者能够观察到，一先生正在和二先生谈话，并一直延至十先生，而且，他能够描述一个事件序列而根本不提到任何意向性，且从不提及任何描述性内容。但是，由这个外部观察者所描述的这个特征序列并不是能让我们获得指称的东西。对克里普克来说，指称完全是通过描述性内容而获得的。

要想检验哪一个特征正在执行这一功能，是描述性内容还是因果链条，其方法是变换其中的一个而让另一个保持不变，然后再观察会发生什么事情。假设七小姐决定不使用这个名称去指称她由之得到这个名称的人所指称的相同事物，而是去指称她的宠物狮子狗。由于是经外部描述的，所以交流链条可能完全相同：名称"N"从一到十，但意向内容的转换意味着，七、八、九、十正在指称一只狮子狗而不是一座山，这仅仅是因为满足他们的识别性摹状的是那只狮子狗而不是那座山（这和马达加斯加的例子非常相似）。或者相反，设想这根链条就是一种恒定的描述性内容，每一个都寄生于在前的说话者之上，直至回溯到最初命名仪式，但却按照你喜欢的方式改变了这个外部因果故事，而这仍旧不会影响到指称的完成。现在看来，是哪一个在执行这一功能，是意向性，还是"普通的物理因果"？

为了回应描述论者可以轻易地容纳他们提出的如上说明这个想法，克里普克、唐纳兰和戴维特都坚持认为，按照描述论者的看法，说话者将不得不记住他是从谁那里获得这个名称的。但这一点在我看来根本就是错误的。例如，我可以（并且的确）按照我在上文中考虑过的方式使用名称"普罗提诺"进行寄生性指称，但却不记得我是从谁那里得到这个名称的。我只是想指称和我由之得到这个名称的人所指称的相同的人（不管他会是谁），这与克里普克关于描述理论的说法是一致的。

　　但是，为什么这一点会很重要呢？这根链条是通过意向内容还是通过外部物理因果来描述，这会有什么不同呢？再说一遍，因为这种争议是指：指称成功进行是由于被指称对象适合或满足某个相关的摹状词这个事实，还是说指称的获得是由于某些关于独立于这些事实在心灵中如何得到表征的世界的事实：对表达式的言说所要满足的某个条件，独立于任何相关摹状词的内容。克里普克和唐纳兰宣称，他们所否证的，是经由相关联意向内容进行指称的观念，所支持的是外部的因果条件。我所论证的是，假如他们的说明能够奏效，那正是因为它是描述论的所以才奏效；外部因果链条没有起到任何解释性作用。我并不是在说，他们的说明可以被强行置入描述论的模型当中，而是说，当仔细考察后会发现，他们所提供的那种说明显然就是描述论的。关于因果，他们所说的话如此之少，我们对此不应感到吃惊。这个概念在他们的说明当中根本不起任何作用。为了更清楚地看到这一点，让我们看一看唐纳兰的观点。

　　　　假设某人说"苏格拉底是扁平鼻子的"，我们问，他指的是谁。这个问题的中心思想是，这需要一种历史的解释；我们不是要找到这样一个个体，他可能最符合那个说话者认为他自己正在指称的那个个体的描述……而是要找到一个个体，他和这个人在这个场合对"苏格拉底"的使用**历史地相关**。情况可能是这样：一个无所不知的历史观察者会看到一个与对话的作者相关的个体，这些对话的关键角色之一就是以该个体**为模型**模仿而来的，而且，这些对话已经流传下来，这个说话者已经阅读了对它们的翻译，他现在对于某种东西具有扁平鼻子这一性质的谓述，通过他已经阅读过这些翻译来做出解释……"这个

说话者通过这种方式来（即使有可能是错误地）描述的是什么个体（如果有的话）?"[1]（不同字体是我加的）

在我看来，这段话提供了一种很合理的解释——它留给我们的问题是：他认为那个无所不知的观察者要去寻找什么，为什么？当他判定"这个说话者通过这种方式来描述的是什么个体（如果有的话）"时，他在考虑什么？由于存在着无穷多的"历史关系"，所以必定存在某个可用来选择哪些是相关的历史关系的原则。这些原则会是什么呢？我认为，答案就隐含在上述段落当中。我们想把两组意向内容看作是决定性的。首先，这些对话的作者以一个实际个体为模型塑造了关键角色之一，也就是说，这位作者对所讨论的个体进行了表征，并想用这场对话中的"苏格拉底"这个名称来指称他。第二，这个说话者由于已经阅读了这些对话，所以想用他对"苏格拉底"的使用去指称与对话的作者所指称的相同的人。当轮到他时，这位说话者将从这些对话中挑出许多其他的描述，而这些对于他正在指称的人可能适用，也可能不适用。

现在，如果我们问这个人："你用'苏格拉底'指谁?"他可能会给我们提供一些这样的描述，而正如唐纳兰所指出，这些描述对于对话的作者指称为"苏格拉底"的那个人可能并不适用，而对另外某个人适用，比如作者本人。假设这个人说，"我用'苏格拉底'意指那个发明了对话方法的人"，再假设对话的作者本人也发明了这种方法，并大方地把它归给了苏格拉底。现在，如果我们说，"这个人仍然在指称那个被作者指称为'苏格拉底'的人，而不是指那个实际发明对话方法的人"，于是我们便会接受如下观点：这个说话者

---

[1] Donnellan, *op. cit.*, pp.229—230.

的意向内容，即"我正在指称的人和对话的作者所指称的是同一个人"，优先于他的这项内容："我正在指称对话方法的发明者"。当他为我们提供后一答案时，所依据的假定是，同一个人同时满足这两者。如果它们有所不同，也就是说，如果两种意向内容各被一个不同的人满足，那么哪一种占先便取决于说话者。这个说话者表达了他的意向内容的网络的一个片断。而如果这个片断不适合于满足这个网络其余部分的对象，这位全能观察者就会很合理地认为，这个网络的其余部分占先。他指称的是历史上的苏格拉底，即使他给出的是一种错误的描述，但这个假设是关于这个人的意向内容如何决定指称的假设。于是，从克里普克和唐纳兰给出的两种说明看，成功指称的条件完全是描述论的。

四、两种理论的差异

尽管描述型理论和因果型理论归根结底都是描述论的，但它们之间仍存在几个重要的差异。

1. 按照因果理论，意向性在交流链条上的传递实际上就是专名机制的本质所在。而按照描述论者的看法，它只是一个偶然特征。它根本就不是这种机制的本质或定义性特征。狩猎-采集社会这个寓言的目标，只是要提出下面这一观点：这个部落拥有用专名进行指称的机制，但却不存在任何交流链条，不存在任何寄生性指称。另一种提出相同观点的方法是看到这样一点：尽管寄生性指称对于专名总是可能的，但这种寄生性对于任何表达意向内容的语词，包括普遍词项，同样也是可能的。例如，考虑"结构主义"（structuralism）和"结构主义者"这样一些词。很长一段时间以来，关于这些词是什么意思我只有一些模糊的想法。我知道，结构主义是一种时髦的理论，但这就是我所知的全部了。而且，给定我的网络和背景，我就可以通过一种寄生的方式来使用"结构主义"一词；例如，我可以问"在法国还有很多结构主义者吗？"或者问"皮埃尔是结构主义者吗？"请注意，这种寄生情形并不局限于普特南所讨论的自然种类词。它并不是这样一种情形：通过它们的表面特征而实指地识别路过的结构主义者，并希望将来有一天科学研究将会揭示它们的真正本性。就描述理论和因果理论之间的这种差异而言，这种论证看上去对描述论者的下述主张是有利的：交流链条并不是专名之机制的本质特征，不过，双方都会同意这些链条事实上的确经常出现。

2. 描述论者发现进行下面这种假设很不合理：当交流链条实际出现时，把握指称的唯一的意向性是指，每一个说话者都想和在先说话者指称相同的对象。现实生活中有非常多信息在交流链条上传递，而其中有些信息是与把握指称相关的。例如，由一个名称所命名的事物的普型——不论它是一座山、一个人或是一只驼鹿，等等——即使是在寄生情形当中，一般情况下也会和该名称相关联；如果说话者在这一点上犯了大错，我们就不会倾向于说他的确成功进行了指称。例如，假设他听到了一场关于苏格拉底的数学哲学的讨论，而他错乱地认为，"苏格拉底"是一个奇数的名称。假设他说"我认为苏格拉底不是一个素数，而是可以被 17 整除的数"。那么，他虽然满足了克里普克的因果理论，但并没有成功地指称到苏格拉底。此外，当命名仪式的最初目标与满足相关的非寄生性内容的对象不同时，我们并不总是会认为这个指称可以回溯到这个最初目标。在马达加斯加一例中，我们认为每一个说话者都想和在先说话者指称相同的对象，但马可·波罗却引入了某种新的意向内容，而这种

286

意向内容优先于那根交流链条。他识别的是一个岛屿，而不是非洲大陆的一部分。

　　下面这一点是克里普克观点的一个很少被注意到，但却很荒谬的推论：它根本没有对该名称可能会在最后证明指称什么东西施加任何限制。于是，例如，最后可能会证明我用"亚里士多德"指称的是 1957 年位于霍波肯市的乔的匹萨饼店中的一个吧凳，假如这就是这根因果链条碰巧导致的后果的话。我想说：我不可能用"亚里士多德"指称一个吧凳，因为这不是我用"亚里士多德"所意指的东西。而克里普克关于本质主义所说的话并不足以避免这个结果，因为它们全部都是赋予对象自身的从物的必然性，而没有把任何限定的意向内容赋予对该名称的这种使用。这样看来，即使亚里士多德这个实际世界中的人具有特定的母亲和父亲，是一种从物的形而上学必然性，它也没有告诉我们有关该名称如何指称这个人而不是指称一个吧凳的任何事情。

　　3．一般来说，描述论者倾向于选择一阶的意向内容，而不太看重寄生情形；因果论者则强调寄生性识别摹状。在我看来，因果理论当中的真理成分的来源似乎是这样的：对于我们不能亲知的对象的名称来说，我们经常倾向于给予寄生性意向内容以优先地位。例如，对于遥远的历史人物如拿破仑或苏格拉底，或者著名人物如尼克松，对于他们的名称来说，如果一阶意向内容和寄生性意向内容之间发生冲突，那我们通常会选择后者。为什么呢？因为寄生意向性的链条会把我们带回到命名仪式的最初目标，而我们通常，尽管并非总是倾向于认为这就是真正重要的东西。在这个方面，专名不同于普遍词项。既然拥有专名的用途仅仅在于指称对象，而不是要去描述它们，因而只要它识别出了恰当的对象，用什么样的描述性内容去识别对象，对我们来说就并不真的那么重要了，此处的"恰当的对象"恰恰就是指其他人使用这个名称去指称的对象。

五、描述理论的所谓反例

　　基于上述这些讨论，我们转而讨论反例。我所看到的针对描述理论的反例总的来说是无效的，因为提出它们的人只是看到了主体可能会说的东西，而没有看到他头脑当中所具有的完整的意向内容，而且也忽略了网络和背景的作用。这些反例被设计出来的目的是要表明一个说话者会在说出一个名称时指称一个对象，但相关联的限定摹状词却不被那个对象所满足，或者被某种别的东西所满足，或者不被任何东西所满足。我将要表明，在每一种情形下，指称的获得都只是因为该对象满足了说话者心灵当中的意向内容。

例1：哥德尔／施密特的例子（克里普克）

　　琼斯所知的，或者他认为自己所知的关于哥德尔的唯一一件事情是，他是著名的不完全性证明的作者。但是，假设实际上这项证明是由另一个人施密特写出来的。现在，如果我们让琼斯给出一个关于"哥德尔"的识别性摹状，他会说："算术的不完全性证明的作者"。但实际上，当琼斯使用"哥德尔"时，他正在指称的是哥德尔，而不是满足他所用的这个摹状的人。

　　从我所说的话明显可以看出，对这种情况的正确说明是，琼斯具有比他所提供的摹状更多的意向内容。至少，他会具有"我的语言共同体中被称为'哥德尔'的那个人，或者至少被我由之得到这个名称的那些人称为'哥德尔'的那个人"。当要求给出一个识别性摹状时，他之所以没有提出这一点作为回答，乃是因为他认为某种比这一点更多的东西才是必须的。这种意向性已经被任何一个要求他给出识别性摹状的人拥有了。

　　下面这一点是这些讨论所特有的：作者也很少为我们提供那些我们应该设想该名称出现于其中的语句，但是，如果我们考虑实际的语句，这个例子就有可能朝任一方向发展。假设琼斯说："在他的证明的第 17 行，哥德尔做出了在我看来是错误的推理。"再假设我们问，他用"哥德尔"指谁，他回答说："我指的是著名的不完全性定理的作者"，于是我们接着说："那好，实际上哥德尔并没有证明这个定理，它最初是被施密特证明的。"现在看来，琼斯说的是什么意思呢？在我看来，他本来可以说，他只是用"哥德尔"指称不完全性证明的作者，而不考虑他事实上被称作什么。克里普克承认，有可能存在这种用法。它们涉及我所谓的专名的次要方面的用法（secondary aspect uses）。[1] 但琼斯却不需要这样说。他可以说："我指称的是我听说被称作'库尔特·哥德尔'的那个人，而不考虑他是否证明了算术的不完全性。"另一方面，假设琼斯说"库尔特·哥德尔居住在普林斯顿"。在这种情形中，我认为情况似乎更可能是这样的：如果他发现哥德尔不满足他赋予这个名称的那个非寄生的限定摹状词，那么，他就会求助于他赋予这个名称的寄生性意向内容。但在上述两种情形中，正是说话者的意向内容决定了名称的指称。只看到说话者为了回答一个特定问题而说出的话，这还是不够的，我们必须考察他的全部意向内容，以及与一个名称相关联的背景能力，并考察如果他被告知那种内容的不同部分被不同的对象所满足，他会说些什么。在我看来，这个例子里面似乎不存在任何必定会烦扰到描述论者的东西。

---

[1] "Referential and attributive", in *Expression and Meaning*, p.148.

例 2：泰勒斯与挖井人（唐纳兰）[1]

假设某个说话者所知道的，或者他认为他所知道的有关泰勒斯的所有事情是，他是那个曾说过万物皆水的古希腊哲学家。但是，假设从来就没有哪一位古希腊哲学家曾经说过这些话。假设亚里士多德和希罗多德当时正在指称一个挖井人，他说："我希望所有东西都是水，这样我就不用再去挖这些该死的井了。"按照唐纳兰的观点，在这种情形中，当这位说话者使用"泰勒斯"这个名称时，他所指称的就是这个挖井人。此外，假设曾经有一位隐士，他从来就没有和任何人打过交道，而他实际上坚持认为所有东西都是水。然而，当我们说到"泰勒斯"时，我们却显然不是在指称这位隐士。

实际上，这个论证包含两个方面：一个方面是关于这位隐士的，另一个方面是关于这个挖井人的。表面看来，挖井人的例子在形式上类似于前述哥德尔／施密特的例子。如果与这位说话者相关联的摹状词被某个并不适合其意向内容的其余部分的对象所满足，那么，他就总是能够求助于他的寄生性意向内容。然而，这个情形也提出了一个独立的问题，即说话者的信念网络将如何对寄生性意向性链条规定更多的限制条件。假设希罗多德曾听到一口井的底部的一只青蛙发出过听上去就像古希腊人的"万物皆水"一样的蛙叫声；进一步假设这只青蛙是一只名叫"泰勒斯"的家庭宠物，而且这一偶然事件正是某个人坚持万物皆水这一观点的根源。当我使用"泰勒斯"这个名称，并自认正在指称一位古希腊哲学家时，我正在指称那只青蛙吗？我并不这样认为。对于那个挖井人，可以提出相似的疑问：我可能会想到这样的语句，在其中我倾向于说我在指

---

[1] "Proper names and identifying descriptions", *Synthese*, vol. 21 (1970), pp.335—358.

称那个挖井人，也可能会想到其他语句，在其中我倾向于说我未能指称任何人，因为根本就不存在哲学家泰勒斯这样的人。但是，当我正在指称一个挖井人时，我之所以能够这样做，乃是因为这个挖井人满足了我的描述性内容的足够多的部分；特别是，他满足了这一内容："被我由之得到这个名称的这种用法的人指称为泰勒斯的那个人"，也就是说，他满足了我此前提到过的那种寄生性意向内容。在隐士的例子中，我之所以根本不愿说我们正在用"泰勒斯"这个名称指称他，是因为他不满足适合相关意向性网络的条件。当我们说"泰勒斯是那位坚持认为万物皆水的古希腊哲学家"时，我们不仅仅意指任何一个坚持认为万物皆水的人，我们还意指其他古希腊哲学家所知道的那个主张万物皆水的人，这个人在他的时代或在后来通过某个我们现在发音为"泰勒斯"的表达式的希腊语变形或者前身来指称，而在他死后，他的著作和思想经由其他著者的著述传递给我们，如此等等。现在，再来说一遍，在所有这些情形当中，都会存在一种关于我们如何获得信息的外部因果性说明，但获得指称的并不是外部的因果链条，而是意向内容的传递序列。我们之所以不倾向于允许那位隐士有资格作为泰勒斯，是因为他根本就不适合相关的网络和背景。这个例子有些类似于在富兰克林出世八千万年前就已发明了双光眼镜的那个似人之物的例子。当他说富兰克林发明了双光眼镜时，我们的意思是：相对于我们的网络和背景。

例3：两块斑纹（唐纳兰）[1]

假设一个人看到了一块幕布上两块相同颜色的斑纹，其中，一

---

[1]　"Proper names and identifying descriptions", *op. cit.*, pp.347ff.

块在另一块的上面。假设他把上面那块命名为"*A*",把下面那块命名为"*B*"。他能够给出的关于 *A* 的唯一的识别性摹状是"上面那一块"。但是,假设在他不知情的情况下,我们给他安装了翻转镜,以至于他认为在上面的那一块实际上是在下面,反之亦然。在这样一种情况下,他所提供的这个识别性摹状对于这个被指称对象实际上并不适用,然而他对 *A* 的指称却是成功的。

我将相当简要地处理这个例子。*A* 是他实际上看到的就在那里的斑纹。它就是引起这种视觉经验的斑纹。然而,你不可能找到一个比这更好的"识别性摹状"了。像"上面那一块"这样的表达式严格说来是适应大众口味的,不过我们可以设想这样的情形,在其中这些表达式优先于意向性表达,但在大多数情形当中,表达性内容才是主要的。简而言之,他的感知或者记忆当中的意向内容就足以挑选出 *A* 了。但是,假设他忘记了他曾经看到过它。假设他甚至都忘记了他曾以为它在上面。他只记得这个名称命名了一块斑纹。难道他还不能使用该名称去指称那块斑纹吗?当然可以。没有理由可以解释为什么一种寄生性意向内容不能够依赖于一个人自己更早的意向内容。现在,*A* 只被识别为"我以前能够识别为'*A*'的那块斑纹",这也许是一种受限的情形,但却是一种可能的情形。

例 4:孪生地球(普特南等)[1]

对于地球上的我们如何获得指称这个问题的正确说明不可能是这样的:它通过一种相关的描述性内容而获得指称,这是因为,如果存在一个孪生地球,那么我们的名称仍会指称我们地球上的对象,而不指称孪生地球上的对象,但对地球上的一个对象的描述会同样

[1] H. Putnam, "The meaning of meaning", in *Philosophical Papers*, vol. 2, Mind, *Language and Reality* (Cambridge:Cambridge University Press, 1975), pp.215—271.

好地适合于它在孪生地球上的对应体。为了说明指称如何在地球上毫无争议地成功实现，我们就必须认清楚言语和对象之间的外部因果链接的作用。

我已经在第二章就感知以及在第八章就索引表达式回应了这种类型的反对意见。对专名来说，下面这种说法已经足够了：所有感知形式意向性的因果自我指称性、索引形式意向性的自我指称性，以及一般意义上我们与我们自己的意向内容，包括网络和背景，索引地关联起来的方式，足以阻止任何可能的孪生地球型歧义性的产生。我们甚至可以在寄生情形当中看到这一点。例如，当我说我将其与"普罗提诺"相关联的唯一的摹状词是"被称为普罗提诺"时，我并不只是指任何一个曾被某人称为"普罗提诺"的对象。我特别意指的，是那个我听说过并且阅读过的被指称为普罗提诺的人。孪生地球上的对应体也可以被称作"普罗提诺"，但这个事实和下述事实同样是不相关的：某人可能已经（而且毫无疑问，有人确实已经）把他的狗命名为"普罗提诺"了，或者其他许多人也被称为"普罗提诺"了。

六、模态论证

本书讨论的是意向性，而不是模态，因此到目前为止我都避开了模态问题。然而，有些哲学家认为，克里普克的模态论证对于反驳描述理论的任何版本都是决定性的，因此，我想绕个弯，至少简要地考虑它们一下。

弗雷格已经论证，一个说话者将其与一个专名相关联的限定摹状词为该说话者提供了该专名的"含义"，此处"含义"指的是它技术上的意义。我不同意弗雷格的看法，我认为相关联的限定摹状词不可能提供专名的含义或者定义，因为这样做会导致这样一个推论，例如：如果一个说话者把"亚历山大大帝最出名的教师"联结为"亚里士多德"这个专名的含义，那么，亚里士多德是亚历山大最出名的教师就具有一种分析的必然性了。我论证说，说话者将其与一个专名相关联的意向内容簇通过某种弱于定义的关系与这个名称联系起来，这个方案会保留弗雷格型说明的优长，同时避免他的这个荒谬推论。克里普克对我的说明进行了批判，他首先区分了被解释为一种指称理论的描述理论和被解释为一种意义理论的描述理论，并宣称如果描述理论只被解释为一种指称理论，即一种关于如何获得专名的指称的理论，那就不能为有关同一性陈述、存在陈述以及有关命题态度的陈述当中的专名的疑难问题，提供一种弗雷格型解决方案。他没有给出任何论证来支持这后一主张，而无论如何，这在我看来显然都是错误的。我试图表明的是，专名并不具备通常意义上的定义，但指称是通过相关的意向内容获得的。于是，用克里普克的话说，我所提供的是一种指称理论而不是一种意义理论。然而，这种区分并不像他所说的那样明显，其原因如下：与一个专名相关联的意向内容可以作为使用该名称的说话者所做陈述的命题内容的组成部分，但这位说话者所拥有的相关联意向内容并不是这个名称的定义的组成部分。这就是为什么我们可以就专名如何获得指称这个问题提供一种描述理论（并因此提供一种关于专名的指称理论而非意义理论），同时也可以表明专名据之而获得指称的方法可用来解释使用这些名称所做言说的意义如何可能包含描述性内容（并因此提供一种关于名称的说明，而这种说明对于包含这些名称的命题的意义具有重要影响）的原因了。例如，就描述论的说明而言，尽管长庚星和启明星是同一颗星，但一个说话者可能会相信长庚星在地平线附近发光，但却不相信启明星会在地平线附近发光。如果

294

一个说话者把独立的意向内容和每一个名称分别进行了关联，他就可以一致地相信这一点，但在这两种情形中这种意向内容都没有提供这个名称的定义。所谓的簇理论能够解释清楚这样的疑难，同时提出这种理论，以便用来说明获得指称的方式，而不是用来说明严格且狭窄的弗雷格型含义。

　　事实上，我所提供的说明指明了解决克里普克"信念之谜"的方向。[1] 这个谜题是这样的：假设有一个双语说话者，他不知道"Londres"*和"London"（伦敦）命名的是同一座城市，他在法国真诚地断定"Londres est jolie"（伦敦是美丽的），在英国也真诚地断定"London is not pretty"（伦敦不是美丽的）。他相信还是不相信伦敦是一个美丽的城市呢？解决这个谜题的第一个步骤是注意到，这个说话者把不同的意向内容分别与"Londres"和"London"进行了关联，每一个词对于这个人头脑当中的命题所起的作用是不同的，因此他相信两个命题不是相互矛盾的，尽管这两个命题不可能同时为真（因为它们指称同一个对象，但却把不一致的性质归于了它）。这种情形与暮星–晨星的例子是类似的。[2]

　　用来反驳我的说明的主要模态论证是严格指示词论证。就其最粗略的版本看，这个论证是这样进行的：

----

　　[1] S. Kripke, "A puzzle about belief", in A. Margalit (ed.), *Meaning and Use* (Dordrecht: Reidl 1976), pp.239—283.

　　* 法语的"伦敦"。——译者注

　　[2] 克里普克考虑了我提出的方案，但却拒绝接受它，我相信他的理由是不充分的。他认为，如果这位说话者把相同的"识别性特征"和每一个名称进行了关联，但却不知道它们是相同的特征，那么同样的谜题仍旧可能会出现。例如，这位说话者用英语想"London is in England"（伦敦在英格兰），用法语想"Londres est en Angleterre"（伦敦在英格兰），但却不知道 England 就是 Angleterre。但是，如果我们考察我们所认为的、就在这个人头脑当中存在的全部意向内容，以便可以设想他在说"Londres est jolie"的同时也说了"London is not pretty"，那么，我们就必须再次认为，他具有与"London"和"Londres"相关联的不同的意向内容。最起码，我们必须假设，他认为它们是两个不同的城市，而且在他的网络当中，各自具有不同的分支信息：例如，他认为"同一于 Londres"对于他指称为"London"的城市为假，但对他指称为"Londres"的那个城市为真；他会认为 Londres 和 London 在地球表面有不同的地理位置、不同的居民，等等。这里的寓意如往常一样：解决这个谜题不仅要看他说出的语句，还要看他头脑当中存在的全部意向内容。

(1) 专名是严格指示词。

(2) 限定摹状词不是严格指示词；由此类推，意向内容不是严格指示词，

因此，

(3) 从意义或含义或功能方面看，专名并不等同于限定摹状词或任一类型的意向内容。

尽管为了讨论起见我们承认第一个前提，但在我看来，上述论证也会因为下述两个原因而失效：首先，有些限定摹状词事实上就是严格指示词。事实上，任何表达对象的同一性条件的限定摹状词，也就是说，任何详细说明那些决定对象同一性的特征的摹状词都会是严格指示词。任何一个摹状词，只要它表达了比如对于"与亚里士多德同一"来说必要且充分的性质，它就会是一个严格指示词。事实上，在我关于专名的最早的讨论中，我试图把握的正是这个特征，那个时候我曾说过，关于使用名称的规则的问题必须要和对象的同一性问题关联起来。[1] 但是第二，也是对这种讨论更为重要的一点：任何一个限定摹状词都可以通过与现实世界建立索引关系，从而被处理为一个严格指示词。如经许可，我就可以决定这样来使用"双光眼镜的发明者"这个表达式，以便让他指称实际上发明了双光眼镜的那个人，并继续在任何可能世界都指称这同一个人，即便是在他没有发明双光眼镜的世界中也是这样。[2] 限定摹状词的这样一种用法将总是采取宽辖域，或者在某种意义上就像专名那样，没有辖域上的区分。既然任一个摹状词都可以转化成一个严格指示

---

[1] In Mind (1958), *op. cit.*

[2] 卡普兰利用他的 "Dthat" 概念提出了相同的观点 ["Dthat", in P. Cole (ed.), *Syntax and Semantics*, vol.9 (New York, 1978)]，普兰廷加 (A. Plantinga) 也利用他的 "Alpha 变形" 的概念提出了相似的观点 [In "The Boethian compromise", *American Philosophical Quarterly*, vol. 15, no. 2 (April 1978), pp.129—138]。

词，那么，下面这样做就没有表明专名的功能与限定摹状词的功能有何不同：专名总是（或者几乎总是）严格指示词，而限定摹状词一般情况下不是严格指示词。

七、专名如何工作？

我在本章开始时已经说过，解决这个问题应该是一件很容易的事，我认为，倘若我们牢记一些原则的话，事情就是这样。我们试图加以解释的事实是：名称是用来指称对象的。一般来说，一个名称对于其所在陈述的真值条件所起到的作用，仅仅在于它被用来指称一个对象。但是，存在这样一些陈述，其中名称的作用不是或者不仅仅是指称一个对象：同一性陈述、存在陈述以及有关意向状态的陈述。此外，一个名称也用来在不同可能世界中指称相同的对象，在这些世界里，该对象所具有的特征不同于它在现实世界当中具有的特征。

当我们对这些事实进行解释的时候，应该牢记如下原则：

1．首先，为了让一个名称去指称一个对象，必须要有关于该对象的某种独立的表征。这可以通过感知、记忆、限定摹状词，等等，但是必须要有足够多的意向内容，以便识别出该名称被赋予了哪一个对象。

2．一旦建立了名称和对象之间的关联，已经掌握了使用名称的背景实践的说话者，就可以充分利用名称和对象之间的关联已经确立这个事实，但却无需知道有关这个对象的更多东西。只要他们所拥有的意向内容并不是与有关这个对象的事实极不协调，那么他们所拥有的唯一的意向内容可能就是，他们正在使用这个名称指称其他人使用这个名称所指称的东西，但这种情形寄生于有关该对象的非寄生性识别形式之上。

3．所有的指称都要依靠（广义解释的）意向内容，不论指称是经由名称、摹状词、索引词、标签、标示、图画还是其他手段获得的。只有当一个对象适合或者满足某个或者某组由用来指称它的工具表达或与之相关联的条件时，它才能够被指称。在受限定的情形下，这些条件可能就是简单的背景识别能力，正如我们在第二章考虑过的那种情形，在那里我们将其与一个名称进行关联的唯一的意向内容，不过就是他识别承担者的能力，或者，它们可以是第2个原则所描述的那种类型的寄生性意向内容。原则1和原则2只是原则3的应用。

4．什么可以算作一个对象，并因此可以算作命名和指称的可能目标，总是相对于一个表征系统进行判定的。假定我们有一个丰富到足以将对象加以个体化的系统（例如，丰富到数出一匹马、另一匹马、第三匹马……），足以识别和再识别对象（例如，丰富到足以判定在什么条件下那匹马和我昨天看到的是同一匹马），于是，我们就可以通过将相同名称赋予相同对象的方式给对象赋予名称，即便是在与该名称相关联的意向内容不再为该对象所满足这样的反事实情境当中，情况也是这样。原则1、2和3只在满足原则4的表征系统中才能得到应用。

我相信，上面这些原则可以解释清楚我在前面提到的那些事实。掌握专名工作机制的全部目标只是为了让我们能够指称对象，但由于将会存在某种与一个名称相关联的意向内容，因而这种意向内容可以作为使用同一性陈述、存在陈述和有关意向状态的陈述当中的名称所做陈述的命题内容的组成部分，尽管其通常和主要的功能不是为了表达意向内容，而只是为了指称对象，并且相关联的意向内容也不是名称的定义的组成部分。名称可以通过一种并非严格指示词的意向内容引入，或者被用作这样一种意向内容，但名称却仍旧可以用作一个严格指示词，对这个事实的解释不过就是这样：我们拥有对象同一性的概念，它可以和那些用来识别对象的特定意向内容区别开来。这样，例如，我们拥有同一个人的概念，它独立于"《奥德赛》的作者"这样的摹状词。于是，我们就可以使用"荷马"这个名称去指称作为《奥德赛》实际作者的那个人，即便在荷马根本没有写作《奥德赛》的可能世界当中也是这样。

关于这些相当简单的解释，存在着某种特别成问题的东西，其部分表现是：存在着许多属于不同类型的场合，这些原则就在这些场合中发挥作用。首先是名称最重要的用法。对我们每一个人来说，名称最重要也是最广泛的使用面向的是人、地点等等，我们每天都会，或者至少会频繁地和这些东西有亲身接触。命名仪式除外，人们最初是从别人那里掌握这些名称的，而一旦掌握，名称就会和网络当中的这样一堆丰富的意向内容建立关联，以致他不再依赖其他人就能确定他正在指称哪个对象。例如，考虑你的亲密朋友和家庭成员的名字，你所居住的城镇或者你的邻区街道的名称。这里不存在同任何交流链条有关的问题。对我来说，这种名称的例子有"加州大学伯克利分校"或者"艾伦·科德"。

其次，有一些名称具有显著（prominent）用法，这些用法不依赖于对于对象的亲知。和这些名称相关联的意向内容在大多数场合得自其他人，但它足够丰富，以至于可以算作关于对象的知识。在我看来，这种名称的例子有"日本"或者"查尔斯·戴高乐"。在这样的场合，意向内容足够丰富，以至于它对可以由我对这些名称的使用来指称的那种事物施加很强的限定。例如，如果不考虑交流链条，就不可能证明我在用"戴高乐"指称佛罗伦萨的织锦，或者我在用"日本"指称一只蝴蝶。

第三，还存在有关名称的这样一种用法：我们如果要想获得指称，那就几乎完全要依赖于其他人在先的用法。正是这些情形被我描述为寄生性情形，因为在这些情形中说话者没有足够多的意向内容有资格作为关于对象的知识。一个对象甚至都不可能像通常那样通过说话者为该对象获取的名称来进行指称。对我来说，这样一个名称会是"普罗提诺"。即便是在这样的情形中，受限定的意向内容也会把某些限制条件施加于被命名的那种对象之上。按照我的用法，普罗提诺不可能被证明是一个素数。

第十章 结语：意向性和大脑

　　我在整本书中都避免去讨论那些在当前的心灵哲学研究中居于显著地位的那些问题。我几乎没有谈到行为主义、功能主义、物理主义、二元论或者其他任何试图解决"心-身"或"心-脑"问题的尝试。不过，在我的说明中仍然隐含着一种有关心智现象与大脑之关系的看法，我想把它讲清楚，并以此作为结尾。

　　我解决心智状态或事件的方式完全是实在论的，也就是说，我认为的确存在着如内在心智现象这样的东西，它们不可能被化归为别的某种东西，或者通过某种类型的重新定义而予以消除。的确存在着疼痛、痒和瘙痒、相信、担忧、希望、渴望、感知经验、行动经验、思想、感情以及所有其他这样的东西。现在你可能会认为，这样一种主张如此明显为真以至于几乎不值得提出来，但令人吃惊的是，它总会遭到许多，或许是绝大多数就这些主题进行写作的优秀思想家们的否定，尽管通常都是通过一种伪装的形式。我早就看到过下面这样的主张：心智状态完全可以根据它们的因果关系来定义，或者，疼痛只不过就是特定种类的计算机系统的机器表

301

(machine table) 状态，或者，对意向性的正确归属不过就是通过对系统采取某种"意向立场"而获得的预测性成功。我不认为这些看法中有哪一个甚至有可能接近为真，而且，我也在另外某处详细地否证了它们。[1] 这里不是重复这些批评的地方，但我在这里确实想让大家注意一下这些看法的某些特定的特征，它们应该会引起我们的哲学疑虑。首先，没有谁曾经通过详细审查所讨论的上述现象而提出这些看法。没有谁会考虑他自己遭到的巨大的疼痛或最深切的忧虑，并断定它们只不过就是图灵机的状态，或者它们完全可以根据它们的原因和结果来定义，或者把这样的状态归于它们自身只不过就是对它们自身采取一种特定立场的问题。其次，没有谁会想到用这种方式来处理其生理现象。如果一个人当时正在做一项关于手或肾脏或者心脏的研究，那他只不过就是假定了所讨论的那些实体的存在，继而对它们的结构和功能进行研究。没有谁会想到说，例如"拥有一只手不过就是具有做出某些类型的行为如抓的倾向"（手动行为主义），或者"手完全可以根据它们的原因和结果来定义"（手动功能主义），或者"对一个系统来说，拥有一只手不过就是说它处于某种计算机状态，它具有适当类型的输入和输出"（手动图灵机功能主义），或者，"说一个系统拥有手，不过就是说要对它采取一种特定的立场"（手动立场）。

那么，我们该如何解释这一事实，即哲学家们已经就心智谈到了这样一些明显奇怪的事情呢？要想对这个问题作出充分的回答，需要追溯自笛卡儿以来的心灵哲学发展史。一个简短的回答是：所有这些观点都不是被设计出来去适应事实，以便避免二元论，并提

---

[1] "Minds, brains and programs", *Behavioral and Brain Science*, vol. 3 (1980), pp. 417—424; "Intrinsic Intentionality", *Behavioral and Brain Science*, vol. 3 (1980), pp. 450—456; "Analytic philosophy and mental phenomena", *Midwest Studies in Philosophy*, vol. 5 (1980), pp. 405—423.

供对于显然不可解的心-身问题的解决方案。我对近来分析哲学当中持续存在的反心理倾向的简单诊断是，它主要依赖于如下默认假定：除非有某种方法来消除素朴解释的心智现象，否则我们会被遗留给一类处在严肃科学领域之外的实体，并被遗留给一个关于将这些实体与物理对象的现实世界关联起来的不可能解决的问题。简而言之，笛卡儿二元论的所有不相容都会留给我们。

　　有没有别的方法，可以不让我们接受在物理世界之外还存在某类心智实体这种观点，但却不否认心智现象的特定心智方面的真实存在和因果效用呢？我相信是有的。为了看清楚为什么说确有这种方法，我们必须先清除有关下面这个问题的一幅先验画面：为了描述心智现象如何实际地与物理现象相关联而要求心智现象如何必须与物理现象相关联。和哲学当中的通常情况一样，我们的问题是清除关于所讨论关联的一组不完备的模型或范式，并代之以更加完备的模型和范式。作为实施这种方案的第一个步骤，我想尽可能陈述清楚：像我这样的观点的一些传统上的困难会是什么样子的。

　　在我看来，心智状态与其他生物现象一样也真实存在，和哺乳、光合作用、大便或者消化一样真实存在。和这些现象一样，心智状态由生物现象引起，反过来又引起其他生物现象。如果有人想要一个称号，他可以称这样一种观点为"生物自然主义"（biological naturalism）。但是，这样一种生物自然主义如何应对著名的心-身问题呢？当然，不是只有一个心-身问题，而是有好几个——一个是关于其他心灵的，一个是关于自由意志的，等等——但是，看上去最棘手的问题，涉及心智现象和物理现象之间的因果关系的可能性。从认真对待此问题的某个人的观点看，针对我的说明所持的反对意见可以陈述如下："你说的是，例如一种行动中意向引起一种身体动作，但如果前者是心智现象而后者是物理现象，那如何可能在它们之间存在因果关系呢？我们可以认为，心智事件触发了神经轴突和树突，或者它通过某种方式偷偷地溜进细胞壁之内并攻击细胞原子吗？你所面对的两难困境恰恰就是这样：一方面，如果心智状态和事件的特定心智层面如你宣称的那样因果地发挥作用，那么，这种因果关系就会完全成为神秘莫测的了；另一方面，如果使用人们所熟悉的因果性概念（按照这一概念，事件的那些因果相关的方面就是那些根据因果律加以描述的方面，而且按照这一概念，所有的因果律都是物理规律），那就不可能存在任何对于心智状态的心智方面的因果效用了。最多只可能会存在一类满足某些心智描述的物理事件，而这些描述并不是关于这些事件例示了因果律的描述，因而它们也并没有挑选出这些事件的因果方面。要么你坚持二元论立场和一种关于因果的不可理解的说明，要么你坚持一种关于因果的可以理解的说明，而放弃心智的因果效用的思想，而这种思想支持同一性论题的某个版本，以及关于心理-生理事件的心智方面的一种伴生的副现象论。"

我相信我所提供的这幅画面最终会解决上述两难困境，按照我的看法，心智状态既是由大脑的运作引起的，又是在大脑结构（以及中枢神经系统的其余部分）当中实现的。一旦处于这样两种关系当中的心智和物理现象的可能性得到理解，我们就至少可以清除这样一个严重的困难，正是这个困难妨碍我们看到由大脑状态引起的心智状态如何也能引起更进一步的大脑状态和心智状态。有一个假定是许多传统二元论者和物理主义者所共有的，它是指：由于承认心智的真实性和因果效用，我们就必须否认心智现象和大脑之间具有任何同一关系；反过来，如果我们肯定了这样一种同一关系，我们就必须否认心智现象和物理现象之间具有任何因果关系。按照斯马特（J. J. C. Smart）所做的对比，如果那个窃贼同一于比尔·西克斯（Bill Sikes），他就不可能与比尔·西克斯因果地相关[1]（但要比较一下：这个窃贼的犯罪倾向可能会与比尔·西克斯的教养因果地相关）。作为消除上述两难困境的第一个步骤，我们必须说明心智现象如何才能同时满足这两个条件。

为了祛除整个心–身问题的神秘色彩，我想首先来考虑有关这些相同类型的关系的一些完全不足道并为人熟知的例子。之所以刻意选择这些例子是因为它们容易理解。考虑水的液体性质与构成水的单个分子的行为之间的关系。现在，我们不可能在谈到任何单个分子时说它是湿的，但我们却既可以说水的液体性质是由分子的行为引起的，也可以说它们是在分子的汇集中实现的。让我们依次来考虑其中的每一种关系。由……引起：水分子的行为和水的外表物理特征之间的关系显然是因果性的。例如，如果我们改变分子的行为，就会引起水的外表特征发生变化；我们或者会得到冰或者会得到水蒸气，这取决于分子的运动是足够慢还是足够快。此外，水的外表特征本身因果地发生作用。在其液体状态，水是湿的，它流动，你可以喝它，你可以用它来洗涤，等等。在……实现：一桶水的液体性质并不是某种由 H_2O 分子分泌出来的额外汁液。当我们把这种东西描述为液体时，我们只是在一种比单个分子更高的描述层次上描述这些分子。这种液体性质尽管不是副现象性的，但却要在所讨论的这种物质的分子结构当中实现。所以，如果有人问："如果同一种东西既是液体又是一种分子的汇集，那么，如何可能在分子的行为和液体性质之间存在一种因果关系呢？"那么回答会是：在这同一种基本物质的不同层次的现象之间可能存在因果关系。实际上，这样

---

[1] "你不能把某种东西与其自身关联起来。你可以把脚印和窃贼关联起来，但不能把窃贼比尔·西克斯与窃贼比尔·西克斯关联起来。" J. J. C. Smart, "Sensations and brain processes", in Chappell (ed.), *The Philosophy of Mind* (Englewood Cliffs, N. J.: PrenticeHall, 1962), p. 161.

一种关系的组合在自然界是很常见的：我正在伏案工作的桌子的固体性质，以及我的汽车轮胎的弹性和抗压性都是其本身由一种潜在的微观结构引起，并在其中实现的因果性质的例子。在这里总结一下，我们可以说，两个现象可以既通过因果又通过实现而关联起来，前提是它们在不同描述层次上也是这样关联的。

现在，让我们把从这些简单例证得来的经验应用到心-身问题之上。首先，考虑当前关于视觉感知的神经心理学的标准说明。当然，这种说明目前还不完整，而且我们现存的理论可能会被证明在各个重要的方面都是错误的。但是，在提供一种正确说明时会遭遇到的困难，也就是在理解与人类（或哺乳动物类）的大脑同样复杂的一个系统的运作时所遇到的那些经验及概念上的难以置信的困难；另外，不存在什么形而上学层面的困难，会妨碍这样的说明成为正确的说明，或者，至少我会进行这样的论证。这个故事开始于中子对视网膜的光感受细胞，也就是对我们所熟悉的杆状细胞和圆锥细胞的攻击。这些信号至少要经过视网膜-光感受器细胞、水平细胞、双极细胞、无长突（amacrine）细胞以及节细胞这五种类型的细胞的处理。然后，它们穿过视神经到达外侧膝状体核（lateral qeniculate nucleus），这些信号从那里传递给纹状皮层，然后散播到视觉皮层其余部分的非常专门化的细胞当中去，即简单细胞、复杂细胞和至少如下三个区域的超复杂细胞：17（纹状皮层）、18（视觉区Ⅱ）和19（视觉区Ⅲ）。

请注意，上面这个故事就是一种因果说明，它告诉我们，视觉经验是如何通过大量的神经元攻击上百万突触而引起的。但在这种说明中，视觉经验又处在哪个位置呢？它就处在上述这些进程得以展开的大脑当中。也就是说，视觉经验是由于大脑回应视觉系统的外部视觉刺激的作用而引起的，但它也是在大脑的结构中实现的。

一个形式类似但内容十分不同的故事，可以就口渴一例来讲述。肾素的分泌引起血管紧缩素的合成，这种物质似乎反过来又会对下丘脑产生作用，以致引起口渴。甚至存在特定数量的证据，它们可以表明至少某些类型的口渴是在丘脑（hypothalamas）下部找到的。就这样一种说明而言，口渴是由丘脑下部的神经中枢事件引起并在丘脑下部实现的。这种说明是否真的就是对口渴的正确说明，这对我们的目标来说并不重要，重要的是，它是一种可能的说明。

描述心智现象和大脑之间关系的经验及概念问题的复杂性令人难以置信，而且，尽管也存在许多乐观的言论，但这项工作的进展慢得令人难以忍受。但是，心灵和大脑之间关系所具有的性质的逻辑本性，在我看来并不是那么神秘或者无法让人理解。视觉经验及口渴的感觉和水的液体性质一样，都是世界的真实特征，对它们不能敷衍了事并重新界定或者标记为幻觉。而且和液体性质一样，它们也连接着因果链条的两端。它们既是由潜在的微观现象引起，反过来又引起更多的现象。正如一桶水的液体性质要由微观粒子的行为因果地加以解释但也能够因果地发挥作用，口渴和视觉经验也是由微观层次的一系列事件引起，并能够因果地发挥作用。

莱布尼茨考察了如上这种说明的可能性，并基于下述理由否定了它：

设想存在一台如此构造的机器，它能够进行思考、感觉并拥有感知，我们可以想象它被放大但同时保持原有比例，以便我们可以像走进一座工厂那样走到它里面去。承认这一点，我们将只会在造访它时发现相互碰撞的各个组成部分，但永远不会发现任何用来解释感知的东西。所以，这种东西必须要在简单物质（simple substance）里面寻找，而不是要在复合物质或在机器里面去寻找。[1]

一种与莱布尼茨论证类似的论证会是这样的：H_2O 分子的行为永远不能解释水的液体性质，因为如果我们进入分子的系统，"就像进入一个工厂，我们在造访它时只会发现相互碰撞的各个组成部分，但从不会发现任何东西可以用来解释"水的液体性质。但是，在这两种情形当中，我们都是在错误的层次上考察了这个系统。水的液体性质不能在单个分子的层次上发现，视觉感知和口渴也不能在单个神经元或突触层次上发现。如果我们知道 H_2O 分子的系统工作原理，他就能通过观察分子的运动而推知它正处于液体状态，同样，如果我们知道大脑的工作原理，他就能推知他处于口渴状态或者拥有一种视觉经验。

但是，"由……引起"和"在……中实现"的这种模型只是提出了下面这个问题：意向性如何因果地发挥作用？假定意向状态自身能够由大脑结构引起并在其中实现，那么，意向性自身如何可能具有因果效用？当我抬起我的手臂时，我的行动中意向引起我的手臂往上去。这是心智事件引起物理事件的一个例子。但是，有人可能会问，这样一件事是如何发生的？我的手臂往上去完全是由一系列神经元放电引起的。我们不知道这些放电源自大脑的何处，但它们在某个地方通过运动皮层并控制了手臂上一连串的肌肉，当适当的神经元发生放电时，肌肉就会收缩。那么，任一心智事件与所有这些具有什么样的关系呢？与处理我们以前遇到的问题一样，我想通过诉诸对一种物质的不同层次的描述来回答这个问题，其中处于这些不同层次的每一个之上的现象都因果地发挥作用；而且，与处理我们以前的问题一样，我想

---

[1] G. W. Leibniz, *Monadology*, paragraph 17.

通过考虑十分平凡而且毫无疑问的例子来弄清楚有关的关系是什么样的。让我们来考察四轮内燃机汽缸内的爆燃现象。爆燃是由火花塞的放电引起的，尽管这种放电和爆燃都是由微观层次的现象引起并在其中实现的，但在这个描述层次，像"放电"和"爆燃"这样的词项是完全不恰当的。与此类似，我想要说的是，行动中意向引起了身体的动作，尽管行动中意向和身体动作都是由一种微观结构引起并在其中实现的，但在这种微观结构层次上，像"行动中意向"和"身体的动作"这样的词都是不恰当的。让我们试着更谨慎地描述这种情形——我们又一次看到，有用的不是这种特殊的情形或者它的细节，而是被例示的那些关系的类型。火花塞放电的因果相关的方面，是位于电极之间的汽缸中的温度升至这种空气燃油混合汽的燃点。正是温度的升高引起了爆燃。但温度升高本身是由位于火花塞电极之间单个电子的运动引起并在其中实现的。此外，爆燃是由单个碳氢化合物分子的氧化引起并在其中实现的。用图来表示，情况看上去会是下面这样：

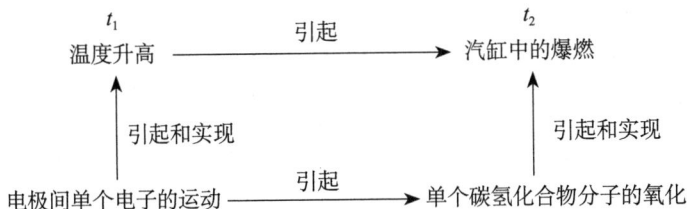

t_1 和 t_2 处的现象分别是不同描述层次上所描述的相同现象。出于此原因，我们也可以画出对角的箭头，表明电子的运动引起了爆燃，温度的升高引起了碳氢化合物的氧化。

　　尽管我们对意向行动如何在大脑当中产生这一点知之甚少[1]，但

---

[1] 但是可以参见 L Deecke, P. Schied, and H. H. Kornhuber, "Distribution of readiness potential, premotion positivity, and motor potential of the human cerebral cortex preceding voluntary finger movements", *Experimental Brain Research*, vol. 7 (1969), pp. 158—168。

我们的确知道，神经系统的机制会刺激肌肉的运动。尤其是，它们会刺激钙离子进入肌肉纤维的细胞质，而这会引发一系列的事件，这些事件又导致横桥肌球蛋白的运动。这些横桥把肌球蛋白纤维和肌动蛋白纤维连接起来。它们交替附着在肌动蛋白线上，施加压力，分离，折回去，重新附着并施加更多压力。[1] 这引起了肌肉的收缩。于是，在微观层次上我们就有了一个神经元放电的序列，它们引起一系列生理变化。在微观层次上，行动中意向由神经过程引起并在其中实现，而身体的动作则由作为其结果的生理过程引起并在其中实现。用图表示，它在形式上类似于内燃机点燃的示意图：

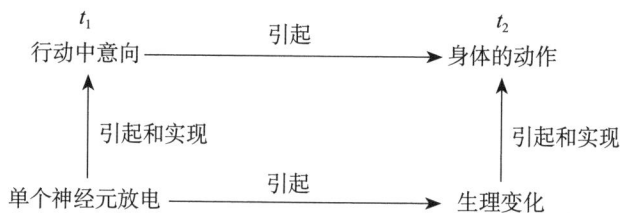

$$
\begin{array}{ccc}
t_1 & \xrightarrow{\text{引起}} & t_2 \\
\text{行动中意向} & & \text{身体的动作} \\
\uparrow \text{引起和实现} & & \uparrow \text{引起和实现} \\
\text{单个神经元放电} & \xrightarrow{\text{引起}} & \text{生理变化}
\end{array}
$$

注意：与我们之前模型的情况一样，按照这个模型，我们也可以画出一些对角的箭头，它们在这种情形中将会表明，行动中意向引起生理上的变化，神经元放电引起身体的动作。也要注意，在这样一种模型中，心智现象和火花塞放电使温度升高一样，都不是副现象性的。

　　当然，我所使用的类比和大多数类比一样，也是不完美的。特别是，下面这一点可能会遭到反对：关于液体性质、固体性质等等的说明与下面这种得到良好确证的时空观念非常契合：世界如何可能通过一种就连有关心智状态和事件的任何说明都不能够做到的方式来运作；在做出这种类比时，我伪称心智状态具有一种它们实际

────────────

　　[1] Neil R. Carlson, *Physiology of Behavior* (Boston：Allen and Bacon, Inc., 1977), pp. 256ff.

上并不具有的特征，也就是得到良好界定的空间位置。但是，这种反对意见真的具有如此大的破坏力吗？我认为，它取决于当前我们对大脑如何运作的认识程度。假设我们曾拥有一种关于大脑的完备的科学，以至于我们可以详尽地了解大脑如何用来产生心智状态和事件。假如我们非常清楚大脑如何产生，例如口渴或视觉经验，我们本会毫不犹豫地在大脑中为这些经验分派位置，只要该项证据能够保证这种分派的合理性。假设存在一些心智状态和事件，对它们来说不存在任何关于准确位置的证据，而是存在这样一些证据，证明它们是关于大脑或者关于某个更大的大脑区域，如大脑皮层的整体特征的，那么，它们仍旧会被看作一种空间实体，也就是大脑或者某个像大脑皮层这样的大脑区域的整体特征。

现在，让我们回到我们的"两难困境"。引起两难的第一种境况是指，如果我们认为心智和物理之间的关系是因果性的，那就会有一个神秘的因果性概念留给我们。我已经论证，情况并非如此。如果我们认为心智和物理命名了两个本体论范畴，两个由不同事物，也就是心智事物和物理事物构成的两个相互排斥的类，就好像我们居住在两个世界当中，其中一个是心智世界，一个是物理世界，那么，它就只是看似如此。但是，如果我们认为我们自己居住在一个包含心智事物的世界当中，也就是说其中包含了液体事物和固体事物，那么，关于这种事物的因果说明就不存在任何形而上层面的障碍了。我的信念和渴望，我的口渴和视觉经验，都是我大脑的真实的因果特征，正如我伏案工作的桌子的固体性质和我喝的水的液体性质就是桌子和水的因果特征那样。

引起两难的第二种境况详细阐释了下面这个被人们广为接受的观点：关于这个世界的一种理想的因果说明，必定总要诉诸（严格的）因果律，而这些规律必定总要通过物理学术语来陈述。关于这样的观点，存在许多不同的论证，我甚至都不想去回应它们，但我已经尝试着提出了一些理由，以表明这些结论是错误的：我们对意向因果的说明既提供了这种理论框架的开端，又提供了意向状态因果地用作意向状态的许多实例。尽管不存在任何"严格的"规律，但在意向因果的运作当中的确存在大量的因果规律性，例如在先意向引起行动，口渴引起喝水，视觉经验引起信念。关于这些更高层次的状态如何在大脑的运作中实现并由它们引起，仍然是一个没有答案的经验问题，而且，这些实现中哪些是"普型–普型"（type-type）的，哪些是"殊型–殊型"（token-token）的，也是一个尚未给出答案的问题。我所看到的那种反对普型实现的可能性而不是殊型实现的可能性的先验论证，往往会忽略这样一个关键点：什么算作普型，总是相对于一种描述而言的。我们不能使用，例如化学术语来陈述普型–普型的实现，但由这一事实不能推出，我们根本不可能拥有普型–普型的实现。如果我们总是坚持使用化学词项的实现，那么，把波义耳–查尔斯律（Boyle-Charles Law）化归为统计力学的规律——普型化归的成功范例之一——将会失效，因为这种化归并没有提到气体的任何特殊的化学成分。任何陈旧气体都可以做到这一点。就我们所知，意向状态在大脑当中所拥有的普型的实现，可以在一种比相关神经元的特殊生物化学的功用层次更高的功用层次上加以描述。我个人的推测，而且就我们关于神经生理学知识的当前状态而言，这可能只是一种推测，是指：如果我们想要理解大脑是如何产生出意向性的，那可能就要依据那些与我们现在所使用的非常不同的原理，它们之间的差异正如量子力学原理和牛顿力学原理之间的差异；但是，为了给我们提供一种关于大脑的充分的说明，任何原理都必须承认大脑的意向性的实在性，并就其因果能力做出解释。

译名对照表

accordion effect. 手风琴效应
action（act） 行动
  basic action 基本行动
  as composite entity 作为复合实体的
    行动
  as conditions of satisfaction 作为满足
    条件的行动
  explanations of 对行动的解释
  Intentional account of 对行动的意向
    说明
  and intervening Intentionality 行动与
    中介意向性
  mental acts 心智行动
  unintentional action 无意向行动
Austin, J.L. 奥斯汀

Background 背景
  deep Background 深层背景
  functioning of 背景的功能
  local Background 局部背景
  as mental 心智性背景
  and rules 背景与规则
  as skills 作为技能的背景
  and truth conditions of sentences 背景

    和语句的真值条件
  as world 作为世界的背景
Bennett, D. 本奈特
Berkeley, G. 贝克莱
bodily（physical）movement 身体（物
  理）动作
  as conditions of satisfaction 作为满足
    条件的身体动作
brain 大脑
Brentano, F. 布伦坦诺
Bruner, J. 布鲁纳
Burge, T. 伯奇

Carlson, N.R. 卡尔森
Cartesianism 笛卡儿主义
causal concepts 因果概念
causal explanations 因果解释
  and counterfactuals 因果解释与反事
    实情形
causal inference 因果推理
causality 因果
  traditional view of 关于因果的传统观
    点
causal laws 因果律

313

314

译名对照表

因果说明

internalist account of 意义的内在论说明

literal meaning 字面意义

classical account of 字面意义的古典说明

meaning intentions 意义意向

speaker's meaning 说话者意义

Meinong, A. 梅农

memory 记忆

self-referentiality of 记忆的自我指称性

Merleau-Ponty, M. 梅洛-庞蒂

metaphor 隐喻

Michotte, A. 麦考特

Mill, J.S. 密尔

mind-body problem 心-身问题

Mohanty, J.M. 默翰蒂

Moore, G.E. 摩尔

Network 网络

ostensive definitions 实指定义

particularity, problem of 特殊性问题

for perception 感知的特殊性问题

Peacocke, C. 彼考克

Penfield, W. 班菲尔德

perception 感知

aspect 感知的方面

and causation 感知和因果

and consciousness 感知和意识

content as whole proposition 作为完整命题的感知内容

expectation 感知与期望

as intentional 具有意向性的感知

ontological status 感知的本体论地位

perceptual recognition 感知识别

self-referentiality of 感知的自我指称性

sense data 感觉材料

as success notion 作为成功概念的感知

perlocutionary effects 以言取效的效果

Perry, J. 佩里

phenomenalism 现象主义

phenomenology 现象学

physicalism 物理主义

physical skills 身体技能

cognitivist account of 身体技能的认知说明

Intentional account of 身体技能的意向说明

Piaget, J. 皮亚杰

Plantinga, A. 普兰廷加

Polanyi, M. 波兰尼

Postman, L. 博斯曼

presentation 表达

prior intentions 在先意向

causal self-referentiality of 在先意向的因果自我指称性

causes action 在先意向引起行动

Intentional content of 在先意向的意向内容

Intentional object 在先意向的意向对象

relation to intention in action 在先意向与行为中意向的关系

relative indeterminacy of 在先意向的相对不确定性

proper names 专名

causal theory of 专名的因果理论

descriptivist theory of 专名的描述理论

logically proper names 逻辑专名

and original baptism 专名和最初命名仪式

and ostensive definition 专名与实指定义

parasitic uses of 专名的寄生性用法

as rigid designators 作为严格指示词的专名

prepositional attitudes 命题态度

prepositional content 命题内容

Prichard, H.A. 普理查德

317

附录：从分析的角度看意向性
——塞尔《意向性》评介[1]

刘叶涛

　　塞尔（John R. Searle）是当今世界最著名、最具影响力的哲学家之一，日常语言分析学派和言语行动（speech act）理论的主要代表，其主要研究旨趣在语言哲学、心灵哲学和社会哲学。塞尔著述等身，且对许多研究领域产生了深广影响，有些著述已被译为 20 余种语言文字。《意向性》（*Intentionality*，1983）是塞尔最著名的著作之一，该书中译本已于 2007 年由上海人民出版社出版。塞尔的其他代表性著作有：《言语行动》（*Speech Act*）、《表达和意义》（*Expression and Meaning*）、《心、脑与科学》（*Minds, Brains and Science*）、《心灵的再发现》（*The Rediscovery of the Mind*）、《社会实在的构造》（*The Construction of Social Reality*）、《意识的奥秘》（*The Mystery of Consciousness*）、《心灵、语言和社会》（*Mind, Language and Society*），

---

　　[1]　本文原载《逻辑学研究》2009 年第 1 期。

等等。此外，塞尔还有相当数量的论文发表，以及编辑了多部有重要影响的论文集，如《语言哲学》(*The Philosophy of Language*)。这些使得塞尔成为当今哲学界，特别是英美分析哲学界公认的学术权威，由于在学术研究上成就卓越，塞尔还被选为美国人文科学院院士。

正如塞尔本人在《意向性》"导言"中明确指出的，写作该书的目的，是要去发展一种有关意向性的理论，以便有助于一般性地解释各种意向现象。所谓意向性，就是指某些心智状态和事件所具有的这样一种性质，这些心智状态和事件通过这种性质而指向或关涉到世界上的对象和事态。在《言语行动》一书中，塞尔曾就"语言如何与实在相关联"的问题进行研究，得出的结论是：说话者通过言语行动将两者关联起来。这一问题在《意向性》中被一般化为"心灵如何与实在相关联"。那么，认知和行动主体如何将意向性这种心智性质施于本身没有意向性的对象和事态，从而实现对这些对象和事态的表征 (representation)，建立起心灵和世界的关联呢？塞尔在《意向性》中围绕这个主题进行研究，做出了一系列高度原创性的工作。他提出和发展了一整套研究意向性问题的概念，如意向内容、心智模式、满足条件、适应指向、意向因果性、因果自我指称、网络、背景等等。他以这些概念为工具，系统分析了信念、愿望等所谓"意向状态"的本性，分析了意向状态和言语行动之间的关联；讨论了人的感知经验和行动中的意向性表现，以及与之密切相关的意向性与因果性的关系，引入了意向因果性概念，从而把因果性意向化，使得因果关系成为意向内容的组成部分；讨论了使得意向性发挥作用的、由各种非表征性心智能力组成的背景；之后基于系统形成的意向性理论，理解、诠释和批判性评价了普特南 (H. Putnam) 关于"意义不在头脑之中"的意义理论，以及克里普克

(S. Kripke) 关于专名的意义理论；最后，通过阐释意向性和大脑的关系阐明了他关于意向性的实在论立场。

《意向性》一书得出了许多重要的结论，这极大地丰富了当代哲学研究。在塞尔看来，语言表征对象的能力并非语言本身所固有，而是源自心智的意向性，信念、愿望等意向状态的意向性则是内在的，其所具有的表征能力是这些意向状态本身所固有的。塞尔通过意向状态和言语行动的比较研究，特别是通过对言语行动如何运作这一问题的理解去解释心智的意向性如何运作，从而认为每一种意向状态都是由处于特定心智模式中的意向内容组成，而这种意向内容可以表达为完整的命题，但并非必然表达为命题。基于此，塞尔反对将信念看作信念持有者和命题之间的关系，而是认为命题不是信念的对象，而只是信念的内容。例如，戴高乐是法国人这一信念的内容就是"戴高乐是法国人"这个命题，但该命题不是该信念关于或指向之物，该信念所指向或关于的是戴高乐其人，并将其表征为是法国人。在塞尔看来，当意向内容是一个完整命题，并且存在一种适应指向时，这种意向内容就可以决定相应意向状态的满足条件。任何一种意向状态都不可能独立存在，而只能是一个意向状态网络的组成部分。而且，一般而言，意向状态对于世界上的对象和事态的表征功能，只有在一种非表征性心智能力组成的背景下才能发挥，只有此时这种意向状态才能获得其满足条件。例如，一个数千年以前的人就不可能形成"我要竞选美国总统"的愿望。塞尔认为，"混淆报道的特征和被报道之物的特征"是逻辑和语言哲学中应极力避免的一种错误。他严格区分了 s- 意向性（intensionality-with-a-s）和带 t 的意向性（Intentionality-with-a-t），由此反对将对意向状态的报道（报道）和意向状态本身（被报道之物）进行混淆。s- 意向性也就是与"外延性"相应的"内涵性"，是语句和陈述等语言实体的特征。如果一个语句不能通过外延性测试，如不能进行同一替换或进行存在概括，就说这个语句是内涵性的，例如"约翰相信亚瑟王杀死了兰斯洛爵士"。在塞尔看来，这个陈述实际上是对表征（也就是塞尔意义上的"报道"）的表征，前一种表征是约翰的信念对于特定对象和事态的表征，约翰的信念本身是外延性的，其为真只要求存在亚瑟王这么一个人和兰斯洛这么一个人，并且前者杀死了后者；后一种表征是该陈述的言说者对于约翰的信念的表征，是对约翰信念的报道，是内涵性的，该陈述为真只要求约翰具有一个信念，而"相信"之后的语词表达约翰的信念的表征内容，和前一种表征所表征的对象和事态无关。正是基于有关报道的特征和被报道之物的特征的严格区分，塞尔认为，普通所讲的从物（de re）与从言（de dicto）的区分，只是报道类型上的区分，从被报道之物角度看，它们是相同的，因此不存在不可化归为从言信念的从物信念。假设拉尔夫说"关于那个戴着棕色帽子的人，我相信他是一个间谍"（从物信念），或者说"我相信，那个戴着棕色帽子的人是一个间谍"（从言信念），虽然它们被报道的方式不同，但实际上它们是同一个信念，因为它们的意向内容决定了相同的满足条件。塞尔基于其系统形成的意向性理论批判了普特南和克里普克的意义理论，论证了"意义在头脑当中"这个"内在论"观点，并对弗雷格关于专名的描述理论（the descriptivist theory）做了新型的诠释和"扬弃"；与此同时，还批判了克里普克关于专名意义的因果理论，认为因果理论归根结蒂还是一种描述理论，在塞尔看来，克里普克所说的用于确定专名指称的因果链条不是外在的，因为所谓因果性已经被意向化了，成为了一种意向因果性。在意向性问题上，塞尔坚持的是一种科学实在论的立场，他反对任何形式的行为主义（behaviorism）、功能主义（functionalism）、物理主义（physicalism）和二元论（dualism）。

他提出了一种"生物自然主义"（biological naturalism），其基本观点是：任何心智现象都有其生物学基础，它们既由生物现象引起，又能引起其他生物现象；意向性和意识与消化、血液循环一样，都是人类生物现象的组成部分。在塞尔看来，只要认识到我们所居住的世界只有一个，即一个包含心智事物的物理世界，心智现象就都只是大脑实在的生物特征，也就能够解决传统的"心-身问题"（mind-body problem）。

《意向性》一书是塞尔有关心灵和语言系列研究的一部分。在本书之前，他基于博士论文出版的《言语行动》（1969），在阐释自己的老师奥斯汀（J. L. Austin）的言语行动理论的基础上，系统阐述了加入个人独创元素的言语行动理论。1979出版的《表达和意义》进一步发展了之前的言语行动理论，并将该理论推广和应用到更广泛的领域。而《意向性》的出版则是要为这两部著作以及涉及心灵、语言和世界的诸多相关论题的未来研究提供哲学基础。之所以能够如此，是因为在塞尔看来，言语行动只是人类行动的一种，"言语表征对象和事态的能力是心智将有机体与世界关联起来这种更一般的能力的组成部分"，换而言之，"语言哲学乃是心灵哲学的一个分支"（《意向性——论心灵哲学》"导言"第1页）。我们知道，哲学由近代到现代的发展经历了所谓的"语言学转向"，传统的本体论和认识论问题转变为语言问题，语言哲学由此成为哲学研究的重心。塞尔则进一步认为，语言哲学中的根本问题，如对语言的意义、指称和使用的分析和解决，都要依赖心灵哲学研究的进展，尤其要依赖于作为心灵哲学核心概念的意向性的研究，他甚至断定，"整个哲学运动都是围绕有关意向性的各种理论建立起来的"（《意向性——论心灵哲学》"导言"第3页）。这意味着，首先，有关意向性的研究构成塞尔语言哲学乃至其整个哲学体系的基础。研究塞尔的哲学理论，将无法绕开他的意向性理论。其次，当代哲学研究在主要方向上应归结为心灵哲学研究，特别是对于意向性的研究。这些应该是《意向性》一书对于当代哲学研究所具有的启发意义。除了哲学上的意义，《意向性》一书还凸显了意向性对于理解人的言语和认知的重要价值，而这些方面又与当代科学发展引发的一系列新问题，如心脑关系、计算机能否像人一样思维等密切相关，从而使该书的影响不仅限于哲学领域，其他如认知科学和人工智能界也予以《意向性》广泛关注。此外，该书还被《国际哲学研究》(*International Studies in Philosophy*) 评价为"行文清晰，思路简明，论证有力，因而特别适用于作为心灵哲学研究生讨论班上的教科书"。《意向性》自 1983 年初版以来，到 1999 年已重印 13 次。这无疑是对该书之重要影响及相关积极评价的有力证明。

塞尔是一位有着深厚现代逻辑学素养的分析哲学家和语言哲学家。《意向性》全书充满了对概念的精细考辨和对问题所属层次的细致区分，体现出一种不懈追求"澄清概念、分辨层次"的分析精神，是一部有着鲜明分析风格的心灵哲学研究著作。可以说，塞尔的意向性研究开创了一种分析风格的心灵哲学研究的崭新格局。然而，国内学界迄今对塞尔意向性理论的系统研究还十分匮乏，至多有一些零星的介绍与讨论。这样的局面与该理论本身所具有的学术价值很不相称，同时也会严重制约该理论与其他相关理论，如胡塞尔（E. Husserl）型意向性理论的比较研究，这是亟待改变的。

图书在版编目(CIP)数据

意向性:论心灵哲学:修订译本/(美)约翰·R.
塞尔(John R. Searle)著;刘叶涛,冯立荣译.—上
海:上海人民出版社,2019
书名原文:Intentionality:An Essay in the Philosophy of Mind
ISBN 978 - 7 - 208 - 15720 - 0

Ⅰ.①意… Ⅱ.①约…②刘…③冯… Ⅲ.①心灵学
-哲学-研究 Ⅳ.①B84

中国版本图书馆 CIP 数据核字(2019)第 029895 号

责任编辑 于力平
封面设计 零创意文化

意向性
——论心灵哲学(修订译本)
[美]约翰·R.塞尔 著
刘叶涛 冯立荣 译

出 版 上海人民出版社
　　　　 (200001 上海福建中路 193 号)
发 行 上海人民出版社发行中心
印 刷 常熟市新骅印刷有限公司
开 本 635×965 1/16
印 张 21.25
插 页 4
字 数 248,000
版 次 2019 年 7 月第 1 版
印 次 2019 年 7 月第 1 次印刷
ISBN 978 - 7 - 208 - 15720 - 0/B · 1384
定 价 78.00 元